高职高专"十三五"市场营销专业系列规划教材

商务谈判与营销

Business
Negotiation
and Marketing

主审 刘超群

主编 刘良甫

赠送
电子课件

西安交通大学出版社
XI'AN JIAOTONG UNIVERSITY PRESS

内 容 提 要

　　本书将商务谈判与市场营销的理论知识与实践特点相结合，采用"项目任务"的模式编写，具体包括商务谈判理论认知、商务谈判的有效沟通、商务谈判人员与礼仪、商务谈判工作实务、市场营销理论与营销观念、市场营销分析、市场营销的组织实施与目标战略、市场营销策略与运用、国际市场营销等九个项目。每一项目设置了学习目标、任务、总结与回顾、复习思考、实训练习等版块内容，以方便读者自主学习。

　　本书可作为高职高专市场营销、物流管理等财经管理类专业的教学用书，也可作为企业营销人员、管理人员等的参考书。

前 言
Foreword

　　商务谈判与营销学作为一门新兴学科,正处于一个飞速发展的时期,其内涵和外延都在不断丰富。商务谈判与营销是财经管理类专业的必修课,如何将商务谈判和营销的教学内容和学生们的实际需要结合起来,是每个该课程教学工作者都要面临的一个重要课题。在市场经济的资源配置模式下,谈判和营销活动对企业的生存和发展也显得尤为重要,如何利用现代谈判和营销理论来指导企业的行为已经成为各国企业所面临的重大课题之一。为了满足市场营销专业及相关专业教学的教材建设需要,也为了实现教材的理论知识与实践工作相互联系、相互对应和相互结合,我们根据高职高专院校培养高素质应用型专门人才的培养目标,在总结以往的教学经验与市场营销实践的基础上,组织编写了本书。

　　本书是以教育部颁布的《高职高专教育课程基础要求》和《高职高专人才培养目标及规格》为指导,以配合高职高专财经管理类专业的教学工作为目的,结合社会对谈判、营销人才和市场管理人才的需求编写而成的。

　　为了更好地配合广大学生的学习需要,本书各部分均明确指出该项目的任务及学习目的,并通过一个简短的案例引出正文;各任务中均通过工作任务的完成和典型的管理案例来提升学生的实践能力;此外,各项目还配有"总结与回顾""复习思考""实训练习"等,以供学生复习之用。

　　在本书的编写过程中,我们参阅了大量同类书籍,吸收了目前国内外谈判与营销学理论和案例的最新成果,并借鉴了有关专家学者的论著及专业营销杂志的有关文章,力求使本书紧跟时代潮流,方便学生开阔视野、学以致用。

　　本书由陕西铁路工程职业技术学院刘良甫担任主编,陕西铁路工程职业技术学院刘超群担任主审。具体编写分工如下:刘超群编写项目一,刘良甫编写项目二、项目三、项目四部分,中铁一局桥梁公司物资经营中心经理罗庭明编写项目四部分,陕西铁路工程职业技术学院张月芳编写项目五,陕西铁路工程职业技术学院李文斌编写项目六和项目七,陕西铁路工程职业技术学院陈辉编写项目八和项目九。本书编写得到了兄弟院校、政府行业管理部门、施工企业从业者等的大力支持和帮助,在此一并表示感谢!

　　由于作者水平有限,对有些问题考虑得不成熟,书中难免会有错误,敬请广大读者多提宝贵意见。

编　者

2015.12

目 录
Contents

项目六　市场营销分析 /106

项目七　市场营销的组织实施与目标战略 /130

项目八　市场营销策略与运用 /167

项目九　国际市场营销 /213

参考文献 /229

项目一　商务谈判理论认知

知识目标

1. 熟悉谈判的概念及特征
2. 掌握谈判产生的原因和基本要素
3. 熟悉谈判的功能和基本原则
4. 熟悉谈判的基本模式
5. 掌握商务谈判基本特点与分类

技能目标

1. 通过小组的建立,能够具有基本的团队意识及协作能力
2. 能够初步具备在谈判中正确运用谈判理念的能力
3. 能够初步具有灵活运用各种营销及商务谈判模式的能力
4. 培养从整体的角度出发思考商务谈判与营销的能力

任务　正确认识谈判

任务情景

　　上海耀华玻璃厂与英国皮尔金顿公司就引进"浮法工艺技术"进行谈判。谈判前,从上海专利局获得了一条重要信息:在皮尔金顿拥有的137项专利中,已失效的就有51项。掌握这一情况后,耀华玻璃厂的谈判人员在谈判桌上,有礼有节,最终迫使对方作出让步,使引进工艺技术的费用从开价的1250万英镑降至52.5万英镑。

　　当然,实施言之有据还要求企业收集的资料必须绝对准确,而且要有时效性。

任务分析

　　美国总统肯尼迪曾这样说过:"让我们永远不要惧怕谈判,但永远不要因为惧怕而谈判。"谈判作为一种人类社会最常用的交往活动、一个需要有充分准备且灵活运用各种策略的行为过程、一项需通过与他人合作满足各自利益需求的事业,不仅有计划性、实用性和双赢性,还似乎有着某种"魔法"。

◆子任务一　理解谈判的概念与谈判成功的要求条件

一、谈判的概念与特征

1. 谈判的基本概念

谈判是指参与各方为满足自身利益需求,而在充分的信息沟通基础上,通过"施"与"受"的

合理把握,就寻求各方利益平衡的一个公平的互动过程。

首先,产生需求并希望得到满足,而且这种需求无法自我满足,这是谈判的前提;其次,知道并愿意为需求的满足支付一定的代价,这是谈判能否进行的关键;再次,对方也同样存在着上述两个问题,则进行谈判的条件就已经具备了。也可以说,任何一种谈判都因这三个条件的形成而产生,谈判成功与否的标志从某种程度上说,也以上述条件的满足为标准。

当然,上述条件存在着许多甚至是无穷的变数,如自我需求的现实性与预期性,为满足需求所支付的"代价"的显性与隐性,需求满足与代价付出之间性价比的不确定性,以及对方对性价比的不同理解等。所有这些都构成谈判的复杂性、多变性与不确定性,从中也就不难得出谈判外延的广泛性。

2. 谈判的基本特征

(1) 谈判必须有两个或两个以上的参与方。参与方可以是个人也可以是团队,前者是个体间谈判,后者则是团队谈判。参与方为两个以上时,则称为三方谈判、四方谈判或多边谈判。如 2004 年在我国举行的关于朝鲜问题的"六方会谈"就是由朝、韩、中、美、俄、日六国参与的。

(2) 谈判是一种目的性很强的活动。

谈判的产生是因为有需求出现,且需要通过他人的给予才能满足,因此谈判的最终目标是为获取某种利益以满足自身需求。这正如尼尔伦伯格所言:"谈判的目的在于得到我们需要的,并寻求对方的许可,就是这么简单。"

当然在对"利益"的理解上,不同的谈判者会有不同的理解方法,有的是为了直接眼前的利益,有的是为了以后的潜在利益;有的是纯经济性的,也有的是纯政治性的;等等。

明确谈判是一种目的性很强的活动,有助于我们区分谈判与一般性会晤、讨论、协商、谈话等概念本质上的不同。

(3) 谈判是一种交流,是一个双方或多方互动的过程,它既是一个说服与被说服、争取与妥协的过程,也是一个"给"与"取"、"施"与"受"兼而有之的过程。

所谓"给"与"取"、"施"与"受"兼而有之,这也是谈判的基本要求。纯粹的"给"或"取"都不是谈判的研究范畴,前者是慈善行为,后者要么是掠夺,要么是乞讨。真正的谈判有得必有失,谈判双方都期望对方会对其公开陈述的要求或需求作出某种程度的修改或让步,尽管谈判初期双方都会尽力为自己的利益与对方争议,每一方都希望对方先作出让步,但通常到最后双方都会改变立场,每一方都会向对方作出让步。因此,真正意义上的谈判应该都是"双赢"的谈判。

案例

"拿中国大蒜开刀,真不值"

2000 年上半年,韩国政府宣布对进口的中国大蒜征收 315% 的高额关税,其理由是:"进口大蒜增加,导致韩国大蒜市场价格下跌,产业受损。"由于此举突然,我国山东等省蒜农损失惨重,仅山东苍山地区就有 6 人为此事自杀,后果十分严重。对此,我国政府宣布暂停进口韩国手机和聚乙烯。有专家测算,仅从经济利益上分析,1999 年韩国手机和聚乙烯两项向中国出口 5 亿美元,全年韩国从中国进口的大蒜还不到 150 万美元;而从其他方面分析,韩国的损失就更惨重了:中国市场的无限潜力、手机市场方兴未艾、韩国贸易顺差的一半来自中国……有韩国媒体指出:"拿中国大蒜开刀,真不值。"

提示：在国际贸易中，适当保护本国产业是理所当然的，但光"受"不"施"，就会违反谈判的基本原理，双方一旦不能坐在一起，受伤的就不仅仅是某一方了。

（4）谈判双方同时具有"合作"与"冲突"成分。

谈判双方各自需求的实现都离不开对方的合作，这是谈判的必要性所在，也是为什么谈判各方能坐下来协商的唯一理由，它又被称为相互依存性，而这种依存关系又是十分复杂的。谈判双方都知道他们可以影响对方的谈判结果，同样，对方也可以影响他们的谈判结果，当双方都在设法影响对方时，整个谈判就是在双方对计划达成方案的不断协调中进行的。这里的相互影响就是指谈判的"合作"与"冲突"。为了让谈判能达成协议，参与谈判的各方均须具备一定程度的合作性，但是，为了让谈判能达成协议，参与谈判的各方势必处于利害冲突之对抗状态，尽管在不同的谈判场合下，合作程度与冲突程度各不相同，但可以肯定的是，任何一种谈判均含某一程度的合作与某一程度的冲突。

这种合作与冲突共存的局面正是谈判的实质所在，纯粹的合作无需谈判，单一的冲突更无谈判的必要，直接用战争解决会更简单。严格意义上说，导致谈判的大多数机会都是由合作中的冲突成分所引起并促成的。曾有专家指出，影响谈判的四个最重要因素是某些感受到的矛盾冲突、相互之间的依赖性、潜在的机会及达成协议的可能性。这中间冲突与合作（依赖）并存是关键。

（5）谈判是"互惠"的但却是"不平等"的。

正因为谈判具有合作成分，通过谈判双方都能达成一定利益目标，都能通过协议实现预期收益（至少是部分实现），但其结果则可以肯定地说是"不平等"的——即有的谈判者获得好处多，有的谈判者获得好处少，原因就在于谈判的参与方所拥有的实力（包括政府背景、市场背景、企业背景及技术背景）和技巧（包括谈判者的能力、水平，谈判的策略运用）各不相同。记得我国"入世"首席谈判代表龙永图先生曾说过，我国"入世"谈判历时数年，能获得成功，国家经济实力的迅速增强是关键。

（6）谈判是一项公平的活动。

"只要参与谈判的各方对谈判结果均具否决权，则不论谈判结果是多么的不平等，这样的谈判都是公平的。"首先，对每一位参与谈判的人而言，这是一项自愿的活动。谈判是一个互动过程，是一种自愿选择的行为，不管双方实力多么悬殊，水平相差如何，只要你不愿再从事某项事情，你可以随时中止它，因为你拥有与他人同等的否决权。其次，记住你的谈判目标是达成（或部分达成）预期利益目标，而不是几张书面协议。一旦发现那几张书面协议无法保护你的预期利益目标，你可以放弃它，就如同那是几张废纸一般。虽然你没达到预期利益目标，但至少也没因此而损失什么。

二、谈判成功的基本标志与要素

1.谈判成功的基本标志

谈判成功与否的标志至少有以下三方面：

（1）达成预期利益目标。任何一种谈判只有在合约文书中体现了你所预期的利益目标，它才算是谈判成功的标志，所以在这里首先要明确的是：一纸合约绝不能成为谈判成功的标志。此外还要正确认识自己的预期利益目标，它应该是一个目标体系，而不是某一项单一指标，更不能用一个单一数字来表示。在谈判之前的计划中，你就应准备一个谈判利益目标评估体系，以便在实际谈判过程中灵活运用，做到"失之东隅，得之桑榆"。

(2)建立并改善人际关系。谈判也属人际交往活动之列,人际关系建设自然也应是谈判的主要目标之一,特别是在现代社会,市场环境瞬息万变,加之不同谈判对象的社会背景、国家背景、经济背景各不相同,往往很难就某项议题达成一致意见,这点在非经济谈判中表现得尤为明显。但你不能因此而认为这就是一场不成功的谈判,尤其是当参与各方已作了最大的努力与妥协(在坚持原则基础上),却因客观因素的制约而无法达成协议时,这也应算是一场成功的谈判。

在商务谈判中,也时常会遇到类似情况:双方经过协商确因客观条件所限无法达成协议,但双方经过较量都由衷地向对方表示敬意,并因此而建立了友谊,而双方在对本次谈判感到惋惜的同时,都会派生出"买卖不成仁义在"的感叹,这就是一种成功。

(3)谈判富有效率。谈判活动本身也应讲究经济核算,尤其是商务谈判,在市场机会稍纵即逝的今天,你不可能为了一个有限的预期利益投入过多的时间与精力,否则尽管你得到了一份有限收益,但你已为此耗费了太多谈判成本,这显然也是得不偿失的。我国"入世"谈判历时8年期间投入人力、物力更是无数,但这事关我国今后国际贸易大局,更影响到国内产业发展与转型,再大的投入也是必要的。但如果把这8年的时间套到一个企业间的某项普通贸易协议上,都会觉得不可想象,因此让谈判富有效率是谈判成功的又一评价标准。

2.谈判成功的三个基本要素

在这里,我们重点探讨影响谈判成功的三个基本要素,这就是荷伯·科恩的时间、信息、权力理论。

(1)时间。

任何一场谈判都是在某一时段进行的,换句话说,谈判的任何一个参与方都会有时间压力,这是一个常识。但时间压力在谈判参与方的感觉中,其大小是不一的,即有人感受到的时间压力大,而有的人则会小许多,这也是个常识。在不同的时间压力下,谈判参与方会有不同的情绪和心理变化,一旦时间压力让其感到不能承受时,让步和妥协会成为他唯一的选择,这又是一个常识,但也是所有谈判人最常犯的错误!在谈判中,时间的魔法就在于能让人从中获益,也能让人为此付出代价。

案例

荷伯·科恩的"伟业"

20年前,荷伯在分支机构遍布全国的大公司工作,担任着重要的高级主管的职务。基于新进人员需要实际的经验,每个星期五荷伯都会一次又一次地央求他的老板:"我请您派我出去,让我成为实际参与者,我希望实际参与谈判。"经过多次的要求之后老板终于说道:"好吧!荷伯,就让你去东京与日本人谈判吧!"

荷伯高兴异常,他对自己说道:"我的时刻终于来临,上帝终于赐福与我,我要轻易地摆平日本人,然后继续向国际市场进军。"

一星期后,荷伯坐在飞往东京的飞机上,准备参加一次为期14天的会议。他带了一大堆分析日本文化背景和心理的书籍,并且告诉自己:"我要好好地大干一场。"

飞机在东京一着陆后,荷伯第一个冲出机场大厦。出关前,两位彬彬有礼的日次坤士鞠着躬欢迎他,荷伯很满意他们的态度。两位日本人协助他通过海关,然后引荷伯坐入一辆豪华的礼车。荷伯舒服地靠在轿车后面的丝绒椅背上,他们则僵硬地坐在两张折叠凳子上。他对坐在拥挤的前座中的日本人说道："后面宽敞得很,你们为什么不一块儿坐在后面?"

他们答道："噢不,像你这么有地位的人,来参加这种重要的会议,显然你必须好好休息。"他对他们的回答感到非常满意。

车子在行驶当中,一位接待者说："你懂不懂这儿的语言?"

"是指日文?"

他们答道："是啊,就是我们在日本所用的语言。"

"噢不,不过我希望能学些日常用语,我带了字典。"

他们继续道："你回去的时间确定了吗? 是否已经订好了回程机票? 我们可以先将汽车准备好,送你到机场。"

荷伯心想,他们真是善解人意。他伸手到口袋中拿出机票并交给接待员,如此他们可以安排汽车到时来接他。但他却没有想到,他们因而设定了荷伯的截止时间,而荷伯却不知道他们的截止时间。

他们没有立刻开始谈判,先安排荷伯参观并经历了日本礼仪及文化。一个多星期的时间里,他忙碌地参观各地,从天皇的皇宫到京都的神社全都看遍了,甚至还安排了一项英文讲授的课程来说明日本人的信仰。

每天晚上有四个半小时,他们让荷伯坐在硬地板的软垫上,享受着传统的晚宴款待。你想象得出在硬地板上坐四个半小时是什么滋味吗? 若不是得了痔疮,他们还不会那么轻易地放过荷伯。每当他提到何时开始谈判时,日本人总是答道："噢,还早嘛,有的是时间啊!"

会议终于在第12天开始。但是必须提早结束才不会耽误十八洞的高尔夫球。第13天,会议也必须提早结束以便参加为荷伯举办的欢送会。最后,第14天的早上,终于渐渐谈到重点。正当荷伯要提出意见之时,接他去机场的汽车已经到达。大家挤在车内一路继续谈判,就在汽车行抵终点刹车之时,他们完成了这笔交易。

回国之后许多年,当荷伯的老板提起这件事时总是说："这是日本人自偷袭珍珠港事件后,最大的一次收获。"

既然各方对谈判都有个截止期压力,那么学会如何承受是成功谈判的一个重要条件,对付的方法不外乎以下两点:其一,不要给自己设计一个截止期,记住你参与谈判的目的是为了达成预期目标;其二,截止期压力对方也在承受,也许他的压力更大,只不过没有表露出来而已。比如,在约定的谈判时间,你因故迟到了,这当然是不礼貌的,但你大可不必因此而满怀歉意,甚至为表示善意以谈判条件的退让作补偿,也许对方等你等得更焦急:快来吧,怎么还不到呢? 是不是前面报价太狠把对方吓住了,要不要后面谈判时把条件下降一些呢?

在对时间要素的分析和运用中,以下几方面值得思考:

①大多数让步行为和决定都是在最后时限甚至超过最后时限才发生的,所以谈判者一定要有耐心。真正的力量通常来自能够忍受紧张和不逃避,或有对抗的能力。学着控制你自己对不安的反应,保持镇静却维持警觉,等待最有利的时刻再行动。最重要的是:当你不知道该怎么办时,就什么也不要做。这是谈判的基本法则之一。

②在一个高冲突性谈判中,最佳策略就是对他方绝不泄露你真正的最后期限。牢牢记住,既然期限是谈判的产物,所以它比大多数人所意识的更具弹性,它的弹性远超出人们的意料之外,绝不要盲目遵从一个期限,应该先评估当你遵循或超过期限时的利弊。

③对手不管表现得如何沉着冷静,也是有期限制约的,甚至他们所表现在外的平静常常只

是掩盖着内心极大的紧张和压力。

④只有在保证你必定获到利益时,缓慢而不屈不挠,才能使你获利。往往在你快面临最后期限时,便会发生权力的转变,因而得到一个创造性的结果。人也许不会变,但是由于时间的变迁,情况却会改变。

(2)信息。

荷伯·科恩认为,在实际谈判期间,隐瞒真正利益、需要和优先事项是谈判各方的共同策略,采取这一策略的理论基础是因为信息就是权力,就是财富。

谁都清楚一旦了解对方的真实意图,谈判就会成为一项非常轻松主动的事情。有这么一个故事,一位收购古玩的商人,在乡下看到一农家门口地上的一只喂鸡的碗是件古董,他想买这只碗,可又担心一旦暴露自己真实意图就会付出很高代价,于是就装作对鸡很感兴趣的样子,与农妇讨价还价买鸡,事成后他装作漫不经心的样子对农妇说:"你卖了鸡那只碗也没用了,能不能送给我,让我回家也用这个喂鸡。"谁知农妇机敏地说:"不行啊,我就靠着这只碗卖我养的许多鸡呢。"原来农妇早发觉了那些买鸡者的真实意图,将计就计,轻松地以高价售出她的鸡。

信息的收集分析是成功谈判的基本保证,正所谓"知己知彼,百战不殆"。

首先,收集信息工作应长期进行,记住谈判的开始时间并非我们所以为的是与对方开始接触的那个时段,而是更早。

其次,收集的面要广,除了对手的针对性信息收集外,还要更多地注意市场信息、竞争者信息、技术信息及政策性信息。

最后,收集的途径要多,从公共信息到行业信息,从大众传媒途径到人际途径,以获取更全面的信息资料,甚至对方的商业机密。金庸武侠名著《笑傲江湖》中,华山派掌门岳不群为获取"辟邪剑谱",早早就派大徒弟和女儿化妆成父女俩在对方门前开起了茶馆。

信息的发出则是信息要素运用的又一方面。及时、主动、有意识地发出信息,一来可以影响甚至改变对方的既定方案,二来也能为自己营造一个有利的"信息环境"。荷伯·科恩曾举了这么一个例子,美国前总统尼克松因水门事件被国会要求弹劾时,民众的普遍反应是反对弹劾,理由就是"从没听说过,这种先例不能有!"但几个月的舆论宣传引导后同意弹劾的民众占60%以上,这就是舆论导向的力量,就是信息发出后的影响力。

(3)权力。

权力简单说就是控制操纵对方的能力,这种能力更多来自于某种社会秩序或规范定律的赋予,但也同时来自于对方的感受,或者说是对方的服从感与屈从感使权力得以发挥。

在商务谈判中的权力效应主要表现为以下几种类型:

①竞争的权力。

现代社会里有许多的物品(包括贸易)交易是通过拍卖进行的,原因是因为竞争,竞争可以提高其价格。以现今消费者心理分析,也不难发现,消费中买涨不买跌的消费习惯很浓,交易中因竞争赋予的权力得到了充分凸显。所以说,在谈判中,你无论身处买方或是卖方都要设法给对方营造出一个竞争环境,切不可在没有选择余地的条件下参与谈判,否则会使你付出高昂的代价。

②习惯性权力。

一般情况下,人们总是按照处事习惯对待各种所面临的现象,前面路上树了一块牌子,上写"此路不通"！看到的人就自然会绕回去,而很少有人会去问个究竟:谁写的？为什么不通？我去就一定通不过吗？走到菜市场会懂得讨价还价；进入高档超市,看到印刷精美、挂放齐整的标价牌,就好像中了魔法,不再问价,乖乖地按标价付款,这就是习惯使然,但这正是谈判中可以利用的权力。将自己打扮得漂漂亮亮,对方对你的敬意也许会更重一些；把报价表样品册印刷得精美一些,对方就会更重视你的"报价"；事先准备好印刷的协议文本,对方很可能以你的文本为主形成最后合同……

对付习惯性权力的唯一办法,就是咬住自己既定的预期目标,不言放弃。对习惯提出疑问和挑战,记住:我只要求我该拥有的那一份,所有针对此目标的障碍都不是我应考虑的,习惯只说明过去,它代表不了现在,更代表不了预期目标。

③冒险的权力。

俗话说:"风险与机会均等,高风险才有高回报",这话用在谈判中是再恰当不过了,当然冒险就会存在成功与失败两种可能,所以,当你希望通过冒险在谈判中获取更多的利益时,首先应该问自己,万一失败了,又会怎么样？

记住:当你觉得你务必要得到某个物品时,你就只好承受冒险的代价。例如,某人今年高考考得不错,想填报名牌大学,却又担心万一没有录取怎么办？这时,他就该问问自己,今年非上那所大学不可吗？非得今年上大学不可吗？如肯定前一个就否定后一个,填了再说,不行明年再来。反之则老老实实填一个有把握的地方名牌大学,这就是对冒险代价的承受力。

在谈判中,我们更主张适度的冒险,即成功了能带来更多收益,万一失败也不会走上绝路。比如你抓住对方急于求成的心理,适当提高要价(如附加费、保险、人力成本等)看一下对方的反应,在供货时间上作些拖延,也许对方就会因此而在价格上作出一定程度的妥协呢！适度冒险的另一个含义是要降低风险底线,即不宜冒那种成功了发财,失败了破产的险。

④专业知识权力。

你是否注意到,任何人在专家(某方面的)面前,他就再也不敢就专家擅长的领域大发议论了,这就是专业知识权力。当某人认为或相信你有较丰富的专业知识、熟练的技巧或较多的经验时,他们就会尊敬你,甚至以畏惧的态度对待你。

在谈判中运用专业知识权力也非常奏效,如在谈判中可以适当透露你的专长,这样很可能会让对方放弃这方面争论,因为他们感到了专业知识的压力。当你不具备这方面专长时,不妨事先熟悉一些专业知识,至少保证你的话是"内行人的话",而当发现对方是这方面的专家时,在一些特定的谈判场合,你不妨请一位更有名气的专家做你的谈判顾问,这样既帮助了你不犯专业方面错误,又能打击对方专业人员的自信心,可谓一举两得。

也许有人会问,如果对方也请了专家呢,其实对待专家的最好办法不是装懂,而是装不懂,在专家面前你虚心求教,不失面子,而且你不懂了他就得解释,得用你能"听得懂"的语言来说明,对专家而言这实在是一件很累人的事。但在没完全明白之前,谁也不能强迫你签约吧,这就是权力。

◆子任务二　掌握谈判的基本原则与模式

一、谈判的基本原则

1. 诚实守信原则

美国谈判学会会长、著名谈判大师尼尔伦伯格在其《谈判的艺术》一书中明确指出:"从本质上讲,谈判是一项诚实的活动。"确实,要达成一项双赢的协议,谈判的诚实原则是首先必须遵守的。那种只图眼前利益,不惜损害组织主体社会形象甚至视谈判对手为蠢货的谈判,无异是一种饮鸩止渴行为,他们根本不懂得诚实在谈判乃至在人际交往中的重要性,最后吃亏的往往还是自己。

犹太人以善于经商理财、精于谈判而闻名于世,但他们的诚实、他们对仗义的尊重与信守也同样举世皆知,在签约前他们会运用各种策略与你周旋,争取目标利益最大化,一旦签约则就会充分信守合同,绝不反悔。

实际上,诚实守信也是市场经济体系渐趋完善的一种标志,当每个市场参与者都能遵守市场经济的游戏规则时,诚信才会成为一个人人都能遵守的基本守则。当然,诚信并不是老实,更不能理解成脱离现实的乌托邦,我们主张在谈判中以诚实守信为前提,最大限度地维护自身根本利益,运用各种策略与技巧追求预期收益目标的最大化。

2. "双赢"原则

首先,谈判不是"零"的游戏,"成功的谈判每一方都是胜利者",通过谈判追求双方利益的更大化而不是简单意义上的眼前利益分割,任何一场成功的谈判都会产生 $1+1>2$ 的利益效应。

其次,谈判不是竞赛,不是对弈。视谈判为竞赛游戏的一种,则会让你陷入反复讨价还价彼此竞争的状态中,这种尽力压制对手求胜的行为,往往会导致即使赢了竞赛自己也是输的结局。

"双赢"决非摒弃竞争。恰恰相反,正因为通过竞争,通过谈判参与各方的较量,通过对各方共同兴趣目标的不懈追求,寻找到一个能满足各自利益目标的最佳契合点,谈判也就真正成功了。可以说,成功的谈判建立在充分竞争基础之上,没有了竞争,谈判的预期利益目标也就无法实现。

"双赢"原则的另一个含义是指参与谈判各方应本着合作互惠的原则,以互惠为目标寻求最佳合作点,正如史蒂夫·科恩所言:"一个好的谈判过程就是将各方紧紧地联系在一起,其驱动力来自各方的共同努力,目的是达成共识。"

3. 最低目标利益原则

在谈判开始前,任何一方参与者都会制订一个目标利益指标,并在谈判中围绕此指标与对方交锋、妥协,而这个目标利益往往是一个区间值,它具体包括以下几个点值:

(1)最优期望目标。

最优期望目标是指对己方最有利的理想目标,即在满足己方实际需求利益之外,还有额外收益。然而,在实践中最优期望目标一般是可望而不可即的理想值,很少有实现的可能性。最优期望目标是谈判进程开始的话题。如果谈判者一开始就推出其实际希望达到的目标,那么,由于谈判心理作用和对方的预期目标,他将没有回旋的余地,最终反而达不到实际需求目标。

(2)实际需求目标。

实际需求目标是谈判各方根据主客观因素,考虑到各方面的情况,经过科学论证、预算及核算后,纳入谈判计划正式谈判的目标。这是谈判者要调动各种积极因素,使用各种谈判略,力争努力达到的利益目标。它具有以下几个特点:①它是谈判者秘而不宣的内部机密,一般只在谈判过程中的某个微妙阶段才提出;②它是谈判者坚守的第二条防线,如果达不到这一目标,谈判可能会陷入僵局或暂停;③这一目标一般由谈判对方先挑明,而己方注意把握分寸;

④该目标关系到己方主要经济利益,这一目标是否达到,将直接影响其全局的经济活动。

（3）可接受目标。

能满足谈判己方部分需求,实现部分经济利益的目标就是可接受目标。如在资金供求谈判中,需方的实际需求目标是 100 万元,但资金供应方由于资金筹措能力有限或对方的偿还能力有限等多种原因,只能提供部分资金,没有能满足需方的全部实际需求,这种情况是经常发生的。因此,谈判者在制订谈判计划时,应事先充分预测发生这种情况的各种可能,并制订相应的调整目标。

（4）最低目标。

最低目标是最终必须达到的目标,也是谈判者必须死守的"最后防线"。它与最优期望目标有着必然的内在联系。在实际经济谈判中,表面上一开始要求很高,往往提出最优期望目标,其实这是一种策略,目的在于保护最低目标,乃至实际需求目标和可接受目标,最终可能达到一个超过最低目标的实际目标。

4.合法原则

合法原则是要求参与者的所有谈判行为必须符合政府有关法律规范要求。合法原则的含义是指在谈判及合同签订的过程中,要遵守国家的法律、政策,国际商务谈判还应遵守国际法则和对方国家有关法规、贸易惯例。具体体现在以下三个方面:一是谈判主体合法,即谈判参与方组织及其谈判人员具有合法资格。二是谈判议题合法,即谈判内容、交易项目具有合法性。与法律、政策有抵触的,即使出于谈判各方自愿并且意见一致,也是不允许的,如贩卖人口、走私货物、买卖毒品等。三是谈判手段合法,即应通过公正、公开的手段达到谈判目的,而不能采用行贿受贿、暴力威胁等不正当手段。总之,只有在商务谈判中遵守合法原则,谈判及其协议才具有法律效力,当事各方的权益才能受到法律保护。

二、谈判的基本模式

1.硬式谈判模式

所谓硬式谈判是指以意志力的较量为手段,坚守己方的强硬立场,并以要求对方牺牲其利益取得自己胜利为目的的谈判方法。持硬式谈判法的谈判者是一个顽强的斗士。为了达到自己的目的,丝毫不考虑别人的需要和利益,也不顾及自己的形象以及对以后合作的影响。

硬式谈判模式有以下缺陷:双方态度强硬,急于求赢,难以达成谈判目标;双方极力主张自己的利益要求,让步行为难以进行,谈判效率低下;双方之间的个人关系可能会变得恶劣,人际关系难以维护。

硬式谈判模式的一般操作方式为:①强硬的开场姿态;②借"权力有限"而迫使对方让步;③感情战术;④视对方的让步为软弱,得寸进尺;⑤吝啬的让步;⑥不顾及截止期。

硬式谈判法适用于以下情况:①一次性交往;②谈判对手不了解情况;③实力相差悬殊;④对手是一名软式的谈判者。

2.软式谈判模式

软式谈判法是指以妥协、让步为手段,希望避免冲突,为此随时准备以牺牲己方利益换取协议与合作的谈判方法。

软式谈判所强调的是建立和维持双方的关系,这种谈判过程较有效率,尤其是在产生谈判结果上效率突出。但是软式谈判法所产生的协议不会是平等和明智的。更严重的是如果在谈判内容上确实处于不利地位而有急于求成,对方又是硬式谈判者,则己方易受伤害,有时候甚至一败涂地。因此,软式谈判者的出发点尽管是达成协议与合作,但往往事与愿违。

一般来讲,软式谈判模式更多的是一些谈判新手或没有企业产品品牌背景的谈判者,他们有着业绩的压力,为了达成协议,提高业绩,不得已作出退让和妥协,在授权范围内给对手最大的满足。但反过来看,软式谈判模式也往往被一些谈判高手所采用,他们往往视谈判为合作的事业(在利益保证基础上),视达成协议为"双赢"的结果,所以有人评说:看高手间谈判是一件很享受的事,没有剑拔弩张气氛,往往在寒暄后单刀直入互求异同,最终寻找到一个双方都能接受的结合点。

软式谈判模式的一般操作方式:

(1)祥和开局。为了达成协议与合作,软式谈判者非常注重开局形成的气氛。因为它关系到谈判全局的基调,所以,开局阶段,就充分体现出宽容大度、相容随和的谈判风格。

(2)开诚布公,襟怀坦白。与硬式谈判法不同,软式谈判者不会运用"有限权力"招数欺骗对手,给对手施加时间上的压力,而是在谈判过程中亮出底牌,说明自己的观点,相信对手也会同样坦诚,双方会坐下来共同解决所面临的问题。

(3)主动退让。在谈判中,软式谈判者遇到争执、分歧时,会主动作出让步,以自己的高姿态取得协议的达成。

(4)以善良的愿望谈判,注重礼仪。软式谈判者参加谈判的目的在于达成协议与合作。因而其主观愿望是善良的,从开始就没有压倒对方、取得胜利的动机,谈判过程中注重礼仪,也从不利用感情战术。

软式谈判法的适用性:软式谈判法是一种极特殊的谈判方法。任何谈判都存在一定的分歧与争端,一般而言,利益的分歧和争端是形成谈判的主要原因。可以说谈判就是解决分歧和争端的斗争过程。然而,软式谈判法回避斗争,强调统一,以让步牺牲为代价换取协议与合作。其哲学指导思想是:今天的"失"是为明天的"得","失"是暂时的,是感情的投资。所以,软式谈判法不是普遍运用的方法。它的特殊性在于:总体利益和长远利益大于一次具体谈判所涉及的局部近期利益。也就是说,合作高于局部近期利益;目前最大的利益在于交朋友、建立关系;今天的妥协让步是为明天更大利益奠定基础。

3.原则式(互惠式)谈判模式

以罗杰·费希尔和威廉·尤里为首的美国哈佛大学与麻省理工学院的一些知名学者在经过对硬式和软式谈判模式研究分析的基础上,提出了这种新的谈判模式,即原则式谈判理论(也称费希尔模式)。其核心点是根据理性来取得协议,而不是通过双方讨价还价的过程来作最后的决定,当双方的利益发生冲突时,则坚持公平的标准来作决定,而不是双方背景与意志力的较量。

费希尔提出,原则式谈判法就是以公平价值为标准,以谈判目的为核心,在相互信任和尊重的基础上寻求双方各有所获的谈判方法。它能综合上述两种谈判法的长处而避免其走极端的弊病,从而形成一种应用更广泛、更便于操作的方法。原则式谈判法有以下几个优点:

(1)原则式谈判法是根据公平价值原则来取得协议。这里的公平价值是指双方均自愿接受的具有客观公正性的价值标准,而不是通过双方讨价还价的过程来作最后的决定。尤其在双方利益发生冲突时,则坚持按照公平标准来作决定,而不是双方意志的比赛,也不是哪方的宽容、牺牲的结果。

(2)谈判的核心是谈判所涉及的标的物,即谈判所涉及的有关双方利益的事物,如价格、成本等,而不是谈判者。也就是说,原则式谈判法对事是强硬的,当仁不让;而对人则是友好温和的,坚持人和事分开的原则。

(3)原则式谈判法的基础是双方相互信任和尊重,绝不采用阴谋诡计,也不故作姿态。在正常合理的情况下,能使你得到想要的东西,又不失风度。

(4)原则式谈判法的目的在于寻求双方均有所获的方案。双方都努力寻求共同愿意接受的谈判结果,双方都认为冲突能够解决,并能找到一个妥善处理的方法,其出发点是在绝不损害别人利益的基础上取得我方利益。因此,这种谈判法也可称为双方获胜法或皆大欢喜法。

在许多情况下,斗争双方的利益不一定都是对立的,如果把斗争的焦点由相互击败对方转向共同解决问题,那么,最后双方都会得到好处。这种谈判,双方的注意力都集中在解决问题上,双方都把冲突看做是能够解决的,因而就一定能找到一个创造性的解决方法,从而加强了双方互利互惠的地位,甚至会增进双方的关系。因此,原则式谈判法是一种广泛适用的谈判方法。前两种谈判方法一旦被对方识破就很难继续下去;原则式谈判法则完全相反,如果对方也懂得此法,则更容易进行谈判,并能顺利达到预期目的。周恩来总理在国际间外交事务谈判上提出的"求同存异,和平共处五项原则"就是原则式谈判法的典范。

原则式谈判法是一种极有效的谈判方法,它一改传统谈判方法的指导思想和谈判策略,真正贯彻了谈判"双方都是赢家"的指导思想。这一方法可使双方均能满足需求,同时还提高了谈判的效率,且能增进合作。实际上在具体的谈判中,即使只有一方采取原则谈判法,其结果仍然优于双方都采用传统谈判方法的结果。

比较三种模式的异同,也许能更直观地发现问题所在,如表 1-1 所示。

表 1-1 三种谈判模式的特点

项目	硬式谈判(对立型)	软式谈判(妥协型)	原则式谈判(互惠型)
收益结构	分享数目固定的资源	分享数目固定的资源	分享数目可变的资源
目标	一方目标的实现以他方的损失为基础	为迎合他方而将己方的目标置于次要位置	双方有着共同的目标
关系	关注短期:双方并不期望将来会有长久的合作	牺牲短期利益,为将来的互惠关系打下基础	关注长期:双方希望将来长期合作
动机	最大化单方收益	最大化对方收益,或者甘愿让对方占上风,以加强和巩固双方关系	最大化联合收益
信任度与开放性	保密与防御性强;对己方信任度高	一方完全公开,把自己的弱点完全暴露给对方	信任的,公开的,共享信息与利益
所需的知识	各方都悉知自己的需求,但却秘而不宣;都不想让对方知道自己真正的需求	一方对另一方的需求过于响应,反而忽略了自己的需求	双方都知道对方的需求,共同寻求与响应对方的需求

项目	硬式谈判(对立型)	软式谈判(妥协型)	原则式谈判(互惠型)
可预测性	各方都竭力表现出不可预测性,以期迷惑对方	一方的行动是可预测的,总是在迎合另一方的需求	各方都是可预测的,灵活但却适当的,都努力不使对方迷惑
积极性	各方采取威胁、要挟等手段谋取占上风	一方主动妥协,以求息事宁人	各方共享信息,理解和尊重对方
寻求解决方案的途径	各方努力通过驳斥和操纵对方以占上风	一方努力寻求另一方的方案	各方都进行创造性与建设性的努力,寻求令大家都满意的解决方案
成功的衡量标准	以对方形象或利益的受损为己方的胜利,助长了敌意和小集团现象	最小化或完全避免冲突是成功的标志;为取得和谐的关系,一方会完全忽略自己的感觉	成功是以摒弃对方形象的损害和肯定各方的价值为标志的
缺陷与弊端	弊端在零和游戏中表现得很明显;各方都以击败对方为自己的目标	当对方的完全妥协是以牺牲个人或者谈判者所代表的集体利益或目标为代价时,弊端就很明显了	当一方完全把自己的利益带入共同目标时会失去自我识别能力与自我责任感
关键态度	关键态度是我赢你输	关键态度是你赢我输	关键态度是使双方利益都最大化
挽救措施	当谈判破裂时需要协调或仲裁	当谈判陷入僵局时,结果多半是关系的完全破裂	当出现困境时需要一个动态的协调员

◆子任务三 熟悉商务谈判知识

一、商务谈判的概念与特点

1.商务谈判的概念

所谓商务谈判也称"谈生意",即是指参与谈判各方以某一具体商务目标为谈判客体,经济利益为谈判目标指向,通过信息沟通与磋商,寻求达成双方共同利益目标的行为互动过程。

这里须明确一个问题,即商务的含义。

商务或称商事,是指一切有形与无形资产的交换或买卖事宜。然而,不是任何一种买卖行为都可以称为商务行为。商务行为具有特定的内涵,它是指经法律认可,以社会分工为基础,以提供商品或劳务为内容的营利性的经济活动。按照国际习惯的划分,商务行为可以分为四种:

第一,直接的商品的交易活动,如批发、零售商业,直接从事商品的收购与销售活动,称为"买卖商"。

第二,为"买卖商"直接服务的商业活动,如运输、仓储、居间行为、加工整理等,称为"辅助商务"。

第三,间接为商业活动服务的,如金融、保险、信托、租赁等,称为"第三商"。

第四,具有劳务性质的活动,如饭店、理发、浴池、影剧院以及商品信息、咨询、广告等劳务,称为"第四商"。

此外,按照商务行为所发生的地域概念,商务还有国内商务与国际商务之分。

2. 商务谈判的基本特点

(1)以获得经济利益为目的。商务谈判的目的十分明确,以获取经济利益为首要目的。在满足经济利益的前提下才涉及其他非经济利益。人们通常以获取经济效益的大小来评价一项商务谈判的成功与否。不讲求经济效益的商务谈判就失去了价值和意义,这是商务谈判的显著特征。

(2)以价格谈判为核心。商务谈判涉及的因素很多,谈判者的需求和利益表现在众多方面,但价格则几乎是所有商务谈判的核心内容。价格最直接地反映了谈判双方的利益。谈判双方在其他利益上的得与失,很多情况下或多或少都可以折算为一定的价格,并通过价格升降而得到体现。因此在许多场合,人们都把商务谈判称为价格谈判或讨价还价。当然,在商务谈判中,我们一方面要以价格为中心,坚持自己的利益,另一方面又不能仅仅局限于价格,应该拓宽思路,设法从其他利益因素上争取应得的利益。与其在价格上与对手争执不休,还不如在其他利益因素上(如运输、品质、保险、附加服务等)使对方在不知不觉中让步。这也是从事商务谈判的人需要注意的。

(3)注重合同条款的严密性与准确性。商务谈判的结果一般是由双方协商一致的协议或合同来体现的。合同条款实质上反映了各方的权利和义务,合同条款的严密性与准确性是保障谈判所获得的各种利益的重要前提。如果在拟订合同条款时,掉以轻心,不注意合同条款的完整、严密、准确、合理和合法,其结果是被谈判对手在条款措辞或表述技巧上,引导掉进表述的陷阱,这不仅会把到手的利益丧失殆尽,而且还要为此付出惨重的代价,这种例子在商务谈判中屡见不鲜。因此,在商务谈判中,谈判不仅要重视口头上的承诺,更要重视合同条款的准确和严密。

(4)更注重时效性。商场如战场,商机不等人。"寸金难买寸光阴",市场变幻莫测,竞争者虎视眈眈,时间变化往往会使黄金变成粪土,正所谓"货到田头烂",特别是零售商品购销,一旦过了销售旺季,就只有大打折扣一条路了。所以在商务谈判中,谈判者都非常注重谈判的自身效率和合同履行的时间保证。

二、商务谈判的一般分类

1. 以谈判主体所在的地区范围为标志分类

以谈判主体所在的地区范围为标志分类,可将商务谈判分为国内商务谈判和国际商务谈判。

(1)国内商务谈判:谈判是在两个或两个以上的国内法人之间进行,所涉及的有形资产或无形资产无需从一国转移到另一国。国内商务谈判的双方当事人都我国的法人;谈判过程和行为比较简单,谈判双方易于了解对方各方面的情况;在经济利益上双方一般无根本性的冲突,大多体现相互合作、共同促进的精神;国内的有关经济法规自然成为谈判活动的受约法律;双方谈判行为较易受到行政因素的影响。因此,在目前国内经济组织之间的交易往来中,还存在着不完全独立的谈判行为,法律对谈判行为的约束力还不完全具有普遍性(尤其是在司法方面)。

(2)国际商务谈判:谈判是在两个或两个以上属于不同国籍的法人之间进行,所涉及的有形资产或无形资产需从一国转移到另一国。其双方当事人分别是属于两个不同国家的法人;谈判过程较为复杂繁琐,谈判各方难以对谈判对手的全部情况详细了解;由于各国风俗、民情不同,在谈判冲突中双方不易妥协和作出让步;常常受到一国政府外交政策以及谈判者文化、风俗、习惯的影响;约束国际商务谈判法律的选择也是相当棘手的一个问题。因此,同国内商务谈判相比较,国际商务谈判容易破裂,约束谈判行为的法律也并不具有完全的强制性,软化了谈判协议的执行,容易出现违约行为。

2. 以谈判客体分类

以谈判客体分类,可将商务谈判分为货物贸易谈判和非货物贸易谈判。

货物贸易谈判的标的,是存在着客观实体、具有使用价值、双方用以进行交换的商品;货物谈判的标的容易明确;条款的其他附加条件比较简单;谈判的重点是价格条款和品质规格条款;对货物贸易谈判协议的履行检验标准明确;大多数商务谈判都属于货物贸易谈判,并且谈判的成功率较高。

非货物贸易谈判,是指谈判的标的并非是具有实体商品的商务谈判,包括技术贸易谈判、劳务贸易谈判等。在现代社会,交易的不仅是有形商品,而且还包括企业的许多无形资产的转让,或者说企业的无形资产也能成为商品用于交换买卖活动。随着新的科学技术的发展与应用,对社会经济发展的影响愈来愈明显、愈来愈重要,非货物贸易谈判在整个商务谈判中的地位会更明显。非货物贸易谈判的标的比较复杂,难以明确,谈判过程的困难大;需要具有业务技术专长的专家参与谈判;附加条款多且复杂;在整个谈判中,某一方往往具有较强的谈判实力。

3. 以谈判条款的联系方式为标志分类

(1)横向谈判。横向谈判方式是首先确定谈判所要涉及的问题,然后逐次讨论每一个问题,此后再轮番地讨论下去,直到所有的问题谈妥为止。例如谈一笔进口生意,双方先确定谈以下一些条款,即品质、价格、支付、运输、保险、索赔和不可抗力等,然后接着谈其中某一条款,稍有进展便暂时撂下谈第二个条款,等这几个问题都轮流谈妥后再回过头来进一步确定第一个问题、第二个问题……以此类推,这就是横向谈判方式。

(2)纵向谈判。纵向谈判方式比较简单,它是在所谈问题确定后,逐个把条款谈完,并固定下来,一个条款不彻底谈妥,就绝不谈第二个。例如,同样是上面那笔交易,在纵向谈判方式下,谈判者就会首先就品质确定下来,品质问题解决不了,他就不谈价格、支付、运输等其他条款。

总之,横向谈判是一轮一轮地谈,每轮谈多个问题;而纵向谈判是每次只谈一个问题,谈妥为止。这两种谈判方式各有千秋,谈判人员可根据具体情况灵活选择运用,也可以将两种方式结合起来运用,即有的问题可以首先敲定,有些问题可以一轮一轮地进行。

4. 以谈判组织形式为标志分类

由于商务谈判内容复杂程度不同,组织形式也会有很大的不同,一般可分为一对一谈判和团队谈判。

一对一谈判,指买方和卖方只由一人出面进行单独谈判。推销访问由于内容简单,旨在沟通买主和卖主之间的信息,多属这类谈判。这种谈判多以非正式谈话开始,准备工作简单,不需投入很多的时间和精力,谈判结果容易明确。

团队谈判,是指谈判各方由多个人员组成一个小组来进行谈判。其大多用于正式谈判,特别是重大的或内容比较复杂的谈判。一个小组在谈判过程中可以形成独特的实力。在谈判前,小组成员将协助检查所有问题;谈判过程中,小组成员能提出各种谈判方案,甚至直接回答对方成员提出的问题。小组谈判需要投入大量的人力、财力、物力,而且成员之间协调不当容易造成谈判失误。

一对一谈判和团队谈判这两种形式也可以交替使用。如一对一谈判涉及某些技术问题时可组成团队继续谈判。当小组谈判出现重大分歧、意见难以统一时,可考虑由双方主谈人采用一对一的谈判形式继续谈判。

5. 以谈判性质为标志分类

根据谈判性质的不同把商务谈判划分为普通谈判和特殊谈判。

(1)普通谈判。普通谈判是指通过正当贸易渠道并由交易人直接进行的谈判。如目前进出口交易中的单项、成套、合作(合资经营、合作经营、经销代销、对销贸易、来料加工、来样来图加工、补偿贸易)、契约的正常交易当事人之间所进行的谈判,不论其交易规模的大小均属此类。其组织程序化,有一定的规律可循。

(2)特殊谈判。特殊谈判是指通过非正常贸易渠道的秘密洽购和同类项目由多个当事人统一对外的联合谈判。政治形势的多变,国家之间的关系限制了公开的贸易,但有时经济利益上又需要创造对第三国贸易或转口贸易,甚至是不知去向的秘密交易的谈判;有些为了避免重复引进、多头对外,国家明文规定某些商品或技术的引进、出口要联合谈判,统一对外。这类谈判具有许多特殊性。一般均在秘密状态下进行,谈判方式为小圈子,少文字,地点讲究变化性,谈判人员对外身份真假难辨,需要高度安全的措施;在谈判组织上多为高级领导人员直接指定个别企业或代理人执行谈判任务;价格上不仅要看市场行情,更重要的还要考虑包括各种政治因素在内的额外费用;在合同的签订和履行等方面与一般的商务谈判也有许多差异。

◼▮ 案例

"双赢"协议,共享利益最大化

2001年2月,浙江省义乌市和东阳市日前正式签订协议:义乌市花2亿元向东阳市购买5000万立方米水资源永久使用权。据悉,这是中国国内第一笔城市间水权交易。水利部有关专家称,两市政府签订的这笔水权交易协议,开创了中国水权制度改革的先河。

据报道,根据两市协议,义乌市一次性出资2亿元,购买东阳横锦水库每年4999.9万立方米水的使用权;转让用水权后,水库原所有权不变,水库运行、工程维护仍由东阳负责,义乌按当年实际供水量每立方米0.1元支付综合管理费(包括水资源费);从横锦水库到义乌市供水管道工程由义乌市规划设计和投资建设,其中东阳境内段引水工程的有关政策处理和管道工程施工由东阳市负责,费用由义乌市承担。

"共饮一江水"的东阳和义乌同居金华江上下游。东阳是著名的"建筑之乡",义乌则以小商品市场享誉海内外。但水资源的丰歉却大相径庭。在金华江流域内,东阳市的水资源极为丰富。全市78.58万人口的人均水资源量达到2126立方米(全国人均水资源拥有量为2200立方米),除了满足自身正常用水外,每年向金华江白白流掉3000多万吨水。而义乌的情形正好相反。它的总人口为东阳的80％，而人均水资源量却只及东阳的一半(人均1000立方米)。近年来，随着商业流通的日趋红火，义乌的城市规模迅速扩大，市区常住人口接近35万人。在城市化发展的进程中，水资源不足成了越来越严重的制约因素。近几年，在义乌的大街小巷，饱尝"水荒"之灾的义乌人背桶矿泉水回家做饭的情形已司空见惯。

一方是宝贵的水资源哗啦啦地流走，一方却苦于难觅一泓清水。在义乌人眼中，东阳真是天赐的好环境，它不仅水量丰富，境内还拥有两座大型水库，其中仅一座横锦水库的总容就相当于义乌全市大小水库加山塘总库容的186％；还因处在源头，库区没有什么污染而水质优良；加之两市不仅毗邻，市中心相距不过十多公里，因此如果能引进东阳水，那真是一件美事了。

精明的东阳人也在打水的主意。他们算了一笔账，通过对传统灌区节水和境内的梓溪流域开发后，可以再引入横锦水库5000万立方米水。而横锦水库(蓄水量3.9亿立方米)，目前除了满足灌区农业灌溉及城市供水水量外，有1.65亿立方米水还未利用。这水，除了为全市未来的发展用水留有余地外，富余的资源怎么样发挥更好的效益？东阳人把目光投向了水权交易市场。如果将富余的1/3转让，另2/3作为未来发展的储备，这不仅不会影响全市的灌溉和城镇供水，还可以用转让金加快全市的水利设施改造步伐，把基础建设提高到一个新的水平。

如按协议规定，横锦水库每年供给义乌市的近5000万立方米水，只占水库调节蓄水量的1/8左右，而且这部分水并非横锦水库调节梓溪流域的水，应该说这确实是一份"双赢"的协议。

两位地方政府首脑对此是怎么看的呢？义乌市委书记励志海说，通过这次购买水权这种方式解除缺水这个瓶颈，也就是为义乌的发展与可持续发展创造了条件。从表面上看我们花了2亿元，其实我们算过账，这很合算，如果自己建水库，再加2亿元也是不够的。东阳市委书记汤勇是这样认为的，转让给义乌的水是"盘活"了丰余的弃水。东阳实施节水工程后增加的丰余水成本相当于每立方米1元钱，转让给共饮一江水的毗邻市后回报却是每立方米4元钱，既让义乌解脱了水困，自己又充分利用了水资源的价值，岂不两全其美？

您说，这能否算是一份"双赢"的协议呢？

提示：

1. 体会"双赢"原则的真谛。

2. 理解"通过合作找寻双方利益更大化"的含义所在。

3. 你对上述事件有哪些其他看法？

📖 总结与回顾

1. 谈判的成因有三：首先，产生需求并希望得到满足，且这种需求无法自我满足；其次，愿意为这种自我需求的满足支付代价；第三，对方也同样存在上述两个问题。

2. 谈判同时具备合作与冲突两种成分，其中合作是基础、是目标，冲突是手段，也是合作得以实现的途径。

3. 谈判是指参与方为满足自身利益需求，在充分的信息沟通基础上，通过"施"与"受"的合理把握，寻求各方利益平衡的一个公平的互动过程。

4. 谈判成功的标志有三方面，即达成预期利益目标、建立并改善人际关系、谈判富有效率。

5.构成谈判的三个基本要素是时间、信息和权力。

6.谈判的基本原则是诚实守信原则、双赢原则、最低目标利益原则和合法原则。

7.谈判的基本模式有硬式谈判模式、软式谈判模式和原则式谈判模式三种,其中前两种又称阵地式谈判模式,原则式谈判模式由于是建立在理性和公平基础上的,因而被推崇为最佳谈判模式。

8.商务谈判也称"谈生意",是指参与谈判各方以某一具体商务目标为谈判客体,以经济利益为谈判的目标指向,通过信息沟通与磋商,寻求达成双方共同利益目标的行为互动过程。

9.商务谈判的基本特点是:以获得经济利益为目的,以价值谈判为核心,注重合同条款的严密性与准确性,且更注重实效性。

复习思考

1.什么是谈判? 谈判的成因是什么?

2.如何理解谈判的"双赢"含义?

3.谈判成功的标志是什么?

4.论述时间、信息、权力三个因素在谈判中的作用与运用。

5.谈判的基本模式有哪些? 其特点及运用范围如何?

6.商务谈判的基本特点是什么?

实训练习

【实训项目】

商务谈判理念调查报告

【实训目标】

(1)培养学生进行企业市场调查访谈能力。

(2)培养学生对资料信息的归纳总结能力。

(3)进一步了解商务谈判理念对营销工作的指导作用。

【实施过程】

(1)将全班学生分为4~6个学习小组,以小组为单位组织引导学生讨论学习。

(2)组织引导学生调查一家企业的商务谈判,或搜集企业商务谈判的相关销售资料。

(3)组织引导学生进行讨论,运用所学知识对企业的商务谈判理念进行分析。

(4)根据讨论结果写一份企业商务谈判理念调查报告。

【实训考核】

(1)小组成员的协作性(20%)。

(2)实际考察调研的能力(20%)。

(3)搜集、使用网络信息的能力(20%)。

(4)项目工作成果完成的合理性、逻辑性、创新性(30%)。

(5)小组成员讨论、发言的参与性(10%)。

项目二　商务谈判的有效沟通

知识目标

1. 熟悉语言沟通在商务谈判中的主要表现及要求
2. 掌握谈判口头语言沟通的技巧、方法及艺术
3. 熟悉非语言沟通的含义及具体表现方式
4. 掌握肢体语言和情感语言的沟通技巧与要求

技能目标

1. 能够初步具备一定的口头语言表达能力
2. 能够初步具备一定肢体语言和情感语言沟通能力
3. 能够初步具备一定的人际交往的能力
4. 能够初步具备一定的个人良好礼仪形象展示的能力

任务一　把握谈判口头语言技巧

任务情景

汉朝有一位官员,为人正直、纯朴,廉洁奉公。一次有人问他:"你有没有私心?"这话其实是很难用"有"或者"没有"来回答的。这个官员深知问话者的动机,便用十分策略的方式回答道:"过去,有一个人送给我一匹千里马,被我拒绝了。事后,每当朝廷让我们选荐人才的时候,我心里总是想到这个人,不过我始终没有推荐他。我哥哥的儿子病了,我一夜去探望了他十次,回到家就躺下睡觉了。我儿子有病的时候,我虽然不需要去照顾他,可是我一夜都睡不着觉。这样看来,怎么能说没有私心呢?"显然,他的这番回答,一语双关,一方面表明自己也是有私心的常人,另一方面说明自己在处理公事时,又不为私心所左右。所谓情在理中,令人折服。

任务分析

在人们的社会交往中,语言直接影响着人与人之间的关系,口头语言更是如此。俗话说,一句话可以使人笑,也可以使人跳,说话者通过其他方面的交谈,使用其他多种技巧,也有可能获得沟通的成功。

商务谈判的过程实际上是语言沟通的过程,尤其是通过口头语言来交流信息的过程。好的谈判者并不是一味固守立场,追求寸步不让,而是要与对手充分交流,从双方的最大利益出发,创造各种解决问题的方案,用相对较小的让步来换取最大的利益,而对手也是遵循相同的原则来取得交换条件。这其中口头语言在达成预期利益目标和改善人际关系两方面的作用是显而易见的。

◆子任务一　倾听的技巧与要求

一、有效倾听的障碍

专家认为"听"有两种形式,即积极地呼应听和消极随意地听。积极地听,既有对有声语言信息的反馈,也有对无声语言信息(即表情、姿态等)的反馈。而消极地听则往往不是同时具有这些明显的姿态反馈和表情反馈。

妨碍有效聆听的听力障碍主要有:

(1)生理障碍:正常讲话速度是每分钟 120～180 个字,而大脑思维的速度却是它的 4～5 倍,所以思想容易开小差,往往"听而不闻"。

(2)专注自身利益:人们往往只注意与自己有关的内容,或是考虑自己对对手某一观点的应对,而忽视其他讲话内容。

(3)立场差异导致曲解:人们往往依据自己的情感和兴趣来理解对方的表述,而导致误解。

(4)谈判人员的经历和注意力的变化呈现一定的规律性:一般来说,谈判开始时经历比较充沛,但持续时间较短,约占整个谈判时间的 8.3%～13.3%,谈判快要达成协议时,又出现精力充沛时期,时间也很短,约占 3.7%～8.7%。

(5)自身知识差异:受收听者的文化知识、语言水平的限制,特别是受专业知识与外语水平的限制,而听不懂对方的讲话内容,或无法理解对方表述的全部意思。

(6)环境障碍:外界因素的干扰,如气候、声响、光线、气氛等的干扰,常会使人们的注意力分散,形成视听障碍。

二、学会聆听

所谓聆听不光指用耳朵去听,而且还指运用自己的眼睛去观察对手的动作与表情,用自己的心去为对手的话语作设身处地的构想,以及用脑子去研究对手话语背后的动机,正所谓:耳到、眼到、心到、脑到。切忌漫不经心,显出不耐烦的样子,或急不可耐地打断对方,或左顾右盼伸懒腰、看手表,这都是不礼貌的行为,也影响到信息的获取。

聆听是一种非常复杂的活动。一般地说,聆听包括如下四个步骤:

第一步,全神贯注地听谈话内容,并注意说话者的音调;

第二步,将注意力集中在理解说话者的谈话内容上;

第三步,分析、核实和评估收到的信息;

第四步,决定怎样对说话者作出恰当的反应。

商务谈判中必须想尽办法克服听力障碍,掌握听的要诀,提高收听效果。

1. "听"的要诀与技巧

(1)避免"开小差",专心致志,集中精力,积极地倾听。主动和讲话者进行目光接触,并作出相应的表情,以鼓励讲话者。比如,可扬一下眉毛,或者微微一笑,或是赞同地点点头,抑或否定地摇摇头,也可以不解地皱皱眉头等,这些动作配合可帮助我们集中精力,起到良好的收听效果。

(2)通过记笔记来达到集中精力。记笔记,一方面可以帮助自己记忆和回忆,而且也有助于对方发言完毕之后,就某些问题向对方提出质疑,同时还可以帮助自己作充分的分析,理解对方讲话的确切含义与精神实质;另一方面,通过记笔记,给讲话者的印象是重视其讲话内容,当停笔抬头望讲话者时又会对其产生一种鼓励的作用。

(3)在专心倾听的基础上有鉴别地倾听对方发言,去粗取精,去伪取真,抓住重点,获得良好的听的效果。

(4)克服先入为主的倾听做法,抑制争论念头。学习控制自己,抑制自己的争论冲动。放松心情,记下要点以备后续讨论之用。

(5)创造良好的谈判环境,使谈判双方能够愉快地交流。

(6)注意不要因对方抢话,而急于反驳。

(7)不可以为了急于判断问题而耽误听,不要立即下判断。如果给对手下结论,即使是思想最无偏见的人也不免心存偏见。要诚实地面对、承认自己的偏见,并且聆听对手的观点,容忍对方的偏见。

(8)听到自己难以应付的问题时,也不要充耳不闻。既要有信心,又要有勇气去迎接对方提出的每一个问题,用心领会对方每个问题的真实用意,找到摆脱难题的真实答案。培养自己的急中生智、举一反三的能力;应多加训练,多加思考,以便自己在遇到问题时不慌、不乱。

(9)建立协调关系。试着了解你的对手,试着顺着他的观点思考问题。这是提高聆听技巧的重要方法之一。

(10)表现感兴趣的态度。让对手相信你在聆听的最好方式,是发问和要求阐明他正在讨论的一些论点。

(11)简要说明讨论要点,包括主要论点。这是有效的沟通方法,不过在简述要点时不要作评论和批判。

(12)分析对方,端详对方的脸、嘴和眼睛。将注意力集中于对方的外表。这能帮助你聆听,同时能完全让对手相信你在聆听。

(13)对准焦点。试着将注意力集中于对手谈话的要点。努力检查、思索过去的故事、轶事和统计资料,以及确定对手谈话的本质。

(14)使用自己的话语求证于对方。要避免任何可能产生误会的最好办法,是把主要利益用"自己"的话表达,向对方加以证实。

2. 口头线索

除上述的要点外,还有一些特别的"口头线索"应引起倾听者的注意。常用的几句"口头线索"有"顺便说说""坦白地说""在我忘记之前……"等。这里所列举的"口头禅"看似简单,其实不然。想想其中的要点,并考虑如何运用在你的谈判上。一旦你成为一位好的聆听者,你会发现人们愿意和你说话,而你的知识也会大有长进,获得人们的尊重。

总之,倾听表示你对对手的尊敬,它是一种只有好处而绝无坏处的让步。

◆子任务二 发问的技巧与要求

发问(又称提问)是商务谈判者获得信息的重要手段。通过发问,可以发现对方的需求,了解对方的心理,因而发问是商务谈判中语言沟通的重要内容。发问是令自己"多听少说"的一种最有效的方法,发问最主要的目的在于开启话匣,有利于沟通的进行。

一、发问的形式

发问是交流的重要保证。发问是在谈判中获得信息的基本要素,提出好问题可以使谈判者获得关于对方观点、支持性论据和真实需求的大量信息。商务谈判中的发问有以下几种:

（1）澄清式发问。这是针对对方的答复，重新措辞，以使对方进一步澄清或者补充其原先答案的一种问句。其作用在于确保谈判各方能在叙述"统一语言"的基础上进行沟通。

（2）强调式发问。该发问方式旨在强调自己的观点，强调本人的立场。

（3）探索式发问。这是针对对方的答复，要求隐身或举例说明，一边探索新问题、新方法的一种发问方式。它不但可以进一步发掘较为充分的信息，而且可以显示发问者对对方答复的重视。

（4）间接式发问。间接式发问即借助第三者的意图来影响或改变对方意见的发问方式。比如："某某先生对你方能否如期履行约定表示关注吗？"

（5）强迫选择式发问。这种发问旨在将己方的意见抛给对方，在一个规定范围内进行选择性回答。比如"原定的计划，你们是本周实施，还是下周，请给出答复？"在使用强迫选择式发问时，要注意语调温柔，措辞得体。

（6）正面式发问。正面式发问旨在通过己方的提问，使对方对问题作出证明或理解。比如"为什么要更改原定的计划？"

（7）多层次式发问。这是含有多种主题的问句，即一个问句中包含多种内容。比如，"您能否将这个协议产生的背景、履约的情况、违约的责任，以及双方的看法和态度谈一谈？"这个问句因包含过多的主题而难以周全把握。许多心理学家认为，一个问题最好只含有一个主题，最多也不能超过两个主题，才能使对方有效地掌握。

（8）诱导式发问。这种问题旨在开渠引水，对对方的答案给予强烈的暗示，使对方的回答符合己方预期的目的。比如"已经到期了，对不对？"这类问句几乎使对方毫无选择余地地按照反问者所设计好的答案作出回答。

二、注意事项

1. 应注意避免的问题

商务谈判过程中并不是任何方面的问题都可以随便提出的。一般不应提出下列问题：

（1）带有敌意的问题。

（2）有关对方个人生活、工作方面的问题。

（3）对方品质和信誉方面的问题。

（4）故意表现自己而提问。

2. 发问的要诀

为了获得良好的提问效果，需掌握以下发问的要诀：

（1）注意发问的时机，在对方适宜回答时才发问。

（2）按平常说话的速度发问，太急会令对手以为你不耐烦。

（3）应该预先准备好问题，最好问一些对方不能够迅速想出答案的问题，以期收到意想不到的结果。同时，预先有所准备也要预防对手提问。

（4）在对方发言时，如果我们脑中闪现出疑问，千万不要中止倾听对方的谈话而急于提出问题，这时我们可以先把问题记录下来，等待对方讲完后，有合适的时机再提问。

（5）要避免提出那些可能会阻碍对方让步的问题，这些问题会明显影响谈判效果。

（6）如果对方的答案不够完整，甚至回避不答，这时不要再强迫发问，而是要有耐心和毅力等时机到来再继续追问。

（7）在适当的时候，我们可以将一个已经发生并且答案也是我们知道的问题提出来，验证一下对方的诚实程度及其处理事务的态度。同时,这样做也是给对方一个暗示,即我们对整个交易的行情是了解的,有关对方的信息我们也是掌握很充分的。这样做可以帮助我们进行下一步的合作决策。

(8)既不要以法官的态度来询问对方,也不要问起问题来接连不断。

(9)由广泛问题入手再移向特定问题,从而缩短沟通时间,形成良好的气氛。

(10)所有询问都应围绕一个主题。

(11)提出敏感性问题,应附以发问理由:"最近听其他人说……"

(12)应给对手足够的时间答复。

(13)提出问题后应保持沉默,闭口不言,专心致志地等待对方作出回答。

(14)要以诚恳的态度来提问。这有利于谈判者彼此感情上的沟通,有利于谈判的顺利进行。

(15)注意提出问题的句式应尽量简短。

◆子任务三 答复的技巧与要求

一、答复的重要性

有问必有答,人们的语言交流就是这样进行的。问得不当,不利于谈判;答得不好,同样也会使己方陷入被动。通常,同样的问题会有不同的回答,不同的回答又会产生不同的谈判效果。有时,对方会故意提出一些尖刻的问题,旨在把其对手问倒。这时,如果是较为出色的谈判人员,便会用一个妙答,使自己逢凶化吉,起到妙手回春的功效。

为了能够有效地回答好每一个问题,在谈判前,我们可以先假设一些问题来思考,考虑得越充分,所得到的答案将会越好。比较重要的谈判往往都要事先进行模拟谈判,自己组织一组人员扮演谈判对手,让对手尽情地发挥,借以发现一般情况下难以发现的问题。在商务谈判中,当对方向你提出问题的时候,你必须作出相应的回答;否则,对方会认为你没有诚意而使谈判陷入僵局。而巧妙的回答可以做到既不泄露机密,又不致使商务谈判陷入僵局。因此,商务谈判者必须把握回答的原则和策略。商务谈判中的回答,是一个证明、解释、反驳或推销己方观点的过程。

谈判桌上的双方是在各方的实力基础上斗智斗勇,商务谈判回答问题的要诀就在于知道该说什么、不该说什么,而不必考虑回答的问题是否切题。谈判过程好比是桥牌的叫牌过程,目的在于尽可能多地通过回答问题,来了解对方的实力与信息,而尽量避免过早地暴露自己的底细。因此,在回答问题时要有艺术性和技巧,谈判人员必须熟练地加以掌握和运用。

二、答复的技巧

(1)回答问题之前,要给自己留有思考时间。回答问题的准备工作包括三项内容:

一是心理准备。即在对方提问后,要利用喝水、翻笔记本等动作过来延缓时间,以稳定情绪,而不是急于回答。

二是了解问题。既要弄清对方所提问题的真实含义,以免把不该回答的问题也答了出来。

三是准备答案。答案应包括那些该回答的部分。

(2)把握对手提问的目的和动机,然后决定怎样回答。谈判者在谈判桌上提出的问题目的是多种多样的,动机也是复杂的。如果我们没有深思熟虑、弄清对方的动机,就按照常规来作答,往往效果不佳,如果我们经过周密的思考,准确地判断对方的用意,便可以作出一个独辟蹊径的、高水准的回答。

(3)不要彻底地回答问题,要留有余地。在商务谈判中,对方提出问题或是想了解我方的观点、立场和态度,或是想确认某些事情。对此,我们应视情况而定。对于应该让对方了解,或者需要表明己方态度的问题要认真回答,而对于那些可能会有损己方形象、泄密或者一些无聊的问题,谈判者也不必为难,不予理睬是最好的回答。当然,用外交活动中的"无可奉告"一语来拒绝回答,也是回答这类问题的好办法。总之,我们回答问题时可以自己对问题的前提加以修饰和说明,以缩小回答范围。有时对方提出的某个问题我方可能很难直接从正面回答,但又不能以拒绝回答的方式来逃避问题。这时候,谈判高手往往用避正答偏的方式来回答。即回答这类问题时,注意避开问题的实质,而将话题引向歧路。

(4)幽默诙谐,随机应变,巧应妙答。对于有些问题如果正面回答可能不利,这就要求用幽默的言语来回答,因为幽默的语言可以使谈判人员在含蓄委婉的回答中渡过难关。同时,用幽默的语言可以在回答问题出现错误的时候把责任推给第三者,在别人抓住自己的弱点提问时可以通过幽默诙谐的表达解围。可见,使用幽默语言会活跃气氛,可以取得事半功倍的效果。

(5)对于不知道的问题不要回答。有这样一个实例,国内某公司与外商谈判合资建厂事宜时,外商提出有关减免税收的请求。中方代表恰好对此不是很有研究,或者说是一知半解,为了能够谈成,就盲目地回答了,结果使己方陷入一种十分被动的局面。经验和教训一再告诫我们,谈判者对不懂的问题,应坦率地告诉对方不能回答,或暂不回答,以避免付出不应付出的代价。

(6)答非所问。我国古代有一个精明的骗子,他从别人那里借来一匹马,便牵去与一个财主进行交换。财主问:"你的马是从哪里来的?"他回答道:"我想卖马的念头有两年了。"这句话的回答是所答非所问的,换马的骗子就是运用这种灵巧的方式使其计谋得逞了。谈判中,我们并不主张像这个骗子一样在谈判中行骗,谈判必须是建立在相互信赖的基础上。但是双方利益发生冲突时,如何巧妙地回答对手有关利益分割的问题,倒是应该从这一例中得到点借鉴。

(7)顾左右而言他。有时,对方提出的某个问题我方可能很难直接从正面回答,但又不能以拒绝回答的方式来逃避问题。这时,谈判高手往往用避正答偏的方式来回答。"对于你方的这个问题,我记忆中大致印象好像是……具体我记不清了。"

(8)"重申"和"打岔"。商务谈判中,要求对方再次阐明所提的问题,即谓重申。重申可以是没有弄明白的问题,也可以是听清楚了但还来不及思考的问题。打岔的方式则是多种多样的,可以借口去洗手间,或去打个电话,等等。

◆子任务四 叙述的技巧与要求

商务谈判中的叙述是一种不受对手提出问题的方向、范围的制约,且带有主动性的阐述,是商务谈判中传达大量信息、沟通情感的一种基本方法。它也是基于己方的立场、观点、方案等,通过陈述来表达对各种问题的具体看法,以便让对手有所了解。

一、入题

1.叙述的种类

商务谈判中的叙述是各方对谈判观点的第一次陈述。叙述的前奏是寒暄,还没有接触谈判的实质内容。而叙述则是对谈判观点的介绍,主要是说明自己参与谈判的基本立场及要求。

通过对这些内容的说明,使对方明了自己的观点,以便在此基础上寻找共同点,使谈判朝着成功的方向前进。

总结叙述是在谈判的每一个阶段或全部谈判结束前作的陈述。其是对已取得的成果进行肯定性的总结。通过得体的总结性叙述,可以为以后的谈判打下良好的基础。其特点是切题、中肯、观点鲜明和留有余地。无论成功与否,都不下绝对性的结论。

2.把握开场的重要时机

开场进行的一切活动,一方面能够为双方建立良好关系铺路,另一方面又能够了解对方的特点、态度和意图。因此,在这个阶段,必须十分谨慎地对所获得的对方的感性认识加以分析。不仅如此,还要立刻采取一些重大措施,用自己的方式对他们施加影响,并使这些影响贯穿于谈判的始终。

3.入题方式

"万事开头难",尤其是面对陌生的关键对手。因此,如何选择话题的切入点就是一个关键的问题。下面谈几种入题方式:

(1)迂回问题。或者从当前社会热点(共同关心)的问题切入,或者从双方情况介绍切入。

(2)先谈一般原则性问题,后谈具体问题。如会期、总体方案、大致意向等(一般适用于大型洽谈活动)。

(3)细节切入。如商贸经销业务洽谈,以价格为核心包括付款条件、交货地点、方式、结算方式、促销费用、展厅布置费用、人员费用、年终返利、花色品种要求等,可以先回避价格,谈其他条件,待诸项达成共识后,再切回到价格问题。这时,对方会有较大压力,因为一旦价格谈不拢,则前期工作全都将前功尽弃。

二、叙述的技巧

1.叙述的原则

(1)叙述应简洁,通俗易懂。

(2)叙述应具体、生动,使对方集中精力、全神贯注地倾听。

(3)叙述主次分析,层次清晰。

(4)叙述应基于客观事实,使对方相信并信任我方。

(5)叙述的观点要准确,力戒含混不清,前后不一致。

(6)叙述时发现错误要及时纠正,以防造成不应有的损失。

(7)重复叙述有时是必要的。

总而言之,商务谈判中的叙述,应从谈判的实际需要出发,灵活把握上述有关叙述应遵循的原则,以便把握好该叙述什么,不该叙述什么,以及怎样叙述,等等。

2.叙述的要点

(1)用对手听得懂的语言进行沟通。如运用了专业术语,也应该加以解释,很多情况下对手绝不会同意任何一项他们不明白的事情。

(2)不要随便发表与谈判主题无关的意见。这容易导致对手反感,尤其是一旦你的离题话有漏洞、有问题,对手会因此看轻你。

(3)不要拐弯抹角而回不到主题。该切入时当切入,否则只会给洽谈带来障碍。

(4)第一次就要叙述准确,切莫脱口而出,一旦解释有误,就会大大削弱你的谈判力。

(5)以肯定性措辞表示不同意。可通过强调对手所轻视或忽略的好处来表达。"不!我认为贵公司经销我方品牌不仅有经济上的直接利益,更有品牌形象的提升。"

(6)避免使用含上、下限的数值。在谈判中任何数值都应用绝对数字表达,不能使用"3%~5%的折扣"之类的语言。

(7)在谈判中达成协议时,应给对手以正面评价,对谈判对手表示谢意或感激是极为必要的。如赞赏对手的风度品格及艺术,等等。

另外,叙述及问答中非语言艺术的运用也相当重要,包括声调强弱、音量高低、语调快慢及语气的情感性。美国传播学家艾伯曾提出一个公式:信息的全部表达=7%语调+38%声音+55%表情。

◆子任务五 说服的技巧与要求

谈判中的说服,是综合运用听、问、答、看、叙及辩的各种技巧,改变对手的起初想法,使其接受己方意见的一种行为。说服不是简单地说,而是要通过说及其他手段,向对方展示各种可能性,说明利弊和利害得失,促使对方接受某种事实或观点。有效的说服是帮助对方去认识其尚未认识到的威胁与机会,使其接受某种观点或方案的过程。说服不等于威胁,更需要说服者具备高超的说服技巧,使对方心悦诚服。

一、巧妙的洽谈气氛

1. 建立良好的人际关系是说服的前提

任何人都不会轻易被一个陌生人所说服,哪怕他的言辞多么动听,这是常人的本能反应。保险推销员在上门推销保险的时候,其成功概率分别是第一次1%,第二次2%,第三次5%,第四次80%,也就是说至少要上门四次。与被说服者已形成一定的人际关系后,才有第四次成功的可能。

因此我们说,在说服他人之前,必须与他人建立良好的信赖的人际关系。

2. 创造"是"的氛围

要创造出"是"的氛围,切勿把对方至于不同意、不愿做的地位,然后再去批驳他、劝说他。商务谈判事实表明,从积极的、主动的角度去启发对方,鼓励对方,就会帮助对方提高自信心,并接受己方的意见。因此,从谈话一开始,就要创造一个说"是"的气氛,而不是形成一个"否"的气氛。

二、分析提议可能导致的影响

1. 必须能满意回答的三个问题

一是被劝说者一接纳你的意见,会有什么样的利弊得失。一般说来,被劝说者同意你的提议肯定会在得到一定利益的同时,失去一些什么,你必须针对这两方面作出分析,尤其是对方可能承担的风险(代价)要重点说明。

二是你为什么选中他为劝说对象。让对方明白之所以被选中是因为他另具"个性"。

三是假如你能说动他接纳你方意见,你将获得什么好处。将你的"利己"成分告知对方,对方才会理解"你为什么这样做"。当然"利己"的含义有很多,可以适当隐瞒一部分。

2. 注意避免的几个问题

(1)先想好几个理由,然后才去和对方辩论;

(2)站在领导者的角度上,以教训人的口气,指点他人应该怎样做;

（3）不分场合和时间，先批评对方一通，然后强迫对方接受其观点；

（4）威胁或欺诈对方。

这些做法，其实未必能够说服对方。因为这样做，其实质是先把对方推到错误的一边，也就等于告诉对方，我已经对你失去信心了。其后果可能会导致双方关系破裂，谈判失败；可能会刺激对方作出不理智的决定。

三、简化接纳提议的手续

1. 入题可采取迂回战术

在研究影响谈判气氛的方法之前，必须先确定到底需要建立怎样的一种谈判气氛。谈判开始时的话题最好是轻松的，比如，双方可以随便聊聊各自经历、私人问题、共同关注、兴趣爱好等方面的内容，这样的开场白可以使双方找到共同的话题，为心理沟通预先作好准备。

2. 尽快签订协议

一旦对方被说服，同意签订协议时，为避免中途变卦，要设法简化确认这一成果的程序。如将事先准备好的书面协议或草案，请对方签字。这样能尽快取得对方承诺，避免由于细节问题的纠缠而影响谈判的进展。因为被说服者在一定时间及环境条件变化后，会产生心理变化对原说服内容产生怀疑，因此应"乘胜追击"，尽快达成协议是说服工作的必要后续手段。

四、说服的方式方法与技巧

1. 说服的方式

（1）沟通式。又叫"宣传式"，是指通过沟通渠道把信息传递给接受者，使对方接受这些观点。通过信息传递沟通双方的关系来说服对方是一种比较简单的方式，使用的对象是那些不存在尖锐对立的商务谈判者。对这些被说服者来说，只要能见到具体有说服力的语言、文字，便可以很快被说服。

（2）雄辩式。即运用充分的理由说服对方。常用的方法有两种：第一种是劝诱，即通过积极、正面的工作，如激励、妥协、许愿等利益驱动使对方服从自己的观点。第二种是威胁，即通过消极方面的工作，如提出抗议、退出谈判等迫使对方屈服，来接受自己的观点。这种做法从理论上来说是一种压服，但市场条件是变化无常的，今天对卖方有利，一个月后可能变得对买方有利。在这种情况下，谈判者为了争取时间，以保证自己的利益，在讨价还价的基础上，有力的一方便会使用最后通牒的手段，使对方被迫接受自己的观点。

2. 说服的方法

（1）用让人自我评价的方式说服。即用正确的道义使其认同，转而用道义（对方也认同）让对方评判自己的行为，使其产生一种"自相矛盾"，而最终承认你的观点。晋代有一个新郎官是个书生，新婚之夜发现新娘很难看，转身想离开洞房，新娘拉住他问："新婚之夜为何不高兴？"新郎说："你知道好妻子的标准是什么吗？"新娘说："孝顺老人，尊敬丈夫，说话和气，干净利索，长相也不错，除了最后一条，其他我都具备。"随之反问："一个读书人，应具备的好品德，你又有几个？"新郎答："我都具备。"新娘说："好品德之一是重德不重貌，你却以貌取人，这是重貌轻德，你这样说可是不诚实啊！"新郎无言以对。

（2）用经验去说服对方，或者用历史事实说明你的观点，具有较强的说服力。1939 年 10月，美国经济学家、罗斯福总统的私人顾问萨克斯受爱因斯坦等科学家的建议和委托，在白宫要说服罗斯福重视原子弹的研究。罗斯福反应冷淡（一是对深奥的科学不懂，二是担心原子弹的危害性),第二天见面时罗斯福先封住了萨克斯的嘴。萨克斯就讲了一段拿破仑不听从美国发明家富尔顿关于用蒸汽机代替风机,用铁壳取代木甲板的建议,而将富尔顿轰了出去,最终导致失败的故事,终于说服了罗斯福。

(3)用事实说服对方,事实胜于雄辩。

3. 说服的技巧

(1)尊重理解对手。首先,理解对方所存在的困难和处境,理解对方的优势和劣势,发现对方的潜在需要;其次,"将自己的脚放在别人的鞋子里"(设身处地地为对方着想),从而验证自己谈判目标的合理性。

(2)先谈论易取得协议的问题要比先谈论政论性问题更容易取得效果。设法别让对方说出"不",以多项一致性意见的议题取得对方肯定性回答之后,再提出冲突性问题,这样,直接否定就会有难度。

(3)对对手要求越多,对手实际给予的也可能越多(期望水准越高,成就水准相应也会高些)。如针对对方某心理价格,先开出一有相当差异的要价目标,对方可能会因此调整其原先的心理价格。

(4)强调立场的一致性要比强调立场的差异性更能提升对方的认知与接纳程度。淡化双方立场、观点、期望的差异,激发对方在自身利益认同的基础上接纳你的建议。

(5)对问题应进行正反(有利有弊)两方面分析,其中自己所喜欢的观点最后才提出,但不能报喜不报忧。

(6)讯息的一再重复可增进对手对讯息本身的了解与接纳。尤其是新的观点、立场,应提前"吹风",正所谓"谎言重复千遍也会变成真理"。不要奢望对方一下子接受你提出的突然的要求。

(7)说服对方时要注意精心设计开头和结尾,以便给对手留下深刻印象。

任务二　领会掌握谈判非语言沟通技巧

任务情景

商务谈判提示:　　　　　　　　**您不必开口便可做的五件事**

(1)微笑。这是通用的润滑剂,它可以帮助您打开谈判局面。发自内心的微笑如同高声说:"我很高兴与您合作。"

(2)穿着得体,修饰整洁。光亮的鞋、整齐的头发、干净的指甲以及得体的服装,这些表示了您对自己及对方的尊重。它还传递出您是值得与对方做生意的信息。

(3)身体前倾。在几乎所有的文化中,它都表示兴趣与专注。

(4)使用开放的手势。将两臂交叉在胸前可能被认为缺乏兴趣或者表示抵制。更为开放的姿势将表示出您对对方的看法持接纳态度。

(5)利用每一次机会点头。通过这个简单的动作可以让对方知道您在倾听。

任务分析

有些需求即使你一声不吭,别人也可以察觉得到。因为你的行动、手势、坐姿、笑容、注视对方的方式都会将你的想法"揭发"出来,这就是肢体语言。要想给人留下良好的第一印象,必须了解自己身体语言表达的信息并且有意识地对它进行控制,利用身体语言帮助自己表达内容。

◆子任务一　肢体语言的技巧与要求

一、手势语言

1.手势的种类及含义

手势按动作意义的不同可分为拱手、招收、挥手、摆手、拍手、握手等。按手势的不同可分为以下四种:

(1)情绪性手势。即用手势表达思想感情。比如,高兴时拍手称快,悲伤时捶打胸脯,愤怒时挥舞拳头,悔恨时敲打前额,犹豫时抚摸鼻子,急躁时双手相搓;也用手摸后脑表示尴尬、为难或不好意思;双手叉腰表示挑战、示威、自豪,双水摊开表示真诚、坦然或无可奈何;扬起巴掌用力往外砍或者往外推,常常表示坚决果断的态度、决心或强调某一说辞。

(2)表意性手势。即用手势表明具体内容,表达特定含义。大多数是约定俗成后形成的一些手势,含义明确。如:招手,表示让对方过来;摆手,表示不要或禁止;挥手,表示再见或致意;竖大拇指,表示第一或赞叹;伸小指,表示最小或藐视;用手指指自己的胸口,表示谈论的是自己或跟自己有关的事情;伸出一只手指向某人的座位,是示意对方在该处就座等。

(3)象形性手势。即用手势来摹形状物。如说东西很大时,用双手合成一个大圆;说某人个子很矮时手板往下一压。象形性手势能使表达的内容更形象、更生动。

(4)会意性手势。即用手势表达某一抽象的事物或概念。如说"迎接更加美好的明天"时张开双手,徐徐向前;说"我们胜利了"时双手握拳,用力向上挥动;说"必须坚决制止这种行为"时,做一个用手下砍的动作等。

2.手势礼仪要求

手势由进行速度、活动范围、空间轨迹及力度几部分构成。一般来说,速度越快、活动范围越大表达的感情越强;反之给人的印象强硬、果断、有力,但缺乏温和。

(1)大小适度。在社交场合,手势的上限一般不应超过对方的视线,下限不低于自己的胸区,左右摆动的范围不要太宽,应在人的胸前或右方进行(指右手)。一般场合,手势动作幅度不宜过大,次数不宜过多,也不宜重复。

(2)自然亲切。在任何场合手势都应自然、流畅,浑然天成,不能造作,不能破坏自然和谐的交流气氛。在与他人交流时则多用柔和曲线的手势,以示和善和亲切感。

(3)避免不良手势。譬如:讲到自己时指自己的鼻尖,谈到别人时用手指着别人,背后对人指指点点,见陌生人时抓头发、玩饰物、掏鼻孔、剔牙齿、抬腕看表等粗鲁的手势动作,握手时不分对象、不分主次、不讲究方式和力度等。

3.商务谈判中常见的手势

(1)伸出并敞开双掌,给人以言行一致、诚恳的感觉。

(2)掌心向下的手势,表示控制、压抑、压制,带有强制性,这会使人产生抵触情绪。

(3)食指伸出,其余手指紧握,呈指点状,这种手势表示教训、镇压,带有很大威胁性。这种行为最令人讨厌,在谈判中尽量避免。

(4)双手相握或不断玩弄手指,会使对方感到你缺乏信心或拘谨。

（5）把拇指指向另一个人，表示污蔑和嘲弄（竖拇指在我国则是夸奖的意思）。

（6）十指交叉常表示控制沮丧心情的外露，这时，手的摆放通常有三个位置：一是十指交叉放在眼前，二是放在桌前，三是垂在腹前，但有时这种手势是表示敌对和紧张情绪。

（7）塔尖式手势，它是把十指端相触，撑起呈塔尖式，这种表示自信，若再伴之以身体后倾，则显得高傲，男性常以塔尖向上，女性则常塔尖向下。

（8）背手常显示一种权威，但在一个人极度紧张、不安时常常背手，以缓和这种紧张情绪。另外，如果背手伴以俯视踱步，则表示沉思。

（9）搓手，常表示人们对某事情结局的急切期待心情。在经济谈判中这种手势则告诉对方你在期待什么。

（10）双臂紧紧交叉于胸前，这种姿势暗示一种防御和敌意态度。

二、眼神

"眼睛是心灵的窗户"，洽谈人员必须正确运用自己的目光。一般地，目光以看着对方脸部的上部三角部分，即双眼为底线，前额为上顶角的部位为宜，这样既能把握洽谈的进行，又不致因为无礼而导致对方不快。在正常情况下视线接触对方脸部应占全部谈话时间的30％～60％。超过或不足都有点失态。目光注视对方的正确做法是散点柔视，这样既显真诚，又不致使对方感到不自在。对视的时机要正确地把握，一般视交谈内容而定，当强调某一问题时，或当对方注视你发出交流信号时可对视。其他情况下要视对方脸部为一个整体，不要将目光集中于对方的某一部位，目光要柔和。瞪与盯是非常规的目光，须慎用。斜视是无礼的举动，不应使用。

在商务谈判中常见的眉眼行为有凝视、扫视、侧视与闭眼等。

1. 凝视

首先，自然地凝视对方脸部上由双眼底线和前额构成的三角区域，是商务谈判中最常用的一种凝视行为。这种行为显得严肃认真，给对方以诚恳的感觉，在商务谈判洽谈中运用这种凝视行为往往能把握谈话的主动权。其次，凝视对方脸部上由双眼上线和唇中点构成的三角区域，是举行酒会、餐会、茶会等场合常用的凝视行为，这种行为能给对方造成轻松的社交气氛。

2. 扫视和侧视

扫视常用来表示好奇的态度，侧视有时表示轻蔑的态度。在谈判中过多地使用扫视，会让对方觉得你心不在焉，对讨论的问题没兴趣；过多地使用斜视会给对方造成敌意。

3. 闭眼

闭眼不同于眨眼，在正常的情况下，人的眼睛每分钟要眨6～8次，这种行为是无意识的，也不会给人造成不良印象。但闭眼是一种有意义的行为，闭合的时间长达数秒，给对手以孤傲自居之感。如果闭眼的同时，还伴有双臂交叉、仰头等动作，就会给对手以故意拉长脸、目中无人的感觉，这种消极的行为很难使谈判进行下去。

4. 其他眉眼行为

眉开眼笑，表示欢乐；双眉紧锁，表示忧愁；横眉立目，表示气愤；瞪目结舌，表示惊恐；眼珠转溜，表示邪计上心等。

需要注意的是，由于文化背景、心理心态习惯的不同，对目光的运用在各国有较大的差异，这在进行涉外商务谈判时要格外小心。

三、体态语言

1. 身体动作

研究表明,动作在非语言交流中影响最大。手势、身体动作越少,别人就越觉得你强大、深沉、可信、聪明。一段研究男性和女性进入会议室时的录像显示,女性平均有 27 个比较明显的动作:脱下大衣、放下行李箱、整理头发、拉平裙子、从皮夹里掏出一些杂七杂八的东西等。而男性却只有 12 个类似的动作。观看录像的人都想:"女性需要更长的时间作准备。"这足以贬低女性发言的权威性。

多项研究结果表明,领袖人物很少用手势和其他动作,结果他们的手势和动作显得更有力,更加意味深长。

建议:

(1)避免削弱自己魅力的"小动作"、不必要的手势和坐立不安的举止。

(2)尽量让每个动作都有意义。

(3)减缓动作速度。当动作变得深沉、从容、意味深长时,给人的印象就越深远。"值得做得完美的事应该慢慢去做。"

2. 身体姿势

每个人的姿势各不相同,但找出最合适自己的自然姿势就是最佳姿态。

建议:

(1)训练自己的"身体记忆力",让身体本能地记住和恢复到一定的位置。对每一种事物大家都有的感情(高兴、惊讶、恐惧、沮丧、生气、讨厌),你要有一种自己独特的姿势。可以让一个朋友仔细观察你,看看你的这些姿势会有什么效果,以及你最自信和强大的时候会是什么样子。另外,让某个人把你在不同场合的表现录下来也是一种方法。

(2)找出自己本能的姿势,看看他们是否起作用。

(3)掌握自己在高兴、自信和强大时的样子,就算自己不高兴、不那么自信时也可能装出来。这样可以让你在谈判中避免处于劣势,感觉会好一些。

(4)采取一种不那么对称的姿势,略微向一边倾斜,让下巴靠在一只手而不是双手上,一只手放在桌上,略微前倾。这些姿势会让你显得自信、更为强大。

3. 身体接触

人们感觉轻松的身体接触有很多个层次,必须明确你和对方之间处在哪个层次。身体接触可以拉近关系,也可能会毁灭双方的关系。

总的来说,握手是最安全、最不具威胁性的身体接触方式。把左手和右手一起放在对方的手上更容易和对方套近乎。更进一步的话,则是把左手放在对方的手臂上,右手与对方相握。

建议:对别人身体接触的感觉要谨慎、敏锐,应作出适合的反应。

4. 学会自我纠正

对非语言交流,由于每个人外部生存环境及内在素质、风格各不相同,没有现成的模式可作参考。对别人的反应要谨慎,不可贸然失礼。如果意识到自己的举动不合适,就应该立即纠正过来。

在商务谈判中应当注意以下几种姿态语言:

(1)一般性地交叉跷腿的坐姿,常伴之以消极的手势,表示紧张、缄默和防御态度,但有时人们为了坐得舒服些,也常用这种坐姿。

（2）高跷腿坐姿,这是在上述姿态基础上,将上压腿上移,使小腿下半截放在另一条腿的上膝部,它暗示一种争辩、竞争的态度,如果再用双手扳往上压的这条腿,则表示这个人固执己见,顽固不化,要想同这种人议事,应首先改变其态度。

（3）谈话时,对手头部保持中正,有时会微微点头,则说明他对你的讲话不厌烦而非常感兴趣;一手支撑脑袋,则说明此人处于思考状态。

（4）如果对方将头侧向一边,尤其是倾向讲话人一边,则说明他对你所讲的事很感兴趣。如果对方把头垂下,则是一种消极信号,表示他对你所讲的事索然无味。

（5）十指交叉,搂住后脑,则显示一种权威、优势和信心。

（6）两腿站开,相距肩宽,双手背后,挺胸,抬头,目光平视对方,面带微笑,则说明他对所谈的问题有信心、有兴趣;双腿合拢,双手前合,上体微前俯,头微低,目视对方,则表示他谦恭有礼,并愿意听取对方的意见。

（7）形态端庄,彬彬有礼,宾主分明,则反映一种修养、稳重、信心和力量。

（8）嘴巴紧抿而且不敢与他人接处,可能心中藏有秘密,此时不愿透露;咬嘴唇,表示内疚;当对对方的谈话感兴趣时,嘴角会稍稍往后拉或向上拉等。

5. 物体语言

物体语言是指在摆弄、佩戴、选用某种物体时传递的某种信息,实际也是通过人的姿态表示信息。在商务谈判中有如下方面的内容与含义:

（1）手中玩笔,表示漫不经心,对所谈的问题无兴趣或显示其不在乎的态度。

（2）慢慢打开本子,表示关注对方讲话,快速打开本子说明发现了问题。

（3）猛推一下眼镜,则说明对方因某事而气愤;摘下眼镜,轻轻揉眼或擦擦镜片,可能反映对手精神疲劳,或对争论不休的老问题厌倦,或是喘口气准备再战。

（4）如果轻轻拿起桌上的帽子,或轻轻除帽,则可能表示要结束这轮谈判,或暗示要告辞。

（5）打开包可能想再谈新的问题,关上包则表示到此为止,夹起包则可能表示无法挽回。但如果是关而不提,夹而不去,则说明还有一线突破的希望,实际上许多谈判都是在这种情况下取得突破性进展的。

（6）不停地吸烟,表示伤脑筋,深吸一口烟之后,可能是准备反击。

无论是人体语言还是物体语言,反映的都是人的形象。谈判者应追求这些姿态的最佳组合,树立良好的形象,以争取最佳的谈判地位。

◆子任务二　情感语言的技巧与要求

一、情感表述

所谓情感语言是指通过五官及身体动作来表现个体的情感特征,并向对方传递情感需求的一种特殊语言。

1. 情感表露

谈判中,人的因素除了观念问题之外,情感的表露对谈判产生着重要影响。我们期待谈判对手的感情泄露能有助于谈判的顺利进行。

对待和把握谈判者的感情表露也是解决人的问题的一个重要方面。在商务交往中,人的情绪高低可以决定谈判的气氛,如何对待谈判者的感情表露,特别是处理好谈判者的低落的情绪,甚至是愤怒的情绪,对今后双方的进一步合作有直接的影响。在谈判中,考察对方有无厌烦的情绪,是观察身体语言的首要任务之一。

有经验的谈判专家建议,处理谈判中的情感冲突,不能采取面对面的硬式方法。采取硬式的解决方法往往会使冲突升级,反而不利于谈判的继续进行。对待过激的情绪问题,我们不妨从以下三个方面来着手解决:一是关注和了解对方的情绪,也包括你自己的情绪;二是让对手的情绪得到发泄;三是使用象征性的体态语言缓解感情冲突。

2.面部表情

面部表情是内心情感的重要体现。表情是指眼睛、眉毛、嘴巴、鼻子、面部肌肉以及它们的综合运用所反映出的个体心理活动及情感信息。表情的寓意最为丰富,也最具有表现力,它能迅速、准确地表达出主体的各种情感。如表情明朗、刚强给人一种壮美;表情柔和、舒展给人一种优美;表情生硬、扭曲给人的感觉是生气、发怒。脸部表情在交际时应该是明朗、刚强、柔和的,这样才能体现脸部表情的大方宁静和轻松柔和。

实际上,正因为表情所传递的心理活动特征是完整、全面的,所以我们可以通过"表情"来了解个体的各种特征。

(1)可以看出个体的国籍、种族。

(2)可以看出性别。

(3)可看出性格、地位、修养。

(4)可看出人的心理。

所以,我们可以从面部表情的微妙变化窥探人的内心,进而提高你的洞察力。

微笑,是一种健康文明的举止。一个善于通过微笑来表达美好情感的人,可以使自己更有魅力,也会给他人以更多的美感。亚里士多德说:"微笑是世界上一封最为美妙的介绍信。"微笑的力量是相当巨大的。有人把微笑比作全世界通用的货币,因为它被世界上所有人们所接受。但是,如同纸币一样,微笑也可能是虚伪的。所以我们倡导发自内心的微笑。

阅读资料

微笑的训练

虽然微笑是发自内心的,但后天的训练非常重要。有人说他没有不高兴啊,可就是笑不出来。据说,日本航空公司在培养空中小姐时,就要先进行长达几个月的微笑训练。

微笑训练的方法主要有:

(1)情绪记忆法。多回忆美好往事,纵然遇到不如意、悲伤、心酸的事情,也要提醒自己"保持微笑"。

(2)他人诱导法。面对镜子,听他人讲笑话,同时矫正笑资,镜中的自己要保持正确的站姿或坐姿。微笑是轻快自然的,切记矫揉造作的皮笑肉不笑。

(3)发声训练法。面对镜子,深呼吸,然后慢慢地吐气,并将嘴角两侧对称往耳根部提拉,发出"一"或"七"的声音。

(4)携带卡片法。经常在自己的皮夹中放一张写有"微笑"的卡片,一直携带着它似一面镜子,随时随地提醒自己保持微笑。

以上是外部训练,最根本的方法还是培养豁达乐观的性格,积累丰富的学识,以增强自身修养的方法来提高自己的形象气质。

3.语调

声音所含的非语言因素并未包括你说的内容,而是你发言的语音和语速。说话时的语调、声音大小也对表达有一定影响。不同语调可以使同一句话表达出不同的含义,而声音的大小则反映说话者一定的心理活动、情感色彩或某种暗含的意思。

在洽谈中,一般问题的阐述应使用正常的语调,保持能让对方清晰听见而不引起反感的高低适中的音量。适当的时候为了强调自己的立场、观点,尤其在针对有分歧的问题表达意见时,可调整语调和音量来增加话语的分量,加强表达效果。

建议:在发言的时候注意自己的语调和语速。保持低沉的声音,凭自己的直觉放慢语速。

4.空间距离

人在文明社会中与他人交往而产生的关系,其远近亲疏是可以用界域或距离的大小来衡量的。

一般来说,人际交往依据亲疏程度不同而有不同的空间位置,大致分四类情况,如表 2-1 所示。

表 2-1　人际交往空间的距离

距离(m)	类别	语意	适用
<0.45	亲密界域	亲密无间、爱抚、安慰	恋人、夫妻、亲密交流
0.45—0.75—1.2	个人界域	亲切、友好、融洽	朋友、同事谈心
1.2—2.1—3.6	社交界域	庄重、严肃、认真	会见外宾、商务谈判
>3.6	公众界域	公开、大度、开朗	演讲、报告、讲课

特别提醒:除非特殊亲密者,不能闯入 45cm 的亲密界域禁区!日常朋友之间交流的距离最好是 75cm 左右。以上四种空间距离,只是人际交往的大致模式,具体运用时,要根据不同对象的特点(如文化、性别、年龄、地位、性格不同而有各自不同的特点)灵活运用。

二、情感阅读与应对

1.松懈的对手

有些人精神松懈,不好好坐直、不够专业、一副垂头丧气的样子。

松懈并没有什么不好,问题是,如果意见的沟通不精确,就会阻挠谈判的正常进行。使对手紧张、严肃一点的好办法是用眼神的接触。你要谈判某一要点时,运用眼神接触并确定你的对手是否同意,不管是如何松懈的人,几乎都会对眼神接触有所反应的。

2.紧张的对手

有些人对面对面的谈判有恐惧感,有明显的神经紧张、焦躁不安,甚至身体僵直。他们的谈话过于僵硬、不自然。

此时你能做的是,放松对手的心情,让他有宾至如归的感觉。慌张不安常发生于没有什么商业背景的人。他们身处异地,不知道会发生什么事情。你可以安排比较舒适的座位,或者采取主动,松懈你的领带,卷起你的袖子,来表示一切会很舒适轻松。有些人太紧张了,如果你不小心的话,他们会让你也开始紧张不安。记住,没人想紧张、焦躁。每个人都想拥有舒适愉快的感觉,所以如果你能消除对手的紧张不安情绪,他会觉得好一点,对你心怀感激之情,这将有助于谈判的成功。

3.凭直觉

直觉不是什么神秘的事物,它仅意味着一位有知觉的人有极大的耐心观察细节和行为的细微差异。关心你的对手,注意他的行为举止,如果事情似乎不顺的话要有所警觉。

虽然在谈判时轻松地进行商议是最理想的,不过事实上你不可能真正轻松。你必须时时刻刻谨慎注意、观察你的对手,并不断思考如何影响对方接受你的看法。不论你的对手是否由言语或揉弄头发向你传达了信息,你必须对此信息作出适当的反应,以利于谈判的顺利进行。

4.拉近与对手的关系

(1)对比。可以通过对方的身体姿态、行为、声调或语速来找出自己和对方最相似的地方。对比优势能使你跟上对方的步调,而有时语言起不了作用,只能靠一些很微妙的动作来表达。

(2)自嘲。能够很快和对方拉近关系,对一个能够拿自己打趣的人,你很难不喜欢他。如果你能比对方拥有更大的权力,想和对方达到一种感觉平衡时,这个技巧特别有效。

(3)在共同的行动中建立联系。通过行动而取得的联系有着比较深层次的意义,从"最有效"到"效果最差"的行动依次是:双方都投入到事件中;你有行动,但对方没有;对方有行动,但你没有;双方都在看另一个人行动。

如果你希望别人记住你的话,那你就要与对方都有所行动。

总结与回顾

1.在人际交往中,语言直接影响到人际关系,口头语言更是如此。

2.倾听作为人类活动中最简单的生存行为,也恰恰是人类最有效的一种沟通方式。要达到有效倾听,首先要克服倾听障碍,能听出对手的弦外之音。

3.发问是令自己"多听少说"的一种最有效的方法,发问的最主要的目的在于开启话匣,以便沟通的进行,但要注意发问的形式,既让对手感到不拘束能够放开回答,又能给自己留下谈判的回旋余地。

4.答复需要技巧,谈判者对回答的每一句话都负有责任,所以在回答之前,要给自己留有思考的时间,把握好对手提问的目的和动机,然后决定怎样回答,但对问题不要给予彻底的回答以免暴露我方底线,应学会巧应妙答;尤其是不清楚的问题不能随意答复,适当的答非所问也是一种好方法。

5.叙述是一种不受对手提出问题的方向、范围的制约,且带有主动性的阐述,是商务谈判中传达信息、沟通情感的一种基本方法。

6.谈判中的说服是综合运用听、问、答、看、叙及辩的各种技巧,改变对手的起初想法,使其接受己方意见的一种沟通行为。有效的说服是帮助对方去认识其尚未认识到的威胁与机会,从而使其接受某种观点或方案的过程。说服不是威胁。说服方法多种多样,但要注意说服技巧,首先要尊重理解对手。

7.谈判者要完整地表现自己的需要就必须学会运用各种非语言表达方式,如果没有非语言表达方式的配合,效果是非常有限的。身体语言有强化口语说服力的功能,这也是每一位优秀商务谈判人员所必须具备的。

8.体态也是一种主要的身体语言,也能表达出个体有关内心思想的有效信息,它又包括身体动作、身体姿势和身体接触三个部分。

9.所谓情感语言是指通过五官及身体动作来表现个体的情感特征,并向对方传递自身情感需求的一种特殊语言。面部表情是内心情感表露的重要体现,也是个体的第一特征。微笑是最好的人际沟通手段,微笑的力量是巨大的,它能给对方良好的第一印象。

复习思考

1.在口头语言沟通中,倾听、发问、答复、叙述、说服的方法技巧各有哪些?

2.谈判中如何做到有效说服与沟通?

3.什么是肢体语言和情感语言?

4.论述非语言在沟通中的重要性。

实训练习

【实训项目】

商务谈判沟通训练

【实训目标】

(1)培养学生口头语言表达沟通能力。

(2)培养学生非语言表达沟通能力。

(3)进一步了解体态语言和情感语言在商务谈判沟通中的作用。

【实施过程】

(1)将全班学生分为4~6个学习小组,以小组为单位组织引导学生讨论学习。

(2)组织引导学生归纳总结语言沟通和非语言沟通的主要表达方式及方法技巧。

(3)组织引导学生进行实际练习,并进行课堂现场演练。

(4)根据训练结果写一份商务谈判沟通技巧总结报告。

【实训考核】

(1)小组成员的协作性(10%);

(2)沟通技巧总结的能力(20%);

(3)沟通技巧演练的能力(30%);

(4)项目工作成果完成的合理性、趣味性、创新性(30%);

(5)小组成员讨论、发言的参与性(10%)。

项目三　商务谈判人员与礼仪

知识目标

1. 熟悉商务谈判礼仪的含义与重要性
2. 掌握商务谈判人员必须具备的基本素质
3. 熟悉商务谈判人员团队意识的培养
4. 掌握商务谈判人员礼仪要求
5. 熟悉世界主要国家的文化习俗与禁忌
6. 掌握涉外礼仪的规范与要求

技能目标

1. 能够初步具备一定的语言表达与交流沟通的能力
2. 能够初步具备一定社会人际交往的能力
3. 能够初步具备塑造良好礼仪形象的素质和能力
4. 能够初步具备一定的运用礼仪形象进行商务谈判的工作能力

任务一　谈判者的个体素质与心理

任务情景

一流谈判者的10种性格特征：①为人着想。②自重和尊重他。③为人正直。④公正。⑤坚韧。⑥责任感。⑦灵活。⑧幽默感。⑨自律。⑩精力旺盛。

任务分析

一个优秀的谈判人员应该具备怎样的素质？关于这个问题，古今中外向来是仁者见仁，智者见智。但是，一些基本的要求却是共同的，并历来为许多谈判者所尊奉。

◆子任务一　谈判者的个体素质

一、谈判者个体素质的含义

杰夫瑞·鲍切尔在《致胜奇谋：现代西方谈判艺术》中说："你的个人素质是整个谈判活动的一个组成部分。为了避免或者解决与你的谈判活动有关的麻烦，你必须认识到你个人素质的哪些方面有助于问题的避免或解决，哪些方面又有助于你与对手成功签订协议。"

素质的本意是指人的感觉器官和神经系统方面的先天的生理特征，这种解剖生理特征是人后天心理发展的基础。在当代社会，"素质"的含义已经相当广泛，普遍应用于各门社会科学,用以概括不同职业者的性格、气质、品德、知识、风度和体格等。

谈判是一种对思维能力要求极高的活动,是谈判人员知识、智慧、勇气、耐心的测验,是谈判人员才能的较量。所谓谈判者素质,不仅指谈判人员的文化、技术水平和业务能力,也包括对国际国内市场信息、有关商品知识、价格情况、法律知识、各国和民族的风土人情及风俗习惯等知识的掌握情况,还包括谈判人员的道德情操,直至其气质、性格特征等。

谈判者个体是指单个的商务谈判者。这里所讲的"谈判者的个体素质"专指从事谈判工作的人的政治品质、道德品质、知识水平和身体状况。人的先天生理因素是构成谈判者个体素质的基础,但生理因素并非就是谈判者个体素质,它是在先天基础上,通过后天的培养和锻炼所形成和发展的,是谈判工作中经常起作用的人的内在因素的总和。

弗雷德·查尔斯·艾克尔在他的《国家如何进行谈判》中曾说:"根据 17、18 世纪的外交规范,一个完美无缺的谈判家,应该心智机敏,而具有无限的耐性;能巧言掩饰,但不欺诈行骗;能取信于人,而不轻视他人;能谦恭节制,但不刚毅果敢;能施展魅力,而不为他人所惑;能拥有巨富、藏娇妻,而不为钱财和女色所动。"

二、谈判者的个体素质因素

1.优秀品德要求

(1)具备较高的政治理论修养。谈判者的政治理论素质主要包括两个方面:一是理论知识,即观点、范畴和概念体系;二是理性思维能力。谈判者的政治理论修养本质上说就是马克思主义修养。马列主义、毛泽东思想是我国革命和建设的根本指导思想。虽然商务谈判的目的是集中而鲜明地指向经济上的利益,但谈判者是在政治大环境下进行谈判,要受现存的政治、社会等因素的影响和制约。因此,谈判者也必须认真学习党的方针、政策,在政治上要无条件地同党中央保持一致,并把个人利益、企业利益融合在民族利益、国家利益之中,不出卖国家利益、民族利益。

(2)要有正确的法制及政策观念。树立正确的法制及政策观念,是顺利进行商务谈判、达成相应谈判目标的前提。商务谈判的过程及内容往往要涉及许多法规和政策,商务谈判必须在一个国家法律、法规、政策所允许的范围内进行。否则,双方达成的谈判协议书、签订的谈判合同将没有法律效力,从而得不到国家的应有保护。谈判者应在谈判前加强对国家有关法律、法规和政策的学习,并理解这些法律、法规和政策的内容及内涵,并将其内容贯彻到谈判过程的始终。

(3)遵守谈判职业准则。谈判职业准则可以概括为三个字:礼、诚、信。即礼貌待人,与人为善;光明正大,诚心谈判;言而有信,决不食言。

2."T"型知识结构

知识结构是客观世界经过求知者有选择地输入、储存、加工,在头脑中形成的由人的智力活动综和起来的多元素、多层次的动态综合体,是知识体系在求职者头脑的内化,是工作能力的潜在基础。知识结构也是人的素养的重要组成部分。谈判者是否具备科学的专业知识结构直接关系到其整体职业素质的提高。

我们可以把谈判者所需的知识结构形象地形容为"T"型。横向的方面代表谈判者要有广博的知识面;纵向的方面代表谈判者要有纵深的专业知识。

(1)横向——广博的知识面。谈判者应该具备的知识包括语言文学知识与修养、历史知识与阅历、经济学知识、法律知识、社交礼仪知识与修养等。

（2）纵向——较深的专业知识。谈判者应该具备的知识包括商品学知识与用途、市场营销知识与观念、外语知识与能力、心理学知识与心态素质、谈判业务知识与技巧等。

以上各种知识构成了一个成熟的商务谈判所必须的条件，也是一个称职的谈判者应具备的最起码的素质要求。

3.良好人际关系能力

在社会生活中，人与人之间交流思想、沟通感情、传递信息称为人际关系。处理人际关系可以说是一门高深的学问，而人际交往的能力是处理好人际关系的重要因素。谈判者的活动能力、应变能力往往取决于他处理人际关系的能力，因此谈判者要加强交际能力的培养。

谈判者良好的交际能力，要依靠在工作实践中的长期磨炼和培养，可以从以下几个方面进行：

（1）学习心理学知识。心理学是研究人的心理活动规律的，能帮助人们理解交往对象的心理和需要的一门学问。因此，在理解的基础上，才能找到合适的交际方法；掌握交往对象的心理特点，是人际交往成功的基础。所以谈判者要利用心理学知识，更好地了解对方的心思所想、心理所需，成功地达到目的，更好地完成谈判任务。

（2）树立高尚的交际品德。谈判者在人际交往中，要保持自身人格完整，做到自尊自爱，不失人格风度，这样才能获得他人的尊重，才能使谈判顺利进行。

（3）灵活运用社交礼节。在人际交往时，说话谦虚、诚恳、热情，语调要稳重，内容则要求简明扼要、正确易懂，忌含糊不清，与人交流要注意倾听对方的话语；举止要求大方自然、谨慎细心；衣着要保持整洁、朴素，并根据时间、地点场合的不同，灵活变换，给人留下清爽干净的印象。

◆子任务二 商务谈判者的心理

商务谈判者心理是指商务谈判中围绕谈判活动所形成的各种心理现象及心理反应。它不仅影响谈判者的行为举止，也直接关系到谈判的成功与否。

一、气质与谈判

气质是人的个性心理特征之一，指某个人典型的表现与心理过程的强度、心理过程的速度和稳定性以及心理活动的指向性等动力方面的特点。所谓心理过程的强度，指情绪的强弱、意志努力的程度等；所谓心理过程的速度和稳定性，指知觉的速度、思维的灵活程度、注意力集中时间的长短等；所谓心理活动的指向性特点，指有的人倾向外部事物，从外部获取新印象，有的人倾向于内部，经常体验自己的情绪，分析自己的思想和印象。每个人生来就具有一种气质。有某种气质类型的人，常常在内容很不相同的活动中都会显示出同样性质的动力特点。

气质类型不同，谈判者在谈判活动中的行为表现也不同。

（1）多血质谈判者。多血质的典型特征是活泼好动，灵活多变。具有这样气质的谈判者精力充沛，交际广泛，应变能力强，反应迅速，动作敏捷；但缺点是情绪不稳定，易波动，注意力不够集中。因此，多血质谈判者能够适应各种谈判气氛与环境，容易同对方相处，能够活跃谈判气氛，处理问题比较灵活，富于创造性，具有讨价还价的能力。这种气质的人善于与人相处，比较适合做谈判工作。

（2）胆汁质谈判者。胆汁质的典型特征是热情直率，急躁冲动。在同这类谈判者交谈时，言行一定要谨慎，态度要平和、友好，绝不能用语言刺激对方，而应对他们坦诚，采取灵活和积极的态度。与这种气质类型的谈判者交手,往往气氛比较紧张,但达成协议比较迅速。

(3)粘液质谈判者。粘液质的典型特征是安静、沉着。粘液质谈判者在谈判过程中能够从容不迫,很少显示出紧张、慌乱的神态。他们善于控制自己,有较强的自信心和影响力。这是一种比较理想的谈判气质类型。

(4)抑郁质谈判者。抑郁质的典型特征是孤僻多疑、行动迟缓。具有这种谈判气质的谈判者观察问题深入细致,体验深刻,但不宜相处。与抑郁质谈判者交手,需要有一定的忍耐力。

综上所述,不同的气质谈判者有着不同的谈判行为。因此,一方面可以了解自己属于哪种气质类型,发挥自己的长处,克服短处,提高谈判艺术;另一方面通过了解这些特点,运用适当的策略来应付不同气质的对手,使自己在谈判中更能游刃有余。

二、性格与谈判

性格是个性中的重要心理特征,是指一个人表现在态度和行为方面的较稳定的心理特征,如优柔寡断、刚强、懦弱等。

在谈判中人的性格可以分为以下四种:

(1)权力型。权力型性格谈判者有三个特点:一是对权力和成就狂热地追求。在谈判中,想尽一切办法使自己成为权力的中心,充分运用手中的权力,向对方讨价还价。二是敢冒风险,喜欢挑战。三是急于成功,决策果断。在谈判中,这是最难对付的一类人。

(2)关系型。关系型性格谈判者有三个特点:一是具有良好的人际关系,能形成一种和谐融洽的气氛。二是考虑问题全面,十分看重谈判双方的面子问题。三是善于发现和利用对方的弱点。他们把自己隐藏于和蔼的外表之下,发现对方的情感弱点,然后各个击破。但这类谈判者正因为过分热心与对方搞好关系,往往忽略不必要的进攻和反击。

(3)顺从型。顺从型性格谈判者有两个特点:一是对上级命令绝对服从。他们对领导的指示和事先定好的计划坚决服从,绝无怨言。二是工作方法一成不变。他们喜欢有秩序、没有太大波折的谈判,处理问题的方式很少改变。在某些特定的局部领域中,工作起来得心应手,有效率。但这类谈判者缺乏创造性,缺乏想象力和决策能力,不愿意接受挑战,没有建设性意见,易顺从他人的意见,安于现状是他们最大的愿望。

(4)疑虑型。疑虑型性格谈判者有两个特点:一是凡事都要怀疑。他们对人和任何事都抱有怀疑和批评的态度,只要是对方提出的,不管是否有利,他们都会怀疑和反对。二是决策犹豫。他们对问题考虑慎重,不轻易下结论,不能当机立断,拿不定主意。正因为这类谈判者犹豫不定,疑问重重,往往贻误时机,错过达成更有利协议的机会。

三、能力与谈判

能力是指与顺利地完成某中活动有关的心理特征,通常是指个体从事一定社会实践活动的本领。谈判者应具备的能力主要有以下几个方面:

(1)表达能力。表达能力包括口头表达和文字表达两个方面,能说会写是谈判的基本功。谈判者口头表达不仅要做到清楚明白、准确得体,还要讲究说话的艺术,注意说话的生动性、感染性、说服性和礼貌性。谈判者还要具备较强的文字表达能力。商务谈判中的一项重要工作就是合同的起草和签订,因此,谈判者要努力提高自己对文件的理解能力和起草协议、合同的能力。

(2)观察能力。观察是一种有意识、有目的、有选择地对外部世界的感知,是人们增加感性认识、充分占有资料的主要手段,因此可以说观察是人们心智活动的门窗。谈判者的观察力是谈判能力结构中的重要组成部分。谈判者要培养自己良好的观察能力,这是谈判活动的要求。谈判者的观察力和艺术家的观察力在性质上是相近的,都要求"敏感"。在谈判中,要善于察言观色,必须是目光敏锐、"眼观六路、耳听八方"、善于发现问题的观察家。

(3)注意能力。注意力是一个人按照特定目的在特定时间里把心理活动指向特定对象的能力。在谈判者的能力结构中,注意力起着维持和组织的作用。注意力规定心理活动的方向,保证谈判者能够及时地反映客观事物的变化,使其能更好地适应工作、适应环境、适应新情况。谈判者应把主要的注意力投向自己的工作中心上,对谈判中产生的问题进行观察、思考并采取相应的行动,更好地推动谈判的进程。

(4)记忆能力。记忆是过去经验在人脑中的反映。人们所感知过的事物、思考过的问题、体验过的情绪等都可以成为记忆的内容。良好的记忆力,在处理繁杂的工作、掌握多方面的情况、提高谈判效率等方面发挥重要作用。

(5)思维能力。思维能力是对事物的分析、综合、抽象和概括的能力,它在能力结构中起着核心的作用。谈判者必须自觉地更新思维方式,努力培养创造性的思维能力,把理性思维和经验思维结合起来,对事物进行多角度的动态考察和系统分析。

(6)判断能力。判断能力对谈判者也很重要。优秀的谈判人员需要具备良好的职业判断能力。在谈判中,良好的谈判能力使谈判者能及早洞察问题所在,准确地分析、预见事物可能产生的结果,从而确定策略,决定取舍。

(7)应变能力。应变能力就是对突发性和意外性事件进行应急处理的能力,是谈判者各种能力的一种临场综合发挥。要求谈判者要有冷静的头脑和随机应变的机智能力,无论情况怎么变,都能做到原则性和灵活性相相结合,"以不变应万变"地对待谈判。

(8)心理承受能力。商务谈判是语言的交锋。培根有句名言:"逆境中的美德就是忍耐。"谈判中如果出现了困境或令人焦虑的事情,比方说,当谈判对手面红耳赤时,如果己方也满腹牢骚、激动异常,很容易导致谈判破裂。此时不妨忍耐一下,来个冷处理,让对方先发泄一番,效果一定会好得多。当然,良好的心理承受能力并不是一味地迁就,这是一种韧的战斗,是一种有理、有利、有节的反击。

任务二　团队谈判

任务情景

无意中的泄密

　　张红是利新贸易公司的职员,由于她工作能力强,被领导指定参加谈判小组,与某国贸易代表团进行谈判。在一次聚会上,张红与永恒公司职员聊天时,双方谈及公司的营业状况时,张红为了向对方炫耀自己公司的实力,便说:"单在今天上午,我公司签订的意向书,就可以替公司赚进100万元。"说完,张红非常得意,心想:"这样,你就不能小觑我们公司了吧?"

　　3天后,张红陪领导去宾馆与某国贸易代表团签订正式协议时,左等右等,不见对方的踪影,最后对方常驻中国的代表打来电话说:"代表团已于昨日回国,就在昨天上午以低于贵公司5%的价格与贵市永恒公司签订了购货合同。"张红听后,再也得意不起来了。永恒公司是怎样抢走利新公司的生意的？张红想了半天也未能找到答案。

问题就出在张红向永恒公司职员炫耀的那几句话上，那短短的几句话已经将重要情报透露给对方。她已经告诉对方，订货意向书是今天上午草拟的，数目是上百万元，但还没有签订正式合同。对这两句话进行综合分析，这家与利新公司竞争的永恒公司就可以知道这笔交易的大致情况了。永恒公司抢先一步采取让利 5% 的办法与某国贸易代表团签订了合同，而这一切都是悄悄进行的。

任务分析

团队谈判是指谈判每一方都是由两个或两个以上的人员参加协商的谈判形式。团队谈判可用于大多数正式谈判，特别是内容重要、复杂的谈判。团队谈判有其优势、劣势，要想最大程度发挥团队谈判的优势，如何合理地搭配团队成员，如何挑选主谈人，以及如何管理团队都是至关重要的。

◆子任务一　团队谈判优劣势分析

一、谈判团队的优势

(1)每个人由于经验、能力、精力等多种客观条件的限制，不可能具备谈判中所需要的一切知识与技能。因此，需要团队其他成员的补充与配合。

(2)集体的智慧与力量是取得谈判成功的保证。这在谈判双方人员对等的情况下，表现可能不太明显，但如果双方人数有差别，人多的一方就很有可能在气势上占了上风，人少的一方可能寡不敌众，甚至丧失了自信心，败下阵来。

(3)采用团队谈判方式，可以更好地运用谈判谋略和技巧，更好地发挥谈判人员的创造性、灵活性。

(4)团队谈判有利于谈判人员采用灵活的形式消除谈判的僵局或障碍。如团队某一成员可以担当谈判中间人或调节人的角色，提出一些建议，缓和谈判气氛，也可以采用团队人员相互磋商的办法，寻找其他的解决途径，避免一对一的谈判中要么"不"要么"是"的尴尬局面。

(5)经团体谈判达成的协议或合同具有更高的履约率。因为双方都认为这是集体协商的结果，而不是某个人的产物，集体的决定对其成员有更大的约束力，经由集体讨论产生的协议具有极大的合理性，所以没有理由不执行。

二、团队谈判的劣势

(1)安排呆板。团队谈判规模相对来说比较大，因此，在谈判工作的准备和地点、时间安排上，就显得比较死，计划定好后，必须严格按计划安排行事，若无特殊情况，不允许随意改变。

(2)气氛紧张。团队谈判人员众多，按计划行事，因此，通常就按一般的谈判方式进行，这样在谈判过程中难免会形成正式、紧张的会谈气氛，谈判的言行亦难免拘泥、呆板、谨慎。这样一来，可能会对双方代表的沟通与合作造成一定的障碍。

(3)配合生疏。谈判一方人员的相互配合、信任是战胜对手、争取谈判主动的主要条件。但是如果相互间不能很好配合，反而会暴露出己方的弱点，给对方以可乘之机。

(4)保密困难。某些谈判内容需高度保密，或由于时机不成熟，不宜让外界了解，但团队谈判参与人员多，人多嘴杂，难免会泄露机密，不利于双方封锁消息。

◆子任务二　团队结构要求

一场成功的谈判往往可以归结于谈判人员所具有的良好个人素质,然而单凭个人高超的谈判技巧并不能保证谈判获得预期的结果。正如一段交响乐的完美演出需要演奏家们默契配合才能达到一样,一场商务谈判要达到预期目标,也需要谈判群体的完美合作。因此谈判群体的配合是至关重要的,要考虑团队谈判成员的知识、能力、年龄及性别的整体结构。

一、知识结构

谈判团队的知识结构其实也就是专业结构。一般来讲,谈判团队的人员专业构成应根据不同的谈判情况和谈判任务有所不同,但基本上应包括如下几种专业知识:

(1)经济方面知识。在商务谈判中,经济知识尤为重要。具有经济方面知识的人员是谈判班子中的重要成员,可由熟悉业务的经济师或会计师担任。这些具有经济知识的人员在谈判中能提供经济方面的资料和意见,包括市场同类商品的供求状况、产品技术发展方向、市场价格变动趋势等。

(2)专业技术方面知识。重大的商务谈判中,要有熟悉生产技术、产品性能和技术发展动态的技术员、工程师或总工程师参加。在开始谈判前,专业技术人员要准备好与谈判有关的详细技术资料,掌握具体的技术参数;当谈判中发生技术争议问题时,专业技术人员要能分析、判定问题的症结,解答己方有关的技术难题。

(3)法律方面知识。商务谈判中法律知识也不可缺少,可以特聘律师、企业法律顾问或熟悉有关法律规定的人员来担任。法律人员在合同起草及审查合同是否有违反法律条文等情况中起着重要作用。

(4)商务方面知识。主要是商务谈判中交易惯例、价格谈判等方面的知识,可由了解交易行情、有经验的业务员或厂长经理来担任。

(5)外语方面知识。要能熟练掌握外语的听说读写,能用外语与对方交谈,可聘请专门的翻译人员来担任。

二、能力结构

人无完人,不可能每个人都具备各种能力,这就需要谈判团队内成员能力的相互补充。在一个谈判团队中,应该具备各种能力的人,既要有以写作能力见长的秀才型人才,又要有以口才表达能力见长的辩论型人才,还要有以协调人际关系见长的管理型人才。这样才能适应谈判工作分工的要求,才能使每个人都能发挥出自己的水平。

三、年龄结构

年龄结构指谈判团队应根据不同的层次,由老、中、青谈判者按一定比例组成。在一个谈判团队中,年龄不同,所发挥的作用也不同。年纪较长的谈判者见多识广,谈判经验丰富,能自如地处理各种复杂的谈判问题。但与青年谈判者相比,他们最大的缺点是心有余而力不足。青年谈判者思想活跃、精力充沛、敢想敢干、记忆力强。因此,如果在谈判中能够形成老中青相结合的年龄结构,就可以互相取长补短,进行较合理的组合搭配。

四、性别结构

在谈判团队中,为了更好地完成各项职能,还必须建立起互补的性别结构,即将男女谈判者进行合理组合,使整个谈判团队具有较强的综合谈判能力。由于商务谈判本身就具有的谈判流动性、冒险性，加之体力要求高等因素，所以男性在谈判中所占比重较大；而女性由于亲切热情、耐心细致的特点，因此适合在谈判中从事起草合同、记录、接待等工作。

◆子任务三　谈判团队的管理

谈判团队一经形成，就要对谈判团队人员进行管理，制订相应的谈判工作规范，明确各个成员的职责分工。

一、授权与负责

谈判小组的人员一经确立，他们就要负担起一定的使命，包括确定共同的行动目标和行动纪律，分派明确的职责和任务，使其在授权范围内有充分的行动自主权。在对外经贸谈判中，谈判班子领导人的选择要作长期周密考虑。如对某一引进项目的谈判，在可能情况下应使谈判班子领导人或谈判人从选择合作对象、出国考察、开始谈判、项目引进直至投产的全过程都能参加。这样才能大大提高其谈判能力，增强使命感，保证工作连贯性，避免"短期行为"造成的损失。

二、协调与控制

谈判小组是一个目标非常明确的组织，它的任务与活动本身决定了它的内部人员之间必须保持高度的团队协作。只有一致对外，才有可能实现组织的目标，这是任何一个谈判人员都必须明确和牢记的。谈判组织领导人要做好各类专业人员之间的协调工作，使他们既当好自己的参谋，又赋予他们在专业范围内的检查和监督权，并及时向领导人提出建议和劝告，使他们相互之间能密切配合，相互支持。

三、调换与撤换

在谈判当中，各个角色应有意识地调换，使对方捉摸不透，也免于己方某一角色成为对方的众矢之的，而被对方抓住弱点而攻破。一般来讲，在谈判中，若出现了缺口，如果不及时加以弥补，就会像洪水冲垮防洪堤那样一发不可收拾。故对于己方人员的使用也必须防患于未然，在对方尚未攻破之前及时调换他所充任的角色是应该的，也是十分必要的，即使是主谈人这一角色也应如此。

在谈判进行中，视情况也可以将谈判人员进行撤换。如不适合继续参加谈判，出现工作失误、犯错误，发现有不适宜继续参加谈判的其他情况等；或根据策略和技巧的需要变换人员便于打开谈判局面。

四、选拔、培养和鼓励

（1）选拔。谈判人员的选拔是落实一个谈判工作计划的重要步骤，必须依据一定的标准慎重决策。因此，在谈判人员选拔初始，就应在对不同层次上不同谈判人员的具体要求中总结出一些基本的共同点，以供决策时参考。值得注意的是，员工的选拔来源可以是多方面的，但对于谈判人员的选择有其特殊性，因为选拔的谈判人员具有兼职的特点，另外有涉及有关商业机密的问题。为此，应从企业内部采用内部提升的方式选拔谈判人员。

（2）培养。对谈判人员的培养包括社会的培养、企业的培养和自我培养。这里主要是指企业培养。企业培养主要是培养针对企业商务活动的商务谈判实践能力，也是真正成长为优秀谈判人才的关键环节。对商务谈判人员进行培养，主要有两个途径：一是专门脱产学习；另一个是在实践中学习，增长才干。这两个途径都是必要的。

（3）激励。有人认为调动谈判人员的积极性，只要物质利益即物质刺激即可，如客观的工资，足够的津贴、奖金等，然而，员工的积极性不仅从这些物质激励中得到，更重要的是从内在激励中得到。内在激励来源于谈判本身。例如，参加一场艰苦的谈判，并能顺利地完成任务，这会使谈判人员得到极大的心理满足，而这种满足比什么都重要。如果在这个时候领导人能及时给予表扬或表彰、奖赏，都会使谈判人员受到极大鼓舞。另外，赋予谈判者一定的职权也是激励他们工作的一种方式，从谈判者的要求来看，谈判人员自身也要求有职有权，即要求有一定的职权和自主权，以施展自己的才华，并从中得到满足。

任务三　商务谈判中的礼仪与礼节

任务情景

冯辉从大学毕业后，在一家大型企业任职。工作后，人际关系相对于上学期间变得频繁起来，有时是年轻朋友的聚会，有时是随公司一些同事参加宴请，每次冯辉都尽可能地选择靠里的位置坐下，他认为这样坐不碍事，方便上菜。一次，冯辉随公司经理出去应酬，所到人员多是些年龄较大或有一定职位的人。按照惯例，冯辉依然选择了靠里的位置坐下。席间，有人无意中说道："小冯，按照礼仪规范，你坐的位置可是最尊贵的位置啊，来，喝酒三杯吧。"虽然此人并非出于恶意，但小冯的脸还是红了。

第二天，来到办公室，冯辉对一位同事说："我昨天做了一件不漂亮的事。"

任务分析

所谓"不漂亮的事"是指冯辉不懂得宴请的座次，以至于不小心坐在了主位上，这令冯辉很尴尬。这说明在当今社会日益开放的社会，懂得社交礼仪规范是非常重要和必要的。

◆子任务一　商务谈判礼仪

所谓礼仪是社会公认的（或约定俗成的）对他人表示尊重，且因社会地位、交往环境不同而有所区别的一种交往规范。其宗旨是使人人都感到舒适、得体，其本质是通过各种规范的言行表示人际间的真诚、尊重、友好和体谅，它是人的社会关系的集中体现。

所谓商务谈判礼仪即是指谈判各方在参与谈判活动过程中所应遵守的各种礼仪规范。

谈判的每一个环节，每一次参与各方的沟通，从各方人员的迎送到谈判的导入乃至交锋、冲突、妥协过程，都有相应的礼仪规范。

一、个人仪表形象

仪表，也就是人的外表，是一个人教养、性格、内涵的外在表现。在谈判中，如果谈判者仪表堂堂、穿戴整齐，往往会让人觉得有礼貌，会直接激发对方的兴趣，从而促成双方合作成功；反之，如果谈判者衣冠不整、不修边幅，就会给对方留下不良的印象，认为其没有诚意，对合作产生疑虑。因此，谈判者要时刻注意自己的仪表。仪表包括仪容和服饰。

1.仪容

仪容即容貌，由发饰、面容以及人体所有未被服饰遮掩的肌肤所构成，是个人仪表的基本内容。

(1)头发修饰。头发往往是被他人首先予以关注的地方,因此,谈判者要修饰自己的仪容,就必须"从头做起"。对谈判者来讲,美发的基本要求是干干净净、整整齐齐、长短适当。男士要注意经常修剪头发,以7厘米左右为佳,做到前发不覆额、后发不及领、鬓发不盖耳。发型以整齐、简单、明快、少装饰为主。女士应根据自身的年龄、性格等条件选择适合的发型,不可怪诞。留有长发的女士在谈判场合,应将之盘成朴素而雅气的发髻。

(2)面部修饰。谈判者要想使自己在人际交往中从容而自信,就必须注重对自己面部的修饰,因为面部是最令人注目之处,是构成一个人基本特征的要素。同样,保持清洁是对谈判者面部的最基本要求。男士要养成每日剃须修面的好习惯,须知胡子拉碴看起来不但不干净,而且还使人显得憔悴不堪;已经蓄须者,无论胡子长短,都要经常修剪,保持整洁卫生。对女性谈判者来说,适当的美容化妆是一种礼貌,是自尊和尊重他人的表现。但化妆的浓淡应根据不同的时间和场合来选择。例如,正式谈判中以淡妆为宜,注重自然和谐;参加宴会时应适当浓妆,显得高贵典雅。

(3)手部修饰。在人际交往中,手部"承担"着握手、交换名片、合同签字等职责,因此手总是处于醒目之处。一双保养良好、干净的手,会给人以美感。因此,谈判要悉心爱护自己的双手,以干净卫生为其要旨,勤洗双手,定期修剪指甲。

2.服饰

在商务谈判中,服饰的颜色、款式、穿着对谈判者情绪有很大影响。因此,如何选择适当的服饰对整个谈判至关重要。

(1)男士服饰。男士服饰一般有礼服、职业装和便装等,西装是现代社会活动中最得体的服装,因此,男士可选择西服作为谈判服饰。一般男士西服颜色以灰色为主,面料以毛织品等为宜。做工要精细,裁剪要合体,式样可根据实际情况选择传统或流行的。商务谈判场合最好穿西服套装,与衬衫、领带等配套穿。衬衫领子应紧贴西装并高于西装1.5厘米左右,袖子应比西装袖长出1.5厘米左右,领子和袖口应保持整洁。领带结应靠在衣领上,但不能勒住脖子,也不能松松垮垮。系好后,领带下端应刚好盖住皮带扣,太短太长都不适合。西服套装要配穿皮鞋,式样可以稍保守些,颜色与衣服相协调。

在参观游览等场合时,男士可以穿西服便装,即上下装不要求严格配套一致。可以衬衫、领带配西装,也可以不打领带,不穿衬衫,穿套头衫或毛衣。

(2)女士服饰。女士服饰种类更为繁多,但商务谈判场合应以西服套装或套裙为宜。西服套装是衣裤相配,给人以精明干练的感觉,但显得比较呆板严肃,适合工作时穿用。而西服套裙是社交中的女士首选服装,其上装是西装,下装是长度适宜的裙。选择高档面料,色调统一而稳重,且有成熟感,又不失女性温柔典雅的风度。商务宴请场合,女士可以选择连衣裙或旗袍;参观游览场合,可以选择穿便装。

二、谈判迎送礼仪

谈判中免不了迎来送往。对应邀请前来参加谈判的人员,应根据他们的身份和目的等,安排相应的迎送活动,这就要求确定迎送规格,做好迎送中的具体事务,恪守礼仪,自始至终地组织好迎送活动。

(1)确定迎送规格。主要是根据前来谈判人员的身份、目的以及适当考虑双方的关系来加以确定。主要迎送人员要与来宾的身份对等对口。对等就是双方的职位、职称相当;对口即双方的职责范围或专业相似。

（2）做好迎送工作。迎送人员在做好迎送的具体工作时，主要考虑：

①提前抵达。迎接人员应该事先掌握对方抵达的准确时间，必须在来宾抵达之前到场等候。同样，送别人员亦应根据对方离开的时间，提前到达其所住宿的宾馆，陪同对方一起前往机场或车站、码头，为其送行。

②迎接途中。对方上车后，迎接人员应通过交谈来活跃车内的气氛，简单介绍一下本地的风土人情等，可将日程安排告诉对方，并征询意见。

（3）下榻。到达宾馆后，迎接人员应陪对方到客房，但不要停留太久，妨碍来宾休息。告辞前要与对方约好下次见面的时间和地点，并告知对方与你联系的方法。

三、谈判宴请礼仪

宴请是在社交场合中，为了表示欢迎、答谢等感情，以增进彼此友谊、加深了解所不可缺少的手段。在商务谈判中，自然也少不了宴请。

1. 宴请的形式

（1）正式宴会。正式宴会是指按一定的规格正规摆设的宴席。一般安排在晚上进行。十分讲究排场，设有固定的席位，宾主都要按身份排位就座，对餐具、酒水、菜肴、摆设以及服务员的着装和仪式都有严格的要求。

（2）便宴。便宴就是非正式宴会，常见的有午宴、晚宴，也有早宴。这类宴会与正式宴会并没有根本性的不同，只是在各方面都比较随便一些，不安排座次，不作正式讲话，菜肴道数也可增可减，比较简便、灵活、亲切。若是安排在中午的便宴，一般不上汤，不上烈性酒。便宴比较适合于日常友好交往。

（3）招待会。招待会比宴会更随便、更自由，时间多为下午5—7时。一般不准备正餐，只准备一些食品饮料，也不安排座位，可以自由地活动。常见的招待会主要有冷餐会、烧烤野餐会和鸡尾酒会。

（4）茶会。茶会又称茶话会，是一种最简便的宴请招待形式，举行时间一般在上午10时或下午3时左右。常设在客厅或花园、会议厅，摆桌子或茶几。茶话会顾名思义就是请客人边品茶边谈话，因此，对茶叶、茶具的选择就应讲究些，体现出一定的茶文化的特点。

2. 宴请准备

（1）确定宴请时间。宴请时间应以主宾双方都较为合适的时间为宜。若难以兼顾，则从客人方便着想。在进行国际商务谈判时，宴请一般不选择对方的重大节日、重要活动之际或禁忌的日子和时间。时间大约确定后，可以通过电话或其他途径征询一下主宾的意见，对方认为没有问题，就可以正式确定，并按此时间通知其他宾客。

（2）确定宴请地点。根据谈判人员的身份地位来确定饭店的规模，也可以在宾客下榻的宾馆内举行。选定的场所要能容纳全体人员，在可能的条件下，宴会厅外另设休息厅，供宴会前简短的交谈用。

（3）订菜。根据宴请形式、规格等，本着节俭和使宾客满意的原则，在一定的标准内安排。选菜不要以主方的喜好为准，而要考虑来宾的喜好与禁忌。大型宴请，则应照顾到各个方面。选菜还要注意合理搭配，包括荤素搭配、色彩组合、营养构成，时令菜与传统菜肴的搭配，以及菜肴与酒水饮料的搭配。菜肴道数与分量都要适宜，不宜过多或不足。最好能用一些地方特色菜和名酒。

（4）席位安排。较正式的宴会，最好是安排座位，席位的安排以礼宾次序和便于交谈为原则。国际上的习惯,桌次高低根据离主桌之远近来决定,遵循右高左低的原则。

3.赴宴礼仪

(1)赴宴时间。这可根据主方所在地区的习惯和活动的性质来确定。如果是正式宴会,尽可能准时或早一点到达且不可迟到。但像鸡尾酒会等可以自己灵活掌握时间。

(2)入席。入席时不管是否有座位安排,最好听从主方的安排。不要主动就座,应向其他宾客表示礼让,尤其有长辈、上级或女士时,应让其先入座。就座时从座位的左边入座。

(3)告辞。吃完后,主宾向主人告辞,其他客人也应陆续告辞。告辞时,应感谢主人使自己度过了一段愉快的时光。

4.餐桌礼仪

(1)姿态。就座后要端正,不要两腿摇晃或头枕椅背伸懒腰。不要靠着桌子,不要把身体倾前至碟子边,也不要下意识地摸弄餐具;要离桌一拳。就餐前,双手放在膝盖上,不要将臂肘放在桌上,就餐时双手在桌面上的距离以双肩宽度为准。

(2)餐巾。一般来说,服务员会为客人铺好餐巾。但有时若没有服务员,应自己打开。但不要刚坐下就马上打开餐巾,应与两边的客人交谈几句,再打开;打开后放在腿上,不要系在脖子上或胸部。

(3)动筷。在宴会上,第一道菜上来,当主人向客人敬酒时,作为客人应起立回敬。喝过酒后,坐下才好夹菜。动筷时,要尽量等主人的招呼,不要争先恐后,更不要站起来夹菜。取菜时不要一次太多,遇到爱吃的菜,而主人为你夹后,不要拒绝,说声"谢谢"即可。

(4)吃相。咀嚼时一定要闭着嘴,喝汤时也不要发出太大的声音。餐后不要不加控制地打饱嗝。就餐速度要适中。有鱼刺、骨头之类的残渣时,用筷子放在嘴尖接住,再放在碟上,不可直接吐出。交谈时口里不含东西,手上不拿餐具。

(5)意外。就餐时发生意外情况,应不漏声色地尽快处理。如掉菜,可重新夹起放在残渣碟中;打翻酒水,溅到邻座身上,则应该轻声说声"对不起",并帮助他擦干,若对方是女性,则只需把干净的餐巾或手帕递上即可。

四、谈判会见礼仪

会见是谈判过程中的一项重要活动。会见,国际上通常称接见或拜会。会见从内容上来说,有礼节性的、政治性的和事务性的三种。在谈判活动中,主方可以根据对方的身份和目的,安排相应的人员进行礼节性会见。

(1)会见的时间和地点。会见的时间一般安排在对方抵达的第二天或举行欢迎宴会之前。会见的具体时间不宜过长,一般礼节性会见以半小时为宜。会见的地点可安排在对方下榻宾馆的会客室或会议室,也可以安排在正式的专门会客场所。

(2)会见的座位安排。座位按照右高左低的国际惯例来安排,主人坐左边,主宾坐在右边,译员和记录员分别坐在主人和主宾的后面。其他陪同人员都按礼宾次序坐在两侧(见图3-1)。

(3)会见的礼节。会见时间到来之时,主方应在门口迎接客方。对方互相介绍与会人员,介绍时要说清楚姓名和职务。介绍后双方一一握手并适当问候,然后入座。主人首先发言,双方再自由交谈,可以就双方共同感兴趣的话题发表自己的看法和意见。在会见过程中,外人不可随意进出。会见时应保持良好姿态,主人与主宾交谈时,不可随意插话。主方应控制好会见时间,可以一起合影留念来结束会见。结束后主方将客方送至门口,目送客方离去。

(4)合影的次序。合影的次序尤为重要,一般主方应在会见前设计好合影图。合影时,一

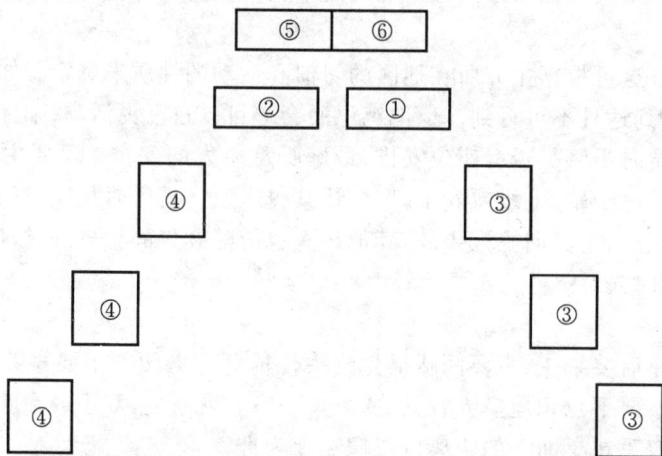

①主人;②主宾;③主方陪同;④客方陪同;⑤译员;⑥记录员

图 3-1 会见的座次安排

般来说主人居中,主宾在主人右边,主方和客方其他人员穿插排列。

五、参观游览礼仪

在商务谈判期间,可根据实际需要,适当安排参观游览活动。通过参观游览,可使对方了解本地的历史文化、风土人情和经济发展情况,也可使双方相互了解、加强沟通,为今后的友好合作奠定基础。

(1)项目选定。可根据谈判的目的和性质,或对方的意见和要求,安排参观游览活动。组织的参观既要有针对性,又要有特色,符合双方的兴趣爱好。

(2)项目确定后,要做好详细的日程安排。包括参观游览项目的顺序排列、时间和地点、参观的方式和车辆的安排、参观中的就餐和座谈等,都应一一列出,使双方人员心里有数。日程定好后,不得随意更改。

(3)陪同参观。组织对方参加游览,陪同人员宜少不宜多。可选定身份相当的人员陪同,另再加上翻译人员、导游、保安员、司机等。陪同外宾参观时,可酌情赠送有意义的纪念品,并合影留念。

(4)情况介绍。参观游览中,根据客方参观的目的和兴趣,可针对性地介绍情况。如游览名胜古迹时,可由导游介绍背景增加客方兴趣;参观设施和科研项目,可由主方负责人根据实际情况介绍,也可发放些书面材料,加深记忆。

六、馈赠礼品礼仪

商务谈判中,为表示心意,增进友谊与合作,往往需要赠送礼物。如何赠送礼物也是一门艺术。商务送礼既然是一门艺术,自然有其约定俗成的规矩,送给谁、送什么、怎么送都很有讲究,绝不能瞎送、胡送、滥送。根据古今中外一些成功的送礼经验和失败经验教训,起码应该注意四个方面。

(1)选择礼品。礼品是感情的载体。任何礼品都表示送礼人的特有心意,或酬谢,或求人,或联络感情等。所以,你所选择的礼品必须与你的心意相符,并使受礼者觉得你的礼物非同寻常,倍感珍贵。因此,选择礼物时要考虑它的思想性、艺术性、趣味性、纪念性等多方面的因素,力求别出心裁,不落俗套。

(2)赠送礼品。无论多么合适的礼品,只有在以适当方式赠送出去,并为对方所接受后,才能发挥其应有功效。赠送礼品应选择恰当时机,可以在参观游览期间或谈判结束合作成功后赠送。送礼时公开大方,可对所送礼品的意义作一番说明。

(3)接受礼品。接受对方礼品时,也应从容大方,表现出适度的欢喜之情,微笑站立,双手接过,表示诚挚感谢。

(4)赠送礼品时还要注意对方的习俗和禁忌。例如,对中国人不送梨或钟;对阿拉伯人不送酒;对日本人不送有狐狸和獾图案的物品,因为那是贪婪和狡诈的象征;对英国人不送印有公司标志的礼品等。

七、谈判签约礼仪

签约礼仪是在签字仪式上应遵守的一些礼仪规范,主要包括签字场地的布置、签字的程序及签字人员的安排。

(1)做好签字文本的准备工作。包括合同、协议、联合公报等的定稿、翻译、校对、印刷、装订、盖章工作。同时准备好签字用的文具、代表双方组织的旗帜或标志牌等物品。

(2)安排好出席人员。双方要事先商定好签字人,其人选要视签字文件的性质来确定,可以由组织中最高负责人签,也可由具体部门负责人签,但双方签字人的身份应该对等。事先还要安排好助签人员,并洽谈好签字的有关细节。

(3)布置好签字场地。一般在签字厅设置长方桌,桌面由深色台呢布(多为深绿色)覆盖,桌后放置两张椅子作为签字人座位,主左客右。桌上摆上各自保存的那部分文本,上端分别放置签字文具。签字桌中间摆一旗架,悬挂签字双方的旗帜。

(4)签字程序。双方出席签字仪式的人员一同进入签字厅,相互致意握手,一起入座。签字人员就座,其他人员主客两方按身份顺序排列于各自签字人的座位后。双方助签员分别站立在各自签字人的外侧,协助翻揭文本、指明签字处。签字人首先在各自保存的文本上签字,然后由助签员互相传递文本,再在对方保存的文本上签字,最后由双方签字人起立互相交换文本,并相互握手。签字后由工作人员递上香槟酒,并共同举杯庆贺,其他随行人员则应该以热烈的掌声表示喜悦和祝贺。

◆子任务二　交往礼仪

一、握手礼仪

握手是一种很普通的礼节,握手表示致意、近亲、友好、寒暄、道别、祝贺、感谢等意思。在谈判迎送、会见、签约等场合都会用到。

(1)握手顺序。上级、长辈、女士、主人应该先伸出手,下级、晚辈、男士、客人再伸手。

(2)握手姿势。握手时上身应微微向前倾,面带微笑,伸出右手与对方相握,上下摆几下,眼睛平视对方的眼睛,同时寒暄问候。应注意与人握手时,不能戴手套、戴帽子(女士装饰性手套、帽子除外),应脱掉后再握。

(3)握手力度。握手时用力应适度,不轻不重。表示热烈欢迎时,手可握得紧些,但要适宜。男性对女性,可以采用轻握,表示礼貌。

(4)握手时间。一般以3～5秒钟为佳,但如果是敬慕已久而初次见面或依依惜别等场合,握手时间可以长些，以 20 秒左右为宜。

二、问候礼节

问候是最常用的见面礼节，是人们与他人相见时以语言向对方表示致意的一种方式。一句热情而不失礼节的问候会给人留下亲切有礼貌的印象。常用的问候语有"您好""早上好""下午好"等。在国际商务交往中，要特别注意对不同国家和地区的人要用不同的问候语。

三、介绍礼节

商务谈判时，初次见面，需要介绍双方谈判人员。可以是中间人介绍，也可以是双方主谈人和负责人介绍。介绍时要注意顺序。一般是先把职务低的介绍给职务高的，把年轻的介绍给年长的，把男士介绍给女士，把客人介绍给主人，把个人介绍给团体。在人多的场合，应由主方负责人首先出面，依照主方在场具体职务的高低，自高而低地依次对其进行介绍，再由客方负责人出面，依照客方在场者具体职务的高低，自高而低地依次对其进行介绍。

作为介绍者，应面带微笑，平摊右手，指向被介绍者，清楚明确、客观地介绍，避免过分颂扬某人。作为被介绍者，应站着并面对对方，显示出想了解和结识对方的诚意。介绍完毕后，通常应伸手与对方相握并说声"您好""幸会"之类的客套话，还可以重复一下对方的称呼。

四、称呼礼节

称呼指人们在交往中采用的称谓语。选择正确适当的称呼，表现出对他人的尊重。商务谈判中，可采用正规性的称呼。可根据对方的行政职务、技术职务或职业名称来称呼，也可以用"同志""先生""小姐"等通行尊称来称。但在正规场合，不宜用简化性称呼，如把"张处长"称为"张处"，就显得不正规。

（1）称呼要看对象。对不同性别的人应使用不同的称呼。对姑娘可以称"小姐""姑娘"，对男士称呼"先生""师傅"等。对不同亲密关系的人使用不同的称呼。如对亲密度很高的人可以称呼小名、绰号等，对亲密度低的人则不行。

（2）称呼要看场合。一般场合，人们使用的都是与其环境相对应的正式称谓。例如一位姓陈的先生，在下级向他汇报工作时称"陈书记"（他的官衔），朋友和他交往时称"老陈""陈大哥"，年轻的工人在车间里称呼他"陈师傅"，妻子在家里称呼他"当家的"，别人对他不满时会称他"姓陈的"。

（3）要与称呼人身份、地位相称。例如一个农民对一位风度翩翩的男士不会称呼"先生"，而只照自己的习惯亲切地称呼"大哥"之类的。而知识分子和大多数城市人由于社交活动范围广，称呼就会考虑对方的地位、国籍等，并充分考虑称呼人的场合。

五、名片使用礼节

在商务谈判中，名片扮演了一个不可缺少的角色，可以在短时间内，让他人了解自己的姓名、职务、单位等情况。使用名片式应注意：名片上应包括姓名、职务、工作单位、联系方式等；双手接名片；递名片时名片上的字应朝向对方；接时应认真看清楚名片上的主要内容；不宜乱发名片。

六、电话礼节

电话礼节是指接打电话时的语言、态度、表情、内容等各个方面的礼节。

（1）电话语言礼节。电话语言要求礼貌、简洁，准确传递信息。在使用电话时，应学会使用礼貌用语,以"您好"开始,"再见"结束;声音柔和、语气平稳、语速适中,使对方产生愉悦感;电话用语应言简意赅,将所要讲的事用最简洁的语言表达出来,不要拖泥带水。

(2)打电话礼节。打电话要避开对方的休息时间,尤其是国际交往中要注意时间差;打电话要做好准备工作,把要讲的事想好,并准备好笔和纸;谈话时间以3分钟为宜。

(3)接电话礼节。接电话以电话铃声响起两声后接为佳;接起后,应首先自报单位;通话过程中,要仔细聆听对方的讲话,并能及时作答,有听不清的,可让对方再讲一遍;认真做好电话记录;代转电话时,应礼貌热忱;善待打错的电话,能帮助的给予帮助。

案例

"我付了钱:可我心里痛快"

1985年7月任传俊主持了一次和联邦德国吉玛公司的索赔谈判,对手是理杨·耐德总经理。

索赔原因是引进的圆盘反应器有问题,中方提出的索赔金是1100万马克,而德方同意赔300万马克,两者相距甚远。

这是一场马拉松式的谈判。

在久久僵持不下时,任传俊突然建议休会,并提议第二天陪理杨·耐德到扬州游览。

在扬州大明寺,花木扶疏,风景宜人,任传俊对德方代表团介绍说:"这里纪念的是为了信仰,六渡日本,双目失明,终于到达理想境界的中国唐朝高僧鉴真。今天中日两国人民没有忘记他。你们不是常常奇怪日本人对华投资为什么比较容易吗?其中很重要的原因就是日本人了解中国人的心理,知道中国人重感情友谊。"

理杨·耐德大为感动。

旅行车从扬州开回仪征,直接开到谈判室,谈判继续进行。任传俊开门见山地说:"问题既然出在贵公司身上,为索赔花费太多时间是不必要的,反正要赔偿……"

理杨·耐德耸耸肩膀:"我公司在贵国中标,总价值才1亿多美元,无法赔偿太多,我总不能赔着本钱……"

任传俊抓住了一个事实,即江苏仪征化纤工程是当时世界上最大的化纤工程,他当仁不让地说:"据我得到的消息,正是因为贵公司在世界上最大的化纤基地中标,才得以连续在世界15次中标。这笔账又该怎么算呢?"

这个反问问得很巧妙,理杨·耐德一时语塞。

任传俊诚恳地说:"我们是老朋友了。打开天窗说亮话,你究竟能赔多少?我们是重友谊的,总不能让你被董事长敲掉饭碗。而你也要为我想想,中国是个穷国,我总得对这里1万多名建设者有个交代……"

谈判结束,德方同意赔偿800万马克。

事后,理杨·奈德说:"我付了钱,可我心里痛快!"

自然,任传俊的成功在于他所说的一切有理有据,但我们也不能忽视一个事实:当谈判双方各执己见、互不相让、横眉冷对时,谈判者作为东道主,可以建议把手头的问题先放一放,组织双方人员共同去游览参观、出席宴会或去俱乐部、文化宫等处游玩,把绷紧的神经松弛一下。在游乐的过程中,双方可以不拘形式地就某些僵持的问题交换意见,寓严肃的讨论于轻松活泼的气氛之中,往往能更好地找到解决僵局的办法。

提示：

1.体会僵局的应对技巧。

2.理解"利益的冲突不能影响人际关系的建立"这个谈判的基本法则。

3.礼仪是谈判成功的催化剂。

总结与回顾

1.谈判者个体素质是指从事谈判工作的人的政治品质、道德品德、知识水平和身体状况，包括优秀的品德要求、"T"型知识结构、良好的人际交往能力和大方得体的仪表。

2.商务谈判心理是指商务谈判者围绕谈判话题所形成的各种心理现象及心理反应。

3.在团队谈判中主谈人和谈判成员的选择和管理是至关重要的。合理谈判团队结构应包括合理的知识结构、能力结构、年龄结构及性别结构。

4.所谓礼仪是社会公认的（或约定俗成的），对其他人表示尊重且因社会地位、交往环境不同而有所区别的一种交往规范，其宗旨是使人人都感到舒适、得体。其本质是通过各种规范的言行，表示人际间的真诚、尊重、友好和体谅，它是人的社会关系的集中体现。

5.所谓商务谈判礼仪，即指谈判活动中所遵守的各种礼仪规范，主要包括迎送、宴请、会见、游览参观、赠送礼品等方面礼仪。

6.谈判礼节主要包括握手、介绍、问候、称呼、递接名片、接电话等各种礼节，注意每一项礼节具体操作中的先后次序问题。谈判中各项礼仪都以耐心、细致、周到、热情为主要原则。

复习思考

1.谈判者个体素质主要包括哪些方面？

2.合理的谈判团队结构应包括哪些组成部分？

3.心理素质对谈判者的行为和效率有什么影响？

5.礼仪的内涵是什么？

6.商务谈判礼仪规范主要包括哪些方面？

实训练习

【实训项目】

商务谈判礼仪规范训练

【实训目标】

(1)培养学生良好心理素质的能力。

(2)培养学生人际交往的能力。

(3)培养学生礼仪礼节行为规范的能力。

(4)进一步了解心理素质和礼仪礼节在商务谈判沟通中的作用。

【实施过程】

(1)将全班学生分为4～6个学习小组，以小组为单位组织引导学生讨论学习。

(2)组织引导学生归纳总结商务礼仪及礼节的主要表达方式及方法技巧。

(3)组织引导学生进行实际练习，并进行课堂现场演练。

(4)根据训练结果写一份商务谈判礼仪礼节总结报告。

【实训考核】

(1)小组成员的协作性(10%)。

(2)良好心理素质的能力(20%)。

(3)礼仪礼节技巧演练的能力(30%)。

(4)项目工作成果完成的合理性、趣味性、创新性(30%)。

(5)小组成员讨论、发言的参与性(10%)。

项目四　商务谈判工作实务

知识目标

1. 熟悉谈判环境的主要因素及谈判准备阶段的工作内容
2. 掌握谈判主动性的把握与双方实力的认定
3. 熟悉谈判开局阶段的首要任务与基本要求
4. 掌握报价的基本原则与技巧运用
5. 熟悉谈判交锋阶段双方主要条件上的分歧与僵局的成因
6. 掌握讨价还价和僵局处理的策略与技巧运用
7. 熟悉让步妥协阶段的原则与内容
8. 掌握让步妥协的策略与技巧运用
9. 熟悉谈判结束阶段的可能性结果情况
10. 掌握最后一次报价策略与技巧运用

技能目标

1. 能够初步具备一定的语言表达与交流沟通的能力
2. 能够初步具备一定的判断谈判对手风格与实力的能力
3. 能够初步具备运用谈判的技巧与策略进行讨价还价的能力
4. 能够初步具备一定的谈判工作组织与协调的能力
5. 能够初步具备个人礼仪形象与人际交往能力

任务一　商务谈判的准备

任务情景

有目的地安排座次

座次安排常闹出笑话。有时候，人们过分地强调座次的重要性，尽管也有人喜欢让座次顺其自然，谁想坐哪儿就坐哪儿，但这绝对不可取。下面有几点提示：

(1)坐在能迅速私下请教的人身旁。

(2)坐在对方主谈手对面。比如说，你是己方谈判团主帅，那你就坐在彼方主帅的对面。如果你想缓和对立的紧张气氛，你可以坐在与谈判桌中央相距两三把椅子的地方。有时候，谈判桌或房间的形状给了你靠近对手的机会，而不是完全的对面而坐。

(3)还应考虑，谁靠门坐，谁离电话最近。如果你希望随时用电话或者希望不让非工作人员入内，这些都是很有利的位子。靠近电话的人，一般来说，是为了控制电话的使用权；坐在门边的人则可控制人员出入。

(4)窗户的位置和阳光照射的角度也需要认真思考,尤其当阳光使人烦躁或耀眼的时候。

(5)在老板的办公室里谈判,勿坐你经常坐着受命的那个位子。如果老板和你谈提职问题,则应坐在尽量靠近老板的位子上。沙发是最好的地方,如果老板稳坐在办公桌后面,你要做两件事:一是始终站在老板坐着能平视你的地方。二是如需坐下时,把椅子挪到桌子的一边,或者尽量挪开原先的位置,以此表明,此次交谈不同于平时老板向你布置工作。

任务分析

我国古代先哲们早就提出:"凡事预则立,不预则废";谈判科学之父尼尔伦伯格曾说:"有些人以为(谈判)力量来自于身份、态度或神通广大,但要想增强自己的力量,你能做的最简单也最有效的一件事就是细节性的准备。你可能会遇到世界上最了不起的谈判对手,但如果你有备而来,这样的对手也不在话下,相信你还会胜他一筹。"

◆子任务一　了解谈判环境

一、政治法律环境

1. 政治制度与政府的政策倾向

(1)政府的政策是开放型还是保守型。我国改革开放30多年来,在经济上已形成东高西低、南高北低的格局,其中原因之一是因为沿海省市率先搞起了经济特区、自由贸易区、计划单列市,政策的宽松构筑起了良好的投资环境,使当地经济得以快速腾飞。近些年来国家大力提倡发展西部经济,这是西部经济起飞的良好契机。

(2)政府对某一产业或项目是支持还是限制。与改革开放初期政府大力鼓励发展乡镇企业不同,近几年来政府重视了环保工作,开始对一些污染型企业施加压力,迫使其增加环保投入,并按政府规定转产、停产和迁移。

(3)政府与谈判对手的政治关系如何。企业利益和个人利益必须服从于国家利益,政府为了政治上的需要,往往会对国际间贸易或地区间贸易施加一定影响。如美国一直阻挠我国国内企业向西方发达国家进口先进技术及设备。在国内企业中也同样存在这个问题,如在土地开发使用上,合资企业享受着比其他国内企业更多的优惠,一些经济技术开发区、保税区则更是对所辖企业大开绿灯,这往往使谈判中的不同参与者在起始阶段就存在着不公平。

(4)政治体制及政策的连续性和稳定性。短短三十几年时间,我国基本建设成小康社会,某些地区的人均国民收入已接近发达国家,应该说政治体系的稳定性功不可没。在政策的连续性上,我国加入WTO以来,国际市场对国内市场的影响更直接、更明显。

2. 法律环境

随着我国法律体系的日趋完善,任何一名法人都必须重视对法律的研究与适应,这不仅是指要懂法、守法,还要学会用法,即在运用法律武器保障自身基本权益外,还要善于借用法律的力量为企业组织的发展保驾护航。如对一些政府的不合理收费、地方保护主义行为可以提起行政诉讼。

二、社会文化环境

不同的社会文化背景就会形成不同的价值观念与行为取向。

1.宗教信仰

在我国,传统的宗教信仰包括信仰佛教、道教、伊斯兰教以及基督教等,不同宗教及教派都有着不同行为礼仪及价值取向,也只有了解并遵守这些教规才能保证商务活动的正常进行。

2.社会习俗

社会习俗的具体内容繁多,概括起来有以下几个方面:

(1)符合当地礼仪规范的衣着、饮食与称呼礼仪;

(2)工作与娱乐、休息的关系;

(3)赠礼的礼仪及回赠的礼仪;

(4)对荣誉、名声、面子的不同理解;

(5)朋友的价值;

(6)基本价值观;

(7)时间的价值观与效率;

(8)友情与金钱的取舍。

三、市场供求状况

1.供求状况

一般而言,在买方市场条件下,卖方居劣势;反之亦同理。但不同地区、不同时间的市场供求也会发生某种变化,简单地说,甲地滞销商品在乙地并非肯定滞销,特别是时尚品,它与消费地域密切相关,不可一概而论。

2.供求状态

即市场供求变化的提前量,有些新产品、新时尚在市场投入期,往往不被人所看好,但一旦被消费者知晓,就会形成消费热潮,对此商务人员要做好充分的论证。

3.相关产品(或服务)分析

相关产品包括替代品、补充品及前续产品与后续产品等。

(1)替代品:包括功能相近的不同品牌的产品、功能上升及换代的产品等类型。往往替代品的快速发展会导致主项产品的价格下降,甚至被挤出市场。

(2)补充品:即人们在消费主项产品时,必须附带消费的产品,如汽车、休暇时间与娱乐时间,电脑与网络。补充品的快速发展(或低价位)可以为主项产品本身的发展创造条件。

(3)前续产品:即生产主项产品必须加工的原材料或初级加工产品(服务),如汽车与钢材价格及进口关税、酒类与粮食供应价格。前续产品的充裕有助于主项产品(服务)的供应量增加和成本下降。

(4)后续产品:即因主项产品(服务)而派生的为主项产品提供直接服务的产品或行业,如汽车与维修、美容。与前续产品同样,它也能促进主项产品的社会需求。

◆子任务二 双方实力认定

一、己方实力认定

1.自我需要的认定

(1)希望借助谈判而得以满足的需要到底是什么,即你在谈判中的真实目的到底有哪些,其中哪个才是你必须达成的目标。

（2）各种需求的期望满足程度。可以将需求分为无所谓满足、需求基本满足、必须完全满足几类。记住，但凡你必须要达到完全满足的，你就得准备为此付出代价，甚至是高昂的代价。本杰明·富兰克林说过："如果你不做某些事情，就不可能取得满意的讨价还价结果。"

（3）需要满足的可代替品。任何一种需求都是可以代替的。

2.需求满足能力的认定

即在自己的需求满足的同时，你是否已经具备满足对手的能力。满足自我需求是参与谈判的目的，而满足他人需求的能力则是参与谈判并与对方合作的资本，因为谈判本身就是"双方需求满足与被满足的互动过程"，没有满足他人需求的能力就谈不上自我需求被满足。

3.谈判信心的确立

《谈判技巧》的作者巴罗和艾森认为"那些充满信心、个人期望值定得高的人，通常比那些不敢奢望的平庸之辈取得更多的利益"。自信心是一个人能否有所成就的关键。要树立自信心，首先要相信自己所代表的企业，相信本次谈判的客体能给谈判双方带来共同的利益。其次相信自己的能力，相信自己完全胜任谈判工作，而且不会比任何人差。

4.谈判者态度、观点、情绪的认定

态度是各种行为和思想的集中体现。态度倾向于感情色彩，与逻辑判断没有直接联系，是一种非逻辑概念。组成态度的主要成分是传统偏见、宗教色彩和生活价值观念。我们必须清楚地认识到，要改变对方生来就故有的态度，会大大损害对方的感情和自尊心，并导致谈判失败。所以，当遇到某种带有偏见的态度时，需要做的绝不是试图改变，而是善于追索隐在其身后的经济、宗教、伦理和政治背景。应永远记住这样的信条：对态度只有理解而不能试图改变。

观点是逻辑推理和思维加工的产物，即使使用的逻辑不是最好的，但它所含有的是态度中所不存在的理智部分。人们对自己的观点有清楚的认识，大多数情况下，人们对理智合乎逻辑的讨论观点都表示由衷的欢迎，当发现观点错误时，也愿意加以改正。

感情是内部感觉的外部表象。在谈判中，重要的问题不在于与对方的感情作对，而在于把握其感情变化的特征，学会辨别对方的感情语言，或者说是对方的"形体语言"。当听到一项不愉快的谈判声明时，老练的谈判者自然会控制自己的面部表情，他可能永远能保持无动于衷，甚至还会温文尔雅地装腔作势。但是他的其他身体部位却暴露出其真实心境，如手势、坐态等。每个人对于各类问题都存在一种特殊的生理反应方式，抓住这种感情变化是格外重要的。

二、对手实力认定

1.了解对手的基本状况

（1）对方企业状况。企业状况主要包括企业主体资格、组织性质及运作架构、企业资金及其运营状况、企业资信状况等。

（2）目标市场状况。无论是买方或是卖方，无论是以产品还是以服务为运作对象，都必须对目标市场供求、产品（或服务）竞争状况及对手的市场地位也有全面的了解，其中对手的市场地位包括对手企业和产品的知名度与美誉度及对方的产品的市场占有率、营销网络以及对手在竞争中的优劣势评估等方面。

2.谈判对手的特点、性格认定

首先，就谈判对手对人际关系和交易条件的关系程度，我们可运用布莱克和莫顿的管理方格理论，建立一个对手风格模型，见图4-1。

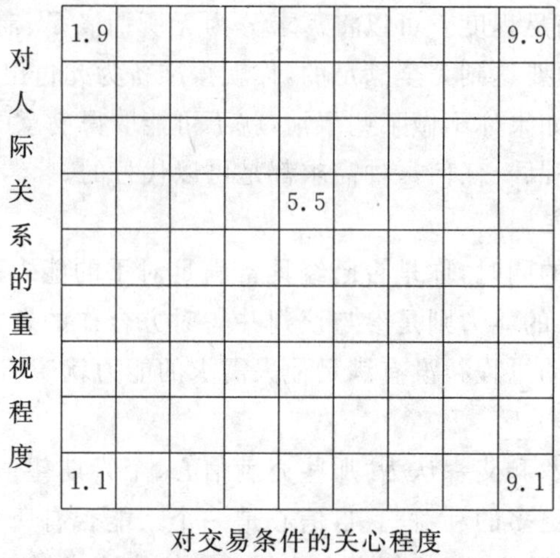

图 4-1　对手风格模型

①事不关己型（1.1）：不关心人际关系和企业利益，属无责任心和进取精神，对工作不负责任的极少数人。

②人际关系型（1.9）：看重人际关系却忽略交易原则，属谈判者个性中有较强的避免冲突倾向（懦弱或极度重感情、重面子），或本企业对对方企业有极强的依附性（唯恐对方翻脸而断了财路）。实际上，以牺牲企业利益建立的人际关系也不算真正的合作关系，对方会看轻你。

③交易条件型（9.1）：以满足己方交易条件为唯一目标，属豪夺型性格，以自我为中心，不计较对方得失，以自我目标为核心型。人际关系的恶化也是谈判失败的一种标志，此类型易导致谈判破裂。

④谈判技巧导向型（5.5）：能兼顾人际关系与交易目标之间平衡，能运用各类谈判技巧，兼顾"施"与"受"，在追求自身利益的同时适当兼顾对方利益，并能最终达成双方均有利的协议。

⑤理想型（9.9）：通过双方需求的真诚沟通，以充分互惠互利、长期发展的原则，就各自关心的问题进行实质性沟通，并最终取得一致性意见，达成双赢协议。

其次，分析对手的性格特点。

美国巴罗企业有限公司总经理 C·威恩·巴罗是国际上著名的交易谈判专家和咨询顾问，他对谈判人员的性格特征作了精辟的分析，分析如下：

①贪权人。贪权人对成绩的追求是狂热的，这是此类人最根本的特征。他们通常无视他人的反应和感觉，为了取得最高成就不惜任何代价，对于具有与其同样雄心、同样目标和同样手段的人会无情打击。

通常，这类人在谈判中十分难相处，他们不会给别人留下任何余地，在大部分问题上我行我素，以自我为中心。他们对另立一套和自作主张的人毫无耐心，为达到自己的预期目标会强使权力，甚至达到不近人情的残忍地步。显然，贪权人是非常令人头疼的谈判对手。

与贪权人进行谈判，可以以解决问题为出发点。必须明确：谈判的目的是解决实际问题，而不仅仅是讨价还价。实事求是的办法往往比浮夸更能为贪权人所接受。

必须指出，与贪权人打交道必须及早准备。如果等到谈判开始之后才知道对手是什么人的话，就为时已晚了。在那种情况下，己方肯定会陷入一片迷乱之中，谈判的最终结果也绝不会令人满意。

②说服者。谈判世界中普遍的人是说服者,这种性格天生就是为作销售人员准备的。在某种程度上,说服者比贪权人更难对付。贪权人容易引起对方的警惕;但说服者却容易为人所忽视,在说服人温文尔雅的外表之下,通常暗藏着雄心,为了达到目的,这类人在拼命努力。辨别此类人的需要和弱点比较困难,因为他们把自己深藏于铁幕之内。他们办事的方法隐蔽,手段精巧,外表也充满魅力。在谈判中,他们十分随和,能赢得对手的兴趣,在不知不觉中把人说服。

在与这类人谈判时,既要满足他的需要,又要尽可能地利用其弱点,努力在方法上谋求两者的均衡。事实上,说服者性格中的每个优点都可能成为我方进攻的突破口,每个不足都可能是我方取得成功的跳板。常用的办法有以下几点:努力造成一对一的谈判;准备大量细节问题;准备好奉承话,随时准备"戴高帽";在维持礼节的前提下保持进攻态度;具有耐性;必要时制造冲突等。

说服者不是那种一攻即破的人,他们有较高的理解力和判别力,要想战胜他们并不容易。

③忠实的执行者。忠实的执行者在各类公司中绝不少见,他们存在于诸多部门。也就是说,谈判不止发生在外部,而更多发生于内部,且内部谈判与外部谈判一样重要。在进行内部谈判时,常会遇见忠实执行者。

与这类人进行谈判时,常用的办法是:要努力造成一对一的谈判格局;力争缩短谈判的每一具体过程;准备详细的资料来支持自己的观点;须十分冷静和耐心,克制自己的脾气等。

④有局限的执行者。有局限的执行者很少有幸加入谈判者的队伍,但他们在公司中却比比皆是。我们虽然不能总在正式场合下与其相撞,但在日常生活中却总要与这类人接触。所以,为了节省时间,在与这类人谈判时,通常可采用以下手段:注意把细节问题讲清楚,把事情讲具体,不要议论大概念;保持耐心,避免对这类人施加压力和形成冲突,那样会使对方感到不安。虽然向这些人宣传某一思想是令人沮丧的事,因为他们毫无弹性,但耐心却可能使你成功。

如果与这些人相处时出现僵局,并根本无法挽回的话,则可越过这位绊脚石去找上级,因为只要有上级指示,他一定会坚决执行。

3. 对手的时限、权力及战略战术认定

任何一个谈判者都有时限压力。在你了解对方时,别忘了他也同样存在着时限压力,不管他的能力有多强,名气有多大,说不定在他漫不经心的外表下正因为时限压力而心神不定呢。

就谈判者权力而言,不与没有决策权的人谈判是谈判中的一个重要准则。在谈判过程中有很多谈判者有权说"不",否决那些对他自己不利的提议,但却无权说"行",因为他确实无权。

任何一个决策者都会对谈判者充分授权,因此所谓的无权,往往是一个假象,一个策略,言下之意就是:"我不是不想答应,可我真的答应不了,是不是就这样定了。"一副自弱的样子,希望得到你的同情和体谅,对此你可得小心了,也许这是个陷阱。

面对团队谈判对手,更应该要注意分清谁是"主谋",谁是"指挥",谁是"仆从",这其中肯定有个决策人,但不应一定是主谈人。

最后,了解对方可能采取的战略或战术是十分有用的,虽然对方不太可能泄露战略(尤其是当对方想采取硬式模式时),谈判者可以从先前所收集到的问题的答案中提取必要信息。了解对方的名声、风格、其他选择、权威及目标(相对于谈判者的目标而言),会给谈判者提供更多关于对方将采取什么谈判策略的信息。

4.认定对手的方法

认定对手的方法有许多,一般可分为以下几种:

(1)一般资料认定:即通过查阅各类对手有关资料,了解对手。这包括各类公开资料、图书资料、行业资料(行业市场调查报告等)、网络资料等。

(2)实验记录:如观察法(包括纵向观察)、实验法(如模拟谈判、各种假设解答)及必要时专业人员调查(专门咨询机构、自我组织)。

(3)即时认定:即在谈判进行过程中通过听、问、看,获取对手最新的资料。即时认定法在谈判中占有很重要的位置,尤其是对于发现对手真实想法非常有效。

◆子任务三 选择谈判的时间、空间及议程

谈判的时间、空间及议程,往往直接影响到参与者的情绪、心情乃至最后影响着谈判的结果。

一、谈判时间选择

1.谈判时间分类

依据时间对双方的有利性,可将谈判时间分成以下几种:

(1)己方时间:有利于自己,不利于对方的时间,如中国足球队在家门口比赛时,时间都在晚上而不是下午,因为中国人一般都有午睡的习惯,下午刚睡醒哪来的精神。

(2)他方时间:对对方有利的时间,而于我方不利的时间。同样国足在中亚去比赛时,对方往往选择中午,气温有时接近40摄氏度,这是一个对他们习以为常而对我国球员却是极限的温度。

(3)互利和不利时间:即双方机会均等的时间。

2.选择的原则

(1)互利原则:按原则式谈判模式要求,谈判时间的选择应该是互利的,这也是对对手的一种尊重,是向对方表明诚意的一种方式。互利原则有利于良好的人际关系的建立和双方长期良好关系的形成,谈判正式的较量应站在公平的基础上,哪怕对手最终妥协了,也会心悦诚服。

(2)优势原则:所谓优势原则是指能令自己获得最佳谈判效果的任何时间都是可选择的谈判时间。优势原则的最大弊端是易招致对手不快,不利于人际关系的建立与改善。

3.时间禁忌

(1)己方严重准备不足、纯属仓促上阵。

(2)谈判人员身心疲惫,状态不佳且情绪低落。

(3)对方心气正高,情绪高昂,准备充足。

(4)用餐时。

在系列性谈判时,双方需在每一阶段结束前约定下一轮谈判时间,以免对手因故拖延或中止谈判。

二、谈判地点选择

古人云:"天时、地利、人和。"三者合一,凡是皆能成功,这其中地利是最现实的,迈克尔·唐纳逊说:"在自家地盘上谈判,你肯定是心旷神怡、趾高气扬的。"

1.主场谈判

(1)令自己专注于谈判,而无需分心于对环境的熟悉与适应。

（2）充分利用环境优势，如会场布置、位置安排、气氛调节等，给对方以压力。

（3）充分利用资讯，随时调整谈判对策（方便的资料收集优势）。

（4）对手因客人身份所限，须讲究一定礼仪，不至于过分侵犯主人。

（5）在必要时，可以更换谈判人员，便于实施一些特殊谈判策略，如"唱双簧"。

（6）消除旅行疲劳对谈判的影响。

（7）节约外出谈判相关旅行费用。

（8）主场谈判已方的压力大于客场谈判。

2.客场谈判

（1）这是一种充满自信的表现，也向对方表明某种诚意与风格。

（2）全身心地投入到谈判中，不受主场接待等其他事务及家庭的拖累。

（3）在高层授权范围内，充分发挥谈判人的主观能动性。"将在外君命有所不受，"减少主场谈判不断请示、报告之麻烦，且享有"受"的权力，而局部放弃"施"的责任。

（4）一旦处于被动境地或受到某种压力，则可借口"资料不全""须向决策层请示"中止谈判或暂停谈判。

（5）无须准备与接待，节约主场费用。

3.中立地谈判

在中立地谈判，由于双方均无主场优势，运用各种谈判策略与技巧的条件均等，使双方在平静的心态下，冷静思考，积极面对，对谈判的正常进行有促进作用。

具体地点选择中应注意的问题：

（1）双方力量对比。力量悬殊的则无所谓主客场，力量大的一方有权任意选择。

（2）双方关系密切程度。双方关系密切的无所谓主客场，双方关系陌生的应互相商量，双方关系紧张的则选择中立地进行。

（3）对场地设施的要求。个别高规格谈判对场地设施有专门要求，就须以选择合适场地为主；有些须在现场进行的谈判则只能在现场。

（4）热身谈判或初次磋商。一般以在对方场地进行为宜，既可了解对手情况，也为下轮正式谈判作场地准备（熟悉场地）。

三、确定谈判议程

议程即谈判的议事日程，是对谈判过程的程序编排，也可理解为是为谈判所制定的一项规则。

1.制定合理议程的作用

（1）直接关系到谈判主题的开展和谈判目标的实现。谈判目的是通过主题体现的，而主题需要通过议程才能凸显出来，如在议程中不作安排或在时间安排上有所侧重，则主题的重要性也就因此被变更。

（2）直接关系到双方态势的优劣。如将我方需要的先谈，那么在没满足我方要求之前，对方的需求就"理所当然"地不能被涉及。

（3）议程直接影响着谈判的氛围。通过议程可以控制谈判节奏，乃至影响到谈判者的心理及身体状况（如果连续不间断地安排回合谈判，会令人产生身心疲惫之感）。

2.议程的一般内容

（1）谈判的大致期限，包括起始时间、中间分几次，每次会谈一般间隔多少时间，具体会谈场所安排。

(2)谈判的中心议题,即每轮谈判的重心与时间安排。

(3)每一方参加者各多少,谁为主谈(首席),如邀请第三者则谁是第三者,应具有什么身份,其权利义务如何。

(4)哪些事情应列入议程,哪些事项不应列入议程。

注意:己方绝不能退让的条件,不应该让它出现于议程上。还要注意列入谈判之各项事宜的先后编排次序,以及每项事宜应占用的计划时间。

3.议程编制技巧

(1)删去你想谈、想知道但摸不清底细的内容。

(2)删去议程中你不愿列出的内容。从对方那里获取的信息资料,只能记在自己的笔记本里,绝不能出现在参与谈判的每位与会者面前的议程中。

(3)当你知道想说些什么的时候,也应列出顺序。谈判应当从感情色彩较少、双方容易达成共识的议题开始,这样做能取得事半功倍的效果。

(4)议程须人手一份。议程可多印几份,为那些想参加会议,但不能参会或不准参会的人士准备。另外,还得留几份作存档之用。

4.议程反控制

应该说,议程的安排需要双方先期磋商,但一旦发现议程对你不利时,也不用着急,可采取反控制来修正议程。

(1)议程中有哪些项目故意被遗漏,但却是我方需要争取的。

(2)谈判对手是否与己方人员具有对等的地位。

(3)议程中编排的时间与地点是否对你不利。

(4)谈判程序是否有不合理的地方。

(5)只要有不满意的,都可以提出修正,而不应该贸然接纳议程。

要记住,议程能表示将要讨论的问题顺序,但却不能支配这个顺序。如果对某个特殊观点的争论升级,那么,会议有可能先将这个问题撇开,等以后回过头来再议。议程还能对一些敏感的问题暂时回避,不直接涉及。如果有人想重新安排已通过的议程,也不必心中不快,尤其是当你不负责会议的时候。

5.己方的一般议程安排(计划)

(1)确定咨询专家。

(2)收集规定使用的文件资料。

(3)统一对外口径(不能多人对外,建立相当于新闻发言人制度)。

(4)选择确定谈判人员并决定分工(谁提问、谁主谈以及谁唱红脸)。

(5)安排先后发言顺序。

(6)在何时、何种情况下由谁宣布暂停。

(7)在何时更换谈判人员,由谁替补,替补者角色定位。

(8)一旦出现意外(如市场供求状况突变、政府出台新政策)如何应变。

总之,不要低估议程的价值所在,它能使会议有序地进行,还能保证把所有实质性的问题探讨说透。

任务二　商务谈判的开局阶段

任务情景

弦外之音

在谈判初期阶段,对手常会以斩钉截铁或毫无妥协的措辞表明他的立场与见解。诸如:"你方之提议是我方绝对无法考虑的""我们从来不接纳分期付款""货物出门、概不退换,这是我们所坚持的原则,因此退货之事免谈",等等。但是当谈判越过了这个阶段之后,对手之话语则或多或少具有伸缩性。这种具有伸缩性的话语旨在暗示你"事情有商量余地"。例如当对手指出"到目前为止,我们仍无意更改付款条件"或"付款条件是可以谈的"。只要你能抓住这类话语的真意,谈判之进展将指日可待。以下各个具伸缩性的话语到底是在暗示些什么呢?

- "你所给的限期太短,我们很难接纳。"
- "我们的工厂并不是为制造这种规格的货品而设计!"
- "我无权议价!"
- "本公司从未以价格作为谈判之标的。"
- "根据公司的政策,我们是不打折扣的。就算我们曾经打过折扣,它也绝不会到10%!"
- "在这样的购买量下,我们的价格是300元。"
- "这是很合理的价格。"
- "这些是我们标准的签约条件。"

任务分析

开局环节是正式谈判过程的起点,它的进展状况,在很大程度上决定着整个谈判的前途。俗话说:"万事开头难。"这就需要每一位谈判者认真对待开局环节中的每一个细节,以保证整个谈判工作的顺利进行。就开局环节所面临的任务而言,主要有两个:既要将己方对本次谈判的基本要求作完整全面的陈述,同时又须在这一环节了解对手对本次谈判的目标要求。这就要求我们在开局阶段学会有效聆听,即认真听懂对方陈述发言中的弦外之音,准确理解对方陈述中的关键内容,还要使谈判保持良好的氛围,为下一步交锋环节打好有效的沟通基础。

◆子任务一　建立谈判气氛

一、符合礼仪规范

1.热情主动、不卑不亢

从谈判开始的那一刻起,要树立起信心,要有控制力。双方初次见面,又是本着一个共同的目标(尽管在目标的细化上存在矛盾),没必要剑拔弩张似的,而应以大方、热情的姿态向对方招呼、问候并适当寒暄,充分展示自身的良好人格魅力,周到而不失礼貌,热情又格调高雅,既不阿谀奉承,也不过分清高,就如同结识一位新朋友一般,表现出一种发自内心的(手、眼、语言、动作、表情一致)开诚布公、善意友好的姿态。

2.遵守基本礼仪规范

非礼勿视、非礼勿听、非礼勿言,尤其在对方主场更应遵守相关礼仪规范,不能因失礼而让对方产生误会甚至被曲解为是一种示威行为。具体应注意的事项有介绍时的礼仪、见面握手时的礼仪、问候时的礼仪及交谈中的礼仪。

二、运用中性话题，保证良好沟通

1.以非业务性的轻松话题切入，尽快消除双方心理上的陌生感

可以选择一些诸如天气、环境、经济发展、人民生活等双方较熟悉且没有立场之争的话题，也可以就目前社会共同关心的问题展开适当评述，包括一些无伤大雅、不是低级趣味的玩笑，以活跃谈话气氛。

2.选择对方最感兴趣的话题

每个人都有一些自己最熟悉、最关心的或最引以为豪的事件与经历，如能及时发现对方的"热点"并适当引入，就能让对方打开话匣子，把你作为他倾诉的对象，对方在尽情畅叙之后，对你就会产生莫大的好感，甚至有一种相见恨晚的知音感。

3.切忌在话题的观点上与对方争论

记住谈判的一条基本原则："切记将利益之争上升到面子之争"。每个人对同一事物都会有其各自不同的观点或见解，在中性话题的议论中，也会体现出各自不同的立场，但请你记住这不是利益之争，这仅仅是一次聊天，一次营造谈判的良好沟通环境的普通谈话而已。一场无谓的争执会让你失去许多原来你一直想得到东西。

三、树立自身良好个人形象

个人形象的展示是个体内在素质通过衣着、行为、语言等外显事物表现出来的。而人的形象所起的作用，主要是第一印象的作用，这种心理倾向得到了社会心理学家的科学验证。因此，在谈判的初始阶段注重自己的衣着打扮，给人以良好的第一印象是很重要的。

1.衣着

（1）与谈判的性质一致。如果是正式谈判，谈判者应当穿得正式一点，以表示对这次谈判的重视和充分的准备，也是向对方表示一种尊重；如果是非正式谈判，谈判者的衣着则可"非正式"些，轻松些，因为衣着过于"规格化"，也会影响到沟通气氛。

（2）与身份一致。即应根据自己的身份来选择衣着。一个人的穿着超过了自己的社会地位，容易给人以虚假和做作感；穿着适当低于自己的社会地位，往往给人以平易近人的感觉。因此，在穿着上的原则是趋低不趋高。

（3）与环境一致。豪华或简朴，高雅或平俗，均要考虑与谈判环境的一致性，即对等性。超越环境氛围的刻意打扮，往往使对手感到你的做作；低于环境氛围的穿着打扮，则会令你感到局促不安，甚至自惭形秽、丧失自信。

（4）忌穿全新衣服。有人认为在正式谈判中，穿着新衣服可以表现出对对手的敬意，其实却是表现出了寒酸和怯场。服饰是"自我的延长"。谈判场合以穿九成新的服饰为最佳。

（5）创立自己的个性标志。经常出入谈判场所的人，如能把某一服饰作为自己的标志，就可在服饰打扮上收一劳永逸之功。

2.行为举止

放松心态、放松身体、自然面对，对手尽管陌生，但并非敌人，也许还会成为朋友，没什么值得紧张。动作要自然得当，不要僵硬，更不要机械；但也不要过于自由，而忽视了面谈时的基本礼貌行为，可以适当放松一下自己；服饰要保持齐整，领带更不能歪着。

3.语言

表达清晰、条理清楚、言简意赅、不讲废话,表示出谈话人的良好素质与修养。啰嗦、重复、词不达意都是心态过于紧张所致。在尊重对方观点基础上,不能人云亦云,应适当表达自己的思想,留给别人有主见有思想的印象,也让对方从另一个角度认识到你的"力量"。

语言应配合表情和行为举止,张弛有度更显个性魅力。

◆子任务二　开局陈述

一、开局陈述的内容

开局陈述的内容主要包括谈判参与各方在开始阶段所应表明的观点、立场、计划和建议。具体来说它主要包括以下方面:

(1)己方的立场。即己方可以采取何种方式为双方共同获得利益作出贡献;今后双方合作中可能会出现的成效或障碍;己方希望本次谈判应遵循的方针原则;等等。

(2)己方对问题的理解。即己方认为本次会谈应涉及的主要问题,以及对这些问题的看法、建议或想法等。

(3)己方的合作态度。即己方拟在本次谈话中准备作出的让步及具体商谈的内容。注意这里的让步不是真正意义上的妥协,而是在对方本应有的权益上印上让步的字样。

(4)己方对对方陈述的基本态度。如果对手已先作了陈述,则在己方陈述过程中可对对手陈述的同一问题提出我方的计划和打算。注意,此时不宜反驳对方所陈述的建议,而是应从我方角度提出对该议题的想法。

二、陈述的方式

(1)简明扼要,准确表达。不要啰唆,更不要对表达的观点附加理由说明。

(2)以商讨性语言陈述。尽量多用"我们以为这样比较合适……""您看这样行不行?""这是我方的设想,不知你方以为如何?"陈述是参与各方的共同权利,而且它与最终可能达成的结果是两码事,所以应以尊敬的态度,友善地向对手表明我方观点,这是谈判者应具备的礼仪。

(3)不要为对手表情所迷惑。高明的谈判者,在你陈述的时候,就开始施展进攻战术,他们会用各种表情(因为"不能打断对手的陈述"是谈判的"游戏规则"之一),痛苦的、叹惜的、无奈的、气愤的,还配合各种身体动作,如摇头、皱眉、苦笑和嘴巴中发出的那种令人心神不宁的怪声,扰乱陈述者的心神,使其不由自主地怀疑自己的报价是不是真的有问题,更有的谈判高手还会演现场"双簧",即转过头对身边的同事或部下窃窃私语,眼神不时瞄上你一眼,他身边的那位则装出一种非常为难、无可奈何甚至不可能做到的样子。一旦你真的被迷惑,则谈判初期树立起来的信心也会开始动摇。

三、对对手陈述的反应

(1)学会有效聆听,切勿打断对方陈述。前者要求听懂对方的弦外之音,准确理解对方陈述中的关键内容,如价格、交货方式、质量保证、产品标准、运输方式等方面的首次报价(这是对方开价的上限,是我们保证可以得到的最起码的条件)。后者则是指,从礼貌上讲,随意打断对方陈述会引起对手不快;从利益上讲,对手一般都会把预定给你的利益部分陈述放在最后,一旦被打断了,他可能会将这部分"赠品"当做讨价还价中的一个砝码,对我方利益获取不利。

(2)发现有不明白处应及时求证。一旦对方陈述中的某些表达你不是非常明白或者不能完全确认,应及时向对方求证,切不可想当然:"就是这个意思!"需要求证时,可用商量的语气。

(3)以其人之道还治其人之身。你也不妨用各种动作、表情扰乱对方的心境,因为这种方法确实有实用性。有心理专家研究:当你面对一个发言人时,你不时地摇头、皱眉,重复多次后,对方就会感到很不耐烦。而当一个教室里的数十位学生都对着讲台上那位发言人摇头的时候,台上那位会很快觉得惶惑不安,继而开始对自己产生怀疑,甚至变得不自信起来。

(4)在对方陈述后,将对手意思归纳一下,要求对手再次确认。归纳不是重复对方叙述内容,而是点明对方叙述中的弦外之音。通过对对手陈述进行分析,就可大体上探测到对手的诚实性和真实性;了解到讨手对这次谈判抱有多大程度的诚意和合作意向,同时对对手的真实需要也有一定的把握。

阅读资料

为什么谈判者不优秀、不能协同合作、两面派……

情绪化是造成谈判困难和产生高风险的一个原因。情绪过于激动对谈判进程是很不利的,会扭曲谈判者的洞察力,并会将其注意力从实际事件中转移开来。阿达尔·罗森和思尔维·思特恩研究了谈判中害怕和生气这两种情绪的效应,同时提出了在谈判中克服情绪化反应的方法。

考虑到自己情绪,谈判者应该:

- 判断中什么情形更易于触发不合适的怒气。
- 当生气时,决定是否表现出气愤。
- 采用行为技巧来减轻气愤(比如,休息一下,数数:从 1 数到 10)。
- 有效地表达气愤和不满(比如,公开地并且用真诚的方式)。
- 避免谈判者的偏见("我是诚实的、有理的,但是你不是……")。
- 尽量互相信任。

考虑到另一方面的情绪,谈判者应该:

- 通过直接面对面的交流消除情绪化("你看起来有些生气,是吗?")
- 评估情绪化表现的实际意义(这是正常行为吗? 或者是个别的诡计?)。
- 直接面对对方的愤怒,可以待会儿道个歉或者以会造成不良后果说服。
- 策略地回应下他人的愤怒(停顿一下,用沉默来"让他头脑清醒",作出适当的让步)。
- 让对方挽回面子(特别是当对方生气而感觉丢脸时)。
- 当谈判者预料中的愤怒情绪将到达高潮时,应考虑预先请一位调停者。

◆子任务三 报价

报价是开局阶段的核心环节,也是谈判开始进入交锋阶段之前的最后一个环节,简单地讲它是指谈判参与各方交易条件的抛出。

商务谈判中的"报价",不仅是指产品在价格方面的要价,而且也泛指谈判一方向对方提出的所有要求,包括商品的质量、数量、包装、装运、支付、保险、商检、索赔、仲裁等,以及工程项目的承包条件、工期、材料、质量等。其他像委托代理谈判、企业兼并谈判、合作合资谈判、咨询顾问谈判等,尽管其谈判内容各不相同,但谈判双方都会向对方提出各种要求,这种要求即为报价。当然,既然是商务谈判,价格这个极其重要的经济要素就必然是谈判的中心议题。

一、报价的形式

1.书面报价

书面报价通常是谈判一方事先提供了较详尽的文字材料、数据和图表等,将本企业愿意承担的义务,以书面形式表达清楚,使对方有时间针对报价作充分的准备,使谈判进程更为紧凑。但书面报价的白纸黑字,客观上成为该企业承担责任的记录,限制了企业在谈判后期的让步和变化。因此,对实力强大的谈判者而言,书面报价是有利的;谈判双方实力相当时,也可使用书面报价;谈判实力较弱者就不宜采用书面报价法,而应尽量安排一些非正规的谈判。

书面报价的适用性包括以下三方面:

(1)在有关规则约束下,本企业没有选择余地,只能以这种方式提出交易条件,如招投标项目。

(2)以书面方式提出的交易条件既是最初的交易条件,也是最后的条件,不希望对方讨价还价,如供货价目表(当然要求内容清楚、全面、完备)。

(3)有时是一种策略,即成文的要约一般对对手会有相当大的压力,要知道书面印刷的东西比口头表述的规范得多,易使对方就范(即所谓的正统性权力)。

2.口头报价

口头报价具有很大的灵活性,谈判者可根据谈判的进程来调整变更自己的谈判战术,先磋商后承担义务,没有义务约束感。口头报价,可充分利用个人沟通技巧,利用情感因素,促成交易达成。察言观色,见机行事,建立某种个人关系,来寻求谈判气氛,是这种方式的最大长处。

二、报价应遵循的一般原则

1.设立"最低可接纳水准"原则

所谓最低可接纳水准,是指最差的但却可以勉强接纳的谈判终极结果(即最低利益目标),这是报价的首要原则。设立最低可接纳水准的好处是:借此避免接纳不利条件;借此抗拒一时的鲁莽冲动;当事人可借此限制谈判者的权力;在团体谈判时,可避免多个谈判者各行其是。

2.报价要"凶"原则

即卖方的报价必须是最高的,买方的报价应该是最低的。这里的"凶"是指在有理由证明的情况下。即只要你找到理由加以论证,你就该报出"最凶"的价格,报价应达到你难以找到理由予以辩护的地步!这是谈判的又一基本法则。报价要"凶"的理由:报价是为最终结果设定一个无法逾越的上限;报价高低会影响对手对我方潜力的评价;报价越高为自己所预留的余地就越多;期望水平越高,成就水平也随之越高,即你的报价高低与你最后谈判结果有相关性。

盖温·肯尼迪在《谈判是什么》一书中提出:"开始的立场需强硬方为上策。否则消减自己对最终结果的影响。当然,立场虽需强硬,但要求仍需有节。多少得有站得住脚的理由才行。但能镇住对方的开价与蠢货的开价有时难以分清,因为在谈判中,什么行为能取良好效果,什么行为则不能,期间的界限并不分明。可以这么说,两者唯一重要的区别在于前者言之有理而后者则否。"

3.报价的态度原则

(1)报价果断、没有保留、毫不犹豫、充满自信,给对方留下诚实、自信、认真的印象。

(2)报价应非常明确,要清楚到足以避免使对方产生误解或曲解的地步,有些总价可附以详细分项价格清单。也可以借助直观的方法报价,如在口头报价的同时,将具体数据和要点在纸上演示给对方。

(3)报价时不必作任何解释或说明。只要报价是合理的,没必要为它辩护,假如你主动为报价作辩护和说明,对方反而认定你的报价是不合理的,或者说是较勉强的。只有当对方对你的报价表示不满或要求你进行解释时,你才可以对自己的报价进行辩护和说明。

4. 报价的数字策略原则

报出一个带尾数的价格听起来更可信。美国的麦科马克在他《经营的诀窍——学校里学不到的学问》中说:"我不喜欢在谈判时抛出 10 万美元,这种整数价格是世界上最可能被对手杀价的数字,你应该开价 95550 美元或者是 100450 美元,可能会得到更好的结果。"确实,从心理学角度分析,人们对整数价的可信度往往偏低:怎么会不多不少刚好是一个整数,该里面肯定有水分!

5. 报价的解释说明原则

在对方要求你对报价作说明时,不管我方报价的水分有多少,对方都会提出质疑。如果在对方还没有提出问题时,我们就主动加以说明,会提醒对方意识到我方最关心的问题,而这些问题有可能是对方尚未考虑的问题,这对我方是极为不利的。在对报价进行解释时,应该遵循这样的原则:

(1)不问不答:指对方不主动问及的问题不要回答,以免造成言多有失。

(2)有问必答:指对对方提出的问题,都要一一作出回答,并且要很流畅、很痛快地予以回答。因为任何吞吞吐吐、欲言又止的回答,都易招致对方的怀疑。

(3)避虚就实:指对本方报价中比较实质的部分,应多讲一些;对于比较虚的部分,或者水分含量较大的部分,应该少讲,甚至不讲。

(4)能言不书:指能用口头表达的,就不要用文字来书写。一旦有误,书写的就很难改变。

三、报价的顺序

谁先报价,这是一个是先发制人还是后发制人的策略选择,报价的先后在某种程度上对谈判结果会产生一定的影响。这个问题尤其要引起每一个谈判者的重视。

▋▋▋ 案例

专家也会犯错

有家跨国公司与盖温联系,请他为公司的高级经理办一次有关谈判问题的两小时研讨会。公司董事长事前约见了他,征询对研讨会讨论主题的意见,盖温扼要讲了对于谈判者而言最不该做的事是接受对方的第一次出价的观点。董事长极表赞同,说:"这个主题好,能使我的人受益匪浅。"

接下来还谈了些其他细节,他要盖温放手去做,临告别时,盖温提到了报酬问题。

董事长问:"你想要多少?"

盖温说:"通常都是一天一千八百镑。"心想他大概会嫌要价太高。哪知他回答得很痛快:"成!请开发票来。"

至今,盖温还是搞不清该要多少劳务费才算适当。

1. 先报价的利弊

(1)利。

①先报价能先声夺人,使对手感觉其先期准备报价差距过大,而不得已作一定调整。

②先报价等于先树一个目标，双方会围绕这个目标分别进行"攻击"与"保护"，则先报的一方容易制订针对性方案以维护自己的实际需求目标。

③先报价也是自信的一种表现，如配合以正统性权力和较充分的理由，往往能取得较理想的结果，尤其对实力较强的一方更加有利。

(2)弊。

①对方可针对你的报价，及时调整其开价，以获得本来可能没料到的利益。如卖方就某件商品报价为200元，买方原预期的初步报价为190元，并计划以200元成交，现在则可调整为170元甚至更低。这点尤其在双方价格冲突较小时确实先报不如后报。

②对方以你报价为核心，不还价但不断地挑剔你的报价，逼迫你一次次让步，而始终不泄露自己底价。

2.先报价或后报价的实际运用

(1)在冲突程度高的谈判场合，"先下手为强"，在合作程度高的场合则无所谓。

(2)如自身实力强于对方，或者在谈判中处于主动地位：先报为宜（尤其是对方对本行业不熟悉时）；反之可考虑后报，以观察对方并适当调整自己实际期望目标。

(3)就一般习惯而言，发起人应先报价。

(4)如对手是谈判高手，则让对方先报价，避免让对方剥茧抽丝。

(5)一般商务性惯例为卖方先报价，买方后报价。

3.应注意的问题

(1)切实弄懂对方报价的全部含义，如对手提出"我方该批设备的总作价为10万元"，它包含了哪些内容呢？运费、技术指导、配件供应，还有安装、付款优惠办法，等等，都应当及时澄清，或在归纳时要求对手明确。

(2)把握对手对自己报价的反应。当发现一些企业因受历史和发展原因，受到技术和信息障碍，而对对方的估价有着相当大误差时，都应视为一件很正常的事，至于对方在你报价时的种种夸大表情更是需要仔细研读，判断其中的可信性，到底是真的出乎意料，还是对方在故弄玄虚。

(3)少承诺，多试探。报价环节的一项重要任务就是相互探底，应针对对手报价中的各种提议多提问，并在对方的回答中寻找对我方更为有利的途径。

(4)全面评价对手的报价。依照利益均衡理论要求，一般对手在提出其所要求得到的利益同时，也会告诉你"他为你所考虑的利益"，这就给了你一个选择和索取的机会。换句话说，当对手告诉你他想吃那块肉，而打算把那碗汤给你时（当然这是一个极端不公平的"报价"），至少，你知道了在你没有答应什么前提下，那碗汤属于你了。接下去，你可能还想要分那块肉，甚至还包括那只碗，这就是你的权利与能力问题了。

任务三　商务谈判的交锋阶段

任务情景

托马斯·克斯尔发表在《哈佛商业评论》上的一篇题为《在谈判中不能输给客户》的文章中，讲述了"当客户变成野蛮的暴君"时谈判者应该如何做。他综合各种情况提出了八项战略建议：

(1)准备放弃点。

(2)当受到攻击时,注意倾听对方发言。

(3)在需要讨论时追溯问题的来源。

(4)确定公司的需求。

(5)直到确定双方的受益程度后才提出解决方案。

(6)将最困难的问题留到最后解决。

(7)采取"高起点,慢退出"战略。

(8)不要陷入感情的泥潭。

任务分析

谈判进入交锋阶段的讨价还价中双方目标利益矛盾产生激烈碰撞,各种为保护自身利益目标、争取最大预期收益的谈判策略也在这一阶段展开较量。僵局是谈判道路上的最大障碍。但我们也应该认识到,僵局是谈判过程中的必然环节,是每个谈判者必须正视的问题,谁都不希望出现僵局,但谁也没必要害怕僵局的出现。因为惧怕而主动妥协,试图避免僵局的行为是谈判中的愚蠢举动。

因此,了解僵局的成因及破解措施是谈判者必须熟知的内容。

◆子任务一　对前续谈判的总结

对前续谈判的总结是谈判这一连续性互动过程承前启后的一环,通过总结归纳和对各方在前一阶段谈判中取得的进展及各自利益目标的阐述,往往构成下一阶段谈判的开场白。

但首先要强调,进入交锋阶段之后,谈判双方要针对对方的报价讨价还价。双方之间难免出现提问和解释,质疑和表白,指责和反击,请求和拒绝,建议和反对,进攻和防守,甚至会发生激烈的辩论和冷场。因此,开局阶段可能已经营造出友好合作的气氛,进入交锋阶段后,仍然要保持。

一、确认各方在主要交易条件上的分歧

在报价基础上,将双方需求目标进行量化比较,以确认双方谈判目标的差异和分歧。一方面可以明了双方的具体需求利益的差异,并据此确定本次谈判有无进行的必要或一旦进入交锋阶段,我方的重点攻击目标;另一方面调整我方下一步拟采取的谈判风格及让步与妥协策略。

目标差异和分歧可用量化表格方式进行,举例见表 4-1。

表 4-1　双方交易条件差异汇总表

主体	价格	质量要求	付款方式	付款期限	运费与保险	保修期
卖方	1060元/件	按封样	现金或支票	签约时付 50%,货到验收合格三天内付清余额	运力我方负责,运费对方承担,保险费用各半	半年
买方	800元/件	按封样	支票	货到验收合格后一周内付 60%,半年内确无质量纠纷付 30%,余额一年内付清	卖方承担	至少半年

二、判断对手的谈判实力

谈判实力乃是谈判各方在谈判活动中所拥有的条件和所受到约束之和的综合对比,它主要表现在:

(1)谈判者的地位和级别。在关键谈判中,由级别较高的谈判者出面显然会起到压人一头的作用。当然,这种地位和级别来自于其所在的公司或上级的赋予。

(2)交易双方的声誉。声誉好,时常为对方着想,也是谈判者拥有的一种实力。

(3)双方利益的动态对比。如果能对另一方构成利益威胁,该谈判者就拥有了巨大的谈判实力。显然,这也有赖于对另一方真正利益所在的认识和理解。

(4)市场环境和竞争环境中的地位。很明显,当市场竞争使买卖双方力量发生变化后,实力也会随之变化。

(5)实力受到社会价值观念的制约。每个社会都有特定的法律体系、文化习惯和道德风尚,谈判者如能顺应和精通此道,无疑会增强自己的实力。

必须说明,上面是评价实力的一般的抽象要素。由于环境在不断变化,各种要素在不同的环境中对实力形成影响的大小是不同的,必须用动态的方法来评估,更应注重最新的情报信息。

三、判断对手的谈判风格

每个谈判者都会因不同性格、能力及经历不同而形成谈判风格。豪夺型的喜欢硬式谈判;懦弱型的中意软式谈判;合作型的更欣赏原则式谈判。所有不同的谈判风格都有其优势与缺陷,需要我们在了解判断对手谈判风格基础上,采取相对应的方式对付。

一般来讲,原则式谈判是双方都期望的理想谈判模式。当对手采用硬式谈判,而你采用原则式谈判,容易被误认为你是一个软式谈判者;当面对一名软式谈判者时,采用硬式谈判模式者,显然更易获益;而面对硬式谈判者,以硬制硬是你的唯一选择。

◆子任务二　还价

一、如何对付对手报价

盖温·肯尼迪有一个著名的观点,即"世上没有不能变的价格"。

在对方报价过程中,要认真倾听并尽力完整地把握住对方报价的内容。在对方报价结束后,对某些不清楚的地方可以要求对方解答。同时,应尽可能地把对对方报价的理解进行归纳和总结,并力争加以复述。当确认自己的理解正确无误之后,方可进行下一步。

1. 不要干扰对手报价

一般人在报价时,会将他计划"施"给你的部分放在后面陈述,一旦你中途干扰,他就不再陈述"施"的内容而改为接受你的"砍价"要求,使得你白白失去了那部分应得利益;其次,打断对手发言,无端干扰对手至少也是对人的一种不礼貌行为,要知道请对方说话,让对方倾诉,也是赢得对手好感的有效举措。

经常性做法是:仔细倾听对手报价与陈述,尽力准确理解与把握对方报价的全部含义,如有不清楚之处,可及时提问要求明确(注意提问语气及措辞)。并在对方陈述清楚后,将对方的陈述进行归纳。

在提问过程中,要使对方认识到,这些问题只不过是为了弄清他们报价,而不是在要求对手解释如此报价的原因。例如:"你刚才说的'此报价包含包装'是包括了运输包装和销售包装吗?""所谓'材质是最好'。这最好的材质是用什么材料?"注意此时不要以审问的语气追问:"为什么说最好?""是最好吗? 我看不见得"等。

2. 即使对手报价极不合理,我方都不应予以全面回绝

一般在对方报价后,要求对手作出"价格解释",即告知价格的构成依据、计算方式等,以了解对方报价的实质、态势、意图及诚意,以便采取相应对策。此时要控制好自己的心态,预防敌对心理情绪的产生。

3. 一般对付办法

(1)若对方缺乏合作诚意,采取硬式策略,则也可采取硬式策略对付,甚至不惜运用绝对化策略。

(2)若对手的报价内容已为你熟悉,且有了应对策略,则可以逐项还价。针对对手的报价内容逐项予以各个击破,例如,"哪一项是不合理的,至少应⋯⋯""这里的固定费用分摊10%""那里的运输费用你还没计入",等等。

(3)若对手是谈判高手,且报价内容完备、理由充分,则可提出本方需要时间考虑,要暂时休会("暂停策略")。

二、还价的方式方法

1. 还价的方式

在商务谈判中,还价的方式从性质上讲,可分为两大类:一是按比例还价;二是按分析的成本还价。这两种还价的具体做法如下:

(1)逐项还价。即对主要设备可逐台还价;对每个项目,如对技术指导费、培训费、工程设计费、资料费等,均可分项还价,尤其是对一些内容熟悉的项目,可以按我方分析的成本逐项还价。

(2)分组还价。根据价格分析时划出的价格差价档次,分别还价,如对贵得多的,还价时就要压得多,以区别对待,实事求是。

(3)总体还价。这是把成交货物或设备的价格集中起来,只还一个总价,如招标价,或者按总预算下浮若干个百分点。

以上方式采取哪种合适,要依据具体情况而定,不能生搬硬套。

2. 还价的起点

当选定了还价的方式以后,买方还要确定还价起点,即以什么条件作为第一还价,这第一锤子敲得合适与否,对双方将起决定性的影响。若能敲出双方讨价还价后,首先看其价格改善了多少;其次看卖方改善的报价与买方拟订的成交方案之间,还有多大的差距;再者,买方是否准备在还价后让步。以上几条是决定还价起点的基本条件。总体上应按对等原则还价,即发现对手开价很高,你的首次还价就一定要低了还再低。

3. 还价的次数和时间

还价次数取决于谈判双方手中有多少余地,如买方第一次还价高,手中余地不大,则再让价的可能性就小;反之,卖方态度强硬,买方手中也无可让的牌,这样不是逼卖方再让,就是自己退让,否则会陷入僵局。如果卖方在固守调整两次的起价后,仍有两次或三次价格调整的可能,卖方亦应照此对阵,但每一台阶大小要视交易的价格分金额而定,卖方多以5%左右为一档,或把价格分先后几次来调,以制造"台阶",保护期望价格水平。买方还价的档次也是根据交易金额而定,要是项目小、报价水平不大,则还价的台阶不宜太多,以免浪费时间;若项目小但水分大,买方可用"台阶"去挤压,无论两次还是三次还价,没有"台阶"的做法是不行的。因为精明的商人不会相信"开口价""不二价",卖方觉得不把买方"挤干"是不会罢休的,所以买方的还价一定要留有退路。

还价时间,也是买方"退"的时候,应十分讲究,否则会影响"退"的档次。时间掌握得好,可少退一个台阶;反之,则会多退。从原则上讲,要求双方靠拢,他不进你则退,具体要求是:

(1)走在对方前面。即让对方先出价,自己后还价。

(2)把好"火候"。时间早晚对谈判心理有一定影响。

(3)看准条件。以卖方价格条件改善的状况为还价前提。

三、还价的基本要求及若干技巧

1. 还价的基本要求

(1)澄清对方报价的基本含义。

这是老生常谈,但也确实是谈判者在参与谈判过程最易疏忽的内容。必须问清对手的每一项报价的真实含义(对手角度理解的含义),知道对手对报价的所有理由(在以后的还价中将"火力"集中到那些理由上),尤其要控制好自己情绪,不能冲动。

(2)做好还价的各项准备。

除了掌握有关产品(项目)生产(流通)程序、技术要求,质量标准、对手企业资信及市场环境、竞争状态等一般性资料以外,还有一个重要内容就是对谈判双方力量的把握。"力量是谈判进程中最本质的东西",盖温·肯尼迪认为,"谈判技巧本身就是力量平衡的另一种表现形式。"

(3)统筹兼顾,松紧适宜。

统筹兼顾是指把价格与商务、技术、售后服务保证等各方面的条件、数据资料综合起来,作为讨价还价的筹码,而不应该只把目光盯在价格上,要学会一点一点地啃。

2. 还价的若干技巧

(1)投石问路。即在了解对方报价后,不急于还价或提出我方报价,而是提出各类与价格有关的带假设性条件的问题,请对方明示,并在对方的答复中寻求最有利的还价信息。应该说这类信息越多就越有利于作出还价选择。

在实际商务谈判中,投石问路式的提问有:

· 假如我们的订货数量增加一倍呢(或减半呢)?

· 我们的订货合同时间从半年延长至一年呢?

· 我们增加(或减少)保证金呢?

· 我们改为现金支付(或分期付款)呢?

· 假如原材料由我们提供呢?

· 假如部分生产设备由我们提供呢?

· 假如我们提供技术力量支持呢?

· 假如我们自己提货呢?

· 假如把装运提前一个月呢?

· 假如改变一下你们产品的规格呢?

应该说,作为答复的一方,对这类问题的回答是比较棘手的,基本上处于被动状态,或者在

对方步步紧逼式的提问中,不自觉地先行让步。因此,要予以充分重视,一般应对技巧如下:

①要考虑仔细后再作答。不要对"假如"马上作出反应(关键在于事先要有充分准备)。

②找出对方(投石方)真正意图所在。如可以回答:"你看这样好不好,把你的打算都告诉我,我再尽可能给你提供优惠。"

③也要求对方以实际订货数量、时间为条件,再给予答复。"你到底要多少?""你确保以现金支付吗?""你现在就决定订货吗?"也丢一块石头给对方。

(2)吹毛求疵。即为迫使对方降低心理期望值并最终让步,可以在对方报价的具体理由上寻找问题(缺陷),让对方觉得理由却成问题,而不得已作出退让。

吹毛求疵式提问一般可采用比较法,如:

• "××厂同类产品的性能明显要比你们好,可价格也和你们一样啊。"

• "你们设备的预热时间要半小时,对生产效率影响太大了,对于我方生产规模的提高很不利。"

• "这类产品的技术性要求较低(仿造者和竞争者会很多),做代理的压力很大,说不定辛苦一场,反而为她人做了嫁衣裳。"

• "外壳是很漂亮,但硬度不够,很容易损伤。"或"硬度是不错,但外壳不够美观,感觉不够时尚。"

对吹毛求疵法的应对:

①仔细倾听,寻求对方提问中的漏洞和不实之词,实事求是地加以解释。"对不起,我想你可能有些误会,××厂的产品寿命只有两年啊,而我们保证三年以上。"

②对手某些难题、某些有争议的问题,应直截了当地提出反对意见。"不错,我们的价格是比同类产品要高10%,但用料是完全不同的,我们都是用进口钢板制作,这是质量说明书,请你过目。"

③对于有些不好回答或不愿回答的问题,要适当回避。可以适当转移话题,介绍自己生产品的独特优势。

④向对方建议一个具体且彻底的解决方法,回避枝节问题。

⑤不要轻易让步,一旦发现对方无理挑剔,及时予以反击。"您需要的那种既有硬度,又很时尚的产品我们也有,这是价目表,它的售价要比你现在看到的这种产品高出1/3。"

⑥也用"吹毛求疵"策略,提出一些针对性问题和要求,以加强己方的报价力量。"你的技术要求我们可以满足,但我们的价格你能满足吗?"

(3)数字战术。数字是权力的一项很微妙的来源。人们对各种繁琐的统计数字总有着一种敬畏心理,因为它代表着某种权威,而不敢轻易怀疑它。如"我厂产品去年的市场占有率已达到23.2%""××报将我厂产品列为十大畅销产品系列"。收集数字的人常常控制着决策,也影响着谈判的力量平衡。

我们会经常听到有的对手在叙述或报价解释中不时吐出一连串统计数字:GDP、市场占有率、竞争同行的业绩、消费者评估排名。尤其是当我们听到那些数据来自一些权威机构或媒体公开报道的时候,更加不自觉地就信以为真。挖掘得愈深,愈能显出它的真正意义。而隐藏在数字里的,可能是故意制造出来的事实、解释、假设和个人的价值判断。可是,这一切你却无法从表面轻易看出来。所以,对于统计数字要保持审慎的怀疑态度。

数字战术的另一种方式就是化繁为简。一般人都有一种怕麻烦或怕伤脑筋的弱点,这种弱点有时会被善于把握心机的谈判对手所利用。譬如说,我们都喜欢接纳一个整数,而不愿意处理含有小数或分数的数值,因为整数便于记忆,而且它代表着一个完整的观念或数值的自然分界线。因此,当谈判对手指出:"我们不妨采用四舍五入法将 9.99879 元化为 10 元!"你很可能不假思索地予以承诺。但是,你仔细思考一下:假如每公斤的价格你多付 0.00121 元,10 万公斤的购买量将令你多付 1210 元,"小数怕长计"的道理就在于此。

◆子任务三 僵局与破解

僵局是指商务谈判的参与各方对所谈问题的期望值差距过大,且各方互不让步,而使谈判出现一种僵持的局面。谈判陷入僵局后,谈判的双方情绪都比较激动,判断处理问题时,常是以情绪而不是以理智作出选择,甚至出现面子之争,使双方的分歧越来越大,导致谈判的最终失败。因此僵局是谈判道路上的最大障碍,了解僵局的成因及破解措施是谈判者必须熟知的内容。

一、僵局成因分析

1. 立场之争

在交锋初期,双方往往不是在分歧中寻求解决问题的途径,而是各自坚持立场,不作妥协,力图以硬式谈判迫使对手就范,致使气氛逐渐紧张,甚至上升到面子问题,而不再顾及双方利益,则达成协议的可能性愈发减小,双方也都要为此付出巨大代价,僵局致使两败俱伤。

2. 强迫性压力

在商务谈判中,个别谈判者凭借企业自身经济实力或个人争强好胜的性格及谈判技巧向对手施压,以求最大获利。这种强迫手段与谈判原则相悖,也易给谈判带来更大风险。因为接受那种无谓的风险或损益期望值失衡的风险,就意味着接受不公平,屈服于强权,可是谁也不愿束手就缚,僵局就因此而形成,往往压力越大,僵局就越发难以被打破。

3. 沟通障碍

这是指双方交流、商洽过程中,可能遇到的由于主观与客观的原因所形成的理解上障碍。产生沟通障碍的原因通常有以下几方面:

(1)双方文化背景差异。如日本人常说的"嗯"其实并无任何意思,不能理解为"好的""行了";我们中国人也常说"是的",它也不表示同意或接受,而只是一种客气的口语。

(2)语言沟通障碍。如一方长时间陈述、解释不给对方发言机会,对方自然会感到失望和不满,形成潜在僵局;反之一方长时间沉默,对对方叙述不置可否,使场面非常难堪,导致对方猜疑,也会形成僵局。

(3)内容上理解错误。如"原木制作"可以理解为"用原木板材制作"也可以理解成"用原木加工成纤维合成板制作"。一旦在达成基本意向后才发现认识误差,就极易给双方造成"对方不讲信用""出尔反尔""故意作梗"的感觉而导致僵局。

4. 人为故意制造

人为制造僵局的出发点有两种:其一,处于不利地位时,改变双方地位态势,希望运用僵局达到提高自身地位的目的。其二,处于平等地位时,争取有利的谈判条件。即利用僵局向对方施压,降低对方期望值,再利用折中方法达成协议。

二、僵局应对原则与防范

1.僵局应对原则

(1)冷静思考。谈判者在处理僵局时要防止和克服过激情绪所带来的干扰。一名优秀的谈判者具有头脑冷静、心态平稳的良好素养。

(2)欢迎不同意见。不同意见既是谈判顺利进行的障碍,也是一种信号,它表明实质性的谈判已经开始。如果谈判双方就不同意见互相沟通最终达成一致意见,谈判就会成功。作为一名谈判人员,不应该对不同意见持拒绝和反对态度,而应持欢迎和尊重态度。这种态度会使我们更加心平气静地倾听对方意见,从而掌握更多的信息和资料,也体现了谈判者的宽广胸怀。

(3)避免争吵。争吵无助于矛盾的解决,只能使矛盾激化。一旦谈判双方出现争吵,就会使双方对立情绪加重,形成敌对情绪,从而很难打破僵局。

(4)加强沟通。一方面双方多沟通信息,争取信息共享,这样会减少双方因信息占有量不均等所带来误会的可能性;另一方面,通过经常性沟通密切人际关系,减少敌视心态。此外,还应注意沟通的方式方法,如多倾听、多探求、少冲动、少辩论。

2.僵局防范

僵局一旦形成不外乎两种结果:一是打破僵局继续谈判,二是谈判告吹。后一种结果是谈判者(尤其是僵局制造方)所不愿看到的,这就是僵局的风险;而对前一种结果而言,打破僵局也很困难。应对僵局最根本的办法在于事先防范僵局的形成。

(1)以互惠的谈判模式取代传统的谈判模式。

(2)报价时采用"多项齐头并进策略"。即指同时谈论有待解决的多个项目,如将价格、付款条件、交货方式、售后服务等项目一一展开,进行全方位谈判。若其中一项谈不拢,可转移到另一项,或是某一单项不得不作退让时,可设法通过其他项目获得补偿。这种策略的主要缺点是进展缓慢,且容易扰乱头绪,但却能较好地避免僵局的发生。

三、僵局的应对

1.为对手找台阶

在僵局状态中让步是一件有损"面子"的事,你须刻意留意对手的这种心理顾忌,可能的话,设法给他提供一些足以打破僵局的可选择的"台阶"。

2.改变议题

换一个新议题继续谈判,将僵持不下的议题暂且搁置一旁,以等待情绪高潮的到来,由于议题与利益间的关联性,等其他议题谈判成功后,在较友好的气氛和情绪高潮时,回过头来再谈原先陷于僵局的议题,效果就会大不一样。

3.寻找第三方案

双方在坚持各自的谈判立场互不相让时,谈判会陷于僵局,此时双方应共同放弃所坚持的原方案,而寻求一种可以兼顾双方利益的第三方案,或者提出几种方案由对方选择。一般而言,第三方案的提出既是对双方利益的兼顾,也是暗示双方想要"双赢"就必须顾及对方利益,这点在原则式谈判中尤其明显。

4.更换谈判人员

往往主谈人会因为僵局影响到面子而不轻易改变立场,有时还会产生一种抵触情绪,而影响到全场谈判(有时对手可能因对我方主谈人产生厌恶情绪而不愿跟他谈判)。适时更换主谈人,以全新姿态进入谈判,因为他没有原先谈判人的心理压力,对于僵局气氛的改变会相当有利。

5. 改变谈判地点

原来的谈判环境使人不由自主地想起刚才发生过的争执,给人一种压抑的感觉。改变谈判环境可使谈判气氛得到缓和,使谈判在轻松的环境下进行,往往环境会直接影响到人的心情。

6. 休会或暂停

借休会暂时休息,使双方都能冷静下来,各自检讨自己的行为举止,冷静考虑立场与利益和关系,以免再重蹈覆辙。同时提议休会或插入其他非业务性活动,如就餐、喝茶、娱乐活动,也有利于双方身心放松,改变谈判场合的沉闷气氛,使参与各方以新的精神状态重新开始谈判。

阅读资料

该暂停时就暂停

在每一个关键时刻使用暂停键,这样可以回顾谈判全过程,或者决定什么时候结束这次谈判。每当你感到有压力或紧张时,一定要使用暂停键。至于暂停的时间,就在你参与谈判之日,便是可以随时暂停之时。

你的暂停键的价值在于暂停期间做了些什么。在简短的时间中问自己一些确切的问题,每一次谈判的情况不同,一般来说,你需要考虑每一个特定的细节。你也需要用这些时间看一下谈判中要用的其他五项基本技巧:

(1)准备。你需要其他附加信息吗?

(2)作限定。考虑到谈判中又得到的信息,你先前所做的限定是否也依然可行?

(3)聆听。你是否听到了其他人说的每一件事?它是否与你的肢体语言和谈判中的其他事情相关?

(4)弄清楚。你是否希望把有些事情弄得更清楚或表达得更直接?

(5)掌握何时结束。在接受最后提议之前,你是否还有足够的时间去改变它?

7. 借助调解人或提请仲裁

有时僵局往往需要第三者出面才能调节,双方都认识的同仁作调解是破解僵局最常用的办法。正如一对争吵的夫妻,有一个中间人出面,会使双方都有台阶下,矛盾也就消失了。

充当第三者的必须是双方信任的、公正的人,或是协议执行过程中,不能获得较大利益且在协议条款的内容中并无直接利益的人。有时对一些技术性专业问题也可由各方专家(非谈判人)直接参与商量,可请行业协会或第三者进行仲裁。

8. 适当的妥协让步

在谈判陷入僵局时,作出适当的妥协让步是打破僵局的最直接办法,即首先作高姿态,在某些条件上作出适当让步,然后要求对方同时让步。当然,自己先让步的是那些非原则问题或对自己不是关键的问题。由于妥协是谈判中最具诚意的表示,因而在自己作出妥协后,对方也会作出一定的让步,从而达成共识。否则的话就可以指出对方缺乏合作的诚意。毕竟,对于谈判的任何一方而言,坐到谈判桌前的目的是希望通过合作,寻求双方共同利益,而不是"准备吵一架"。

9. 以硬碰硬法

如发现对方试图故意制造僵局,向你施加压力,并迫使你退让的话,则可以采用以硬碰硬法。

提醒对手,谈判的每一方都可能因僵局之持续而受害,并及时向对方发出警告:故意制造僵局必将损害双方利益与人际关系。离开谈判桌,以显示自己的谈判立场,甚至针对性地采用冒险术:中止谈判,撤离会场。

除此之外,破解僵局的办法还有许多,如:高层会谈或建立高层"热线电话",成立联合研究小组,或者讲个笑话将气氛调整得轻松些。

总之,僵局是谈判双方都能感受到的共同压力,也影响着双方的最终利益目标,应慎之又慎地予以对待。

任务四　商务谈判的让步妥协阶段

任务情景

找经理要折扣

进商场购物,当听到营业员说无权打折时,找经理是一个有效的举措。为什么经理会给你折扣呢?

第一,他有这个权。而手上有权的人免不了要用上一用,借以表示他的地位的确比售货员高出一头。

第二,你去找他时,他也许手头正有急事待处理,认为犯不着为了点微小的折扣和你浪费时间。因为他在标价中的赚头也许是45%,即使给了你5%的折扣,还有40%可赚。而要是不给折扣,你就不买,他连那40%也赚不到了。所以,对他来讲,合理的选择是同意打折扣。这点区区小事实在用不着他为此分神。

第三,他也许是从售货员一步步爬上经理位置的。提升来自会做生意,会做生意则源于乐于此道。所以他虽然已经坐上了经理的交椅,但仍免不了手痒,愿意亲自动手做成一笔生意,这对于当经理的人是少有的一露身手的机会。你要求和他当面谈,可说是正中了他的"下怀",他还得感谢你呢!

任务分析

谈判中的妥协是指谈判一方为实现(或保护)自身利益目标而向对方作出的一种理解和让步的行为过程。让步是指"你原原本想的但是又不得不同意放弃的谈判元素",如果迅捷的产品运输是你最期望得到的利益承诺,你就需要在价格上有所退让,同时支付一些额外的报酬。

从某种意义上说,受限制的权力才会成为真正的力量,一个受限制的谈判者比大权独揽的谈判者更处于有利境地。至少他可以随时以权力有限为由说"不",迫使对手只能根据他拥有的权力来考虑问题,尤其是对达成协议有迫切需要时,不得不对他的一些要求作妥协。

◆子任务一　让步妥协的原则与内容

一、让步的原则

1.不要轻易让步

人们总是比较珍惜难以得到的东西,而不会欣赏很容易就到手的成功,这是人类的一般心理,越是不容易得到的东西就觉得珍贵。因此,假如你真想让对方快乐地满足,就让他们去努力地争取每一样他希望得到的东西,并付出代价,哪怕某些让步对一方是无所谓甚至没有损失的,如果这类"细微"的让步恰恰是对方所看重的,就应慎重不要轻易放弃,要让对方懂得我方每次作出的让步都是重大的让步,让对手获取每份利益的同时,也送上一份快乐、开心和成就感。

2.千万别以让步作为赢得对手好感的手段

你的这种"善意表示"常被对手视作"弱点的暴露",是胆怯、心虚的表示,对手甚至会想到凭什么对他这么好,肯定有什么不可告人的企图。要让对手认同你,并建立起良好的人际关系,只有通过"搏力",通过据理力争和激烈的冲突才能获取,这也是人际关系的基本原则。

3.毫无疑义地接纳对手首次要求的条件是最不明智的让步

哪怕其首次喊价完全符合你的要求,也要再咬一口,而且也完全能够得到这一口。反之,毫无疑义地接受,很可能使对手感到茫然和失落,并开始怀疑自己报价不够高,报亏了,而开始加诸各种附加条件并变得强硬起来。

4.让步应有明确的利益目标

让步的根本目的是为了保证和维护己方的利益,而不是为了达成某一个书面协议。无论是用让步来"放长线钓大鱼",或以让步来巩固和保持己方在谈判中的有利局面,都不能忘记利益目标。

5.设法令对手在重要问题上先作让步

我方可以在对方强烈要求下,在非原则性的、次要的、较小的问题上作相应退让,请注意:所有这类非原则性的、次要的、较小的问题的定义是对双方而言的,如果你方的次要问题确实是对手的核心问题,则不可轻易放弃。要求对方降低供应价格,己方在供应时间上(在允许范围内)给对方一个稍长的期限。

6.一方的让步必须与另一方的让步幅度相对应

如果要我方让步,对方必须先作出让步,合作关系的维系是双方共同的责任,需双方共同承担,至于让步的幅度,则视我方拟让步区间大小而定(这里不能理解为相同幅度,由于双方报价差异,拟让步区间不同,同等幅度让步,对报价较实在的一方很不利)。

7.不要作太多与太大的让步

一方面让步次数过多,影响到谈判者自身的信誉和诚意;另一方面,让步过多或过大必然影响到自身利益目标的保证,更为不利的是太多与太大的让步,会提升对手的谈判期望水准,让他有信心"再咬一口"。"人心不足蛇吞象",当你的过多让步吊起了对手的胃口时,你真的会"吃亏在眼前"。

8.要期望得高些,别怕说"不"字

既然你对谈判充满自信,就要用行动来维护自身期望目标,对对手的各类要求(包括一些无理要求),要敢说"不",直接否决且理直气壮。

阅读资料

国际谈判提示：作让步的 10 条指南

1. 在重要问题上不要首先作让步。

2. 不要接受对方的第一次开价。

3. 使对方降低最初的过高要求；不要以还价来答应对方的过高要求。

4. 作小的让步。不要对对方期待过高。

5. 作让步时要缓缓地进行（就像醇酒一样，时间愈长愈好）。

6. 通过作让步使对方觉得这对您没有什么好处，可是对对方自己却很有好处。

7. 在您认为重要的问题上推迟作出让步。

8. 作有条件的让步（譬如，要有回报，或者只是在能够解决所有问题的条件下作让步）。

9. 对自己获得的让步感到庆幸。不要感到心虚。

10. 不要觉得您应该对获得的每一个让步都给予回报。

二、让步的具体内容

一般而言，商务谈判中的让步主要包括以下两方面：

1. 卖方可以给买方的让步

(1)降低商品的供应价格或某些项目的价格。

(2)对购买量大的给予必要的优惠。

(3)接受托收方式，简化支付程序。

(4)如对方付现则给予某种折让。

(5)接受买方提出的包装条件或运输要求。

(6)在对方要求期限内完成交货。

(7)保证商品质量有新的发展和提高。

(8)在特定期限内，采取价格稳定政策。

(9)提供良好的售后服务。

2. 买方可以给卖方的让步

(1)及时支付货款（甚至付现）。

(2)给予买方某些有偿的技术援助。

(3)迅速反馈关于卖方商品的市场信息，帮助卖方不断提高产品适销性。

(4)批量采购，并与卖方订立长期合同。

(5)协助卖方进行广告宣传及渠道拓展。

(6)形成良好合作关系，让渡部分市场。

(7)增加采购数量，帮助卖方减少库存，把市场铺开。

(8)自己提货并负责运输。

(9)改为简易运输包装或不要运输包装。

3. 最具策略性的让步

(1)注意倾听对方所说的话。

(2)好好地招待对手。

(3)已经说了某些话，就证明给他看，给他提供详尽的资料。

（4）即使是相同的理由，也要一再地说给他听。

（5）对待他温和有礼貌。

（6）多说"我会考虑您的意见"。

（7）向他保证其他顾客的待遇都没有他好。

（8）尽量重复地向他指出这次交易将会提供给他最完善的售后服务。

（9）向他说明其他有能力及受尊敬的人也件了相同的选择。

（10）让他亲自去调查某些事情，甚至陪同他。

（11）如果可能，向他保证未来交易的优待措施。

（12）让公司的高级主管亲自出马，使买主更满意且增加信心。

（13）让他了解商品的优点及市场情况。

莎士比亚曾说："获致高度满足的人，即是支付高度报偿的人。"只要你能善用这些毫无损失的让步，则你很有可能因令对手获得高度满足而赢取谈判的最大成功。

◆子任务二 让步妥协的方式与策略

一、让步的方式

首先我们明确，让步的方式与幅度应具有不可测性，以免对手根据你所显示的类型向你施加压力。

具体地在让步过程中还要牢记，第一步不要大；让步应分几项进行，不要一次就让到底线；让步幅度逐次减少，给对手一种"水分"真的没了的感觉。举例如表4-2所示。

假定卖方在原来报价的基础上，最大让价数额为60元，如分成四步（最高进行），应如何退让。

表4-2 让步次数及幅度例表

让步数额＼让步方式	第一阶段	第二阶段	第三阶段	第四阶段
1	0	0	0	60
2	15	15	15	15
3	8	13	17	22
4	22	17	13	8
5	26	20	12	2
6	49	10	0	1
7	50	10	（－1）	1
8	60	0	0	0

1. 冒险型让步

该方式是在让步的最后阶段一步让出全部可让利益。这种方式在运用时，买卖双方都要冒着可能形成僵局的危险。

（1）特点：让步态度比较果断，往往被认为是强硬策略。在开始时寸步不让，态度十分强硬；到了最后时刻，则一次让步到底，促成和局。

（2）优点：在起初阶段寸步不让，坚持几次"不"之后，足以向对方传递我方的坚定信念。如果谈判对手缺乏毅力和耐心,就有可能被制服,使我方在谈判中获得较大的利益。再者,在坚持了几次"不"之后,一次让出我方的全部可让利益,对方会有险胜感。所以他会特别珍惜这种让步,不失时机地握手言和。另外,会给对方既强硬又出手大方的印象。

(3)缺点:由于谈判让步的开始阶段一再坚持寸步不让的策略,则可能会失去合作伙伴,具有较大的风险性。同时易给对方传递己方缺乏诚意的信息,进而影响谈判的和局。此外,在最后一次的大幅度让步,极易导致对手在产生险胜感的同时,会重新估量谈判的结束时间,甚至要求继续还价。

(4)适用:适用于对谈判投入少,依赖性低,有承担谈判失败风险的力量,或在某种意义上说,不怕谈判的失败。总之,此种让步方式有利也有弊;有时在卖方一再坚持"不"的情况下,很有可能迫使恐惧谈判的买方作出较大的让步。

2.规律型让步

这是一种等额地让出可让利益的让步方式。此种方法只要遇到耐心等待的买主,就会鼓励买方期待进一步让步。

(1)特点:态度谨慎,步子稳健,像挤牙膏一样,挤一步让一步,让步的数量和速度都是均等、稳定的,国际上称这种让步方式为均衡让步方式。

(2)优点:首先,此种让步平稳、持久,本着步步为营的原则,因此不易让对方轻易占到便宜。其次,对于双方充分讨价还价比较有利,容易在利益均沾的情况下达成协议。再次,遇到性情急躁或无时间常谈的对方时,往往会占上风,削弱对方的议价能力。

(3)缺点:首先,每次让利的数量相等、速度平稳,给人的感觉平淡无奇,容易使人产生疲劳厌倦之感。其次,该谈判效率极低,通常会浪费大量的精力和时间,因此谈判成本较高。再次,对方每讨价还价一次,都有等额利润让出,这样会给对方传递一种信息:只要耐心等待,总有希望获得更大的利益。

(4)适用:等额让步目前极为普遍,在缺乏谈判知识或经验的情况下,以及在进行一些较为陌生的谈判时运用,往往效果较好。对于一些商务性质的谈判,讨价还价比较激烈,分厘必争,价格的谈判也就采取步步为营的原则。

3.诱发型谈判

(1)特点:比较机智、灵活,富有变化。在商务谈判的让步过程中,能够正确处理竞争与合作的尺度,在较为恰当的起点上让步,如果买方知足,即可收尾,如果买方仍要穷追不舍,卖方再大步让利,在一个较高的让步点上结束谈判。

(2)优点:首先,起点恰当、适中,能够向对方传递合作、有利可图的信息。其次,使谈判富有变化,如果谈判不能在期中完成,则采取大举让利的方法,使谈判易成功。再次,在二期让步中减缓一步,可以给对方造成一种接近尾声的感觉,容易使对方尽快拍板,最终能够保住我方的较大利益。

(3)缺点:首先,这种方式是一种由少到多、逐步扩大的让步方式,以鼓励对方继续讨价还价。其次,由于二期让步就已向买方传递了接近尾声的信息,而后又作出了大步让利,让人感觉不诚实,因此,对于友好合作关系的谈判来说往往不利。再次,由于初期让步比较恰当,给对方留下了很好的印象,可二期让步却向对方传递了一个不真实的信息,还吊起了对方的胃口,因此,这是一种最为不明智的让步方式。

(4)适用:这种方式适用于竞争性较强的谈判中,由谈判高手来使用。该策略在运用时要求技术性强,又富有变化性。同时又要时刻观察谈判对手对己方让步的反应,以调整己方让步的速度和数量,实施起来难度较大。

4.递减型让步（一）

这是一种小幅度递减的让步方法。即先让出较大的利益,然后再逐期减让,到最后一期让出较小的利益。

(1)特点:比较自然、坦率,符合商务谈判活动中讨价还价的一般规律。以较大的让步力作起点,然后依次下降,直到可让的全部利益让完为止。因此,这种让步策略往往给人以和谐、均匀、顺理成章的感觉,是谈判中最为普遍采用的一种让步方式。

(2)优点:首先,易为人们所接受,给人以顺乎自然,无需格外劳神之感。其次,由于让利采取先大后小的方式,这往往有利于促成谈判的成功。再次,让步的程度上一步较一步更为谨慎,一般不会产生让步上的失误。最后,达成的协议是在等价交换、利益均沾的条件下完成的。

(3)缺点:第四次让步幅度过小,不利于向对手施加成交压力。让步有大到小,对于买主来讲,越争取利益越小,因而往往使买主感觉不良好,故终局情绪不会太高。另外,这是谈判让步中的惯用方法,缺乏新鲜感。

(4)适用:此种让步方式一般适用于商务谈判的提议方。原因是提议方对谈判的终局更为关切,理应以较大的让步作出姿态,以诱发对方从谈判中获利的欲望。

5.递减型让步（二）

这是一种从高到低的,然后又微高的让步方式。这种让步方式往往显示出卖方的立场越来越坚定,表示着卖主愿意妥协,但不会轻易让步,也告诉买方,让步的余地越来越小,到最后,以一个适中的让步结束谈判。

(1)特点:合作为主,竞争为辅,诚中见虚,柔中带刚。在初期以高姿态出现,并作出较高的礼让,向前迈进两大步,然后再让微利,以其适中的让步结束谈判,往往效果较不错。

(2)优点:首先,由于谈判的让步起点较高,富有较强的诱惑力。其次,大幅度的让步之后,到三期仅仅让微利,给对方产生获胜感而达成协议。再次,如果三期所作微小让步仍不能达成协议的话,再让出最后稍大一点的利润,往往会使对方很满意而达成协议。

(3)缺点:一是此策略一开始让步过大,容易造成己方软弱可欺的不良印象,加剧对手的进攻性。二是头两步的大让利和后两步小让利形成鲜明对比,也容易给对手造成己方诚意不足的印象。

(4)适用:适用于以合作为主的谈判。以互惠互利为基础的谈判,在开始时作出较大的让步,有利于创造出良好的合作气氛和建立友好的伙伴关系。

应该说第四种和第五种都是较高明的让步方式。第四种的报价幅度低于第五种;而第五种的最后一步要优于第五种。

6.危险型让步（一）

这是一种开始是大幅度递减,但又出现反弹的让步方式,此种方式在初期让出绝大部分可让利益,目的是表示我方的诚意。

(1)特点:给人以软弱、憨厚、老实感。这种方式在让步初期即让出绝大部分利益,二期让步即达到己方可让利益的边际,到三期拒绝让步,这就向对方传递了该让步已基本让完了的信息。如果对方仍然一再坚持,再让出最后一小步,以促成谈判的成功。

(2)优点:首先,以求和的精神,让出多半利益,因此有可能换得对方较大的回报。其次,三期让步时作出了无利可让的假象,这有可能打消对方进一步要求己方再一次让步的期望。再次,最后又让出小利,既显示了己方的诚意,又会使通常的谈判对手难以拒绝签约,因此往往收效不错。第四,尽管其中残有余利,但客观上仍表现了以和为贵的温和态度。

(3)缺点:一是开始时表现软弱,大步让利,如果遇到贪婪的对手,会刺激对手变本加厉,得寸进尺。二是这种方式可能由于三期让步遭受拒绝后,导致谈判僵局出现。

(4)适用:这种方式适用于在谈判竞争中处于不利境地,但又急于获得成功的谈判一方。它使己方有三次较好的机会获得达成协议的可能。

7. 危险型让步(二)

这是一种在起始两步全部让完可让利益,三期讨回(反要价),到四期出让小部分利益的让步方式。这是一种最具有特殊性的让步方式,也是最富有戏剧性的方式。

(1)特点:风格果断诡诈,又具有冒险型。一期的大部分让利和二期的小部分让利后,便把可让利益全部让完。三期并非消极拒绝,而是反要价,讨回一部分原先出让的利益,然后再从另外的角度进行讨价还价,在第四期再让出该部分利益。这是一种具有很高技巧的让步方式,只有非常富有谈判经验的人才能灵活运用。

(2)优点:首先,开始两步让出全部利益,具有很大的吸引力,往往会使陷入僵局的谈判起死回生。其次,若前两期的让利不能打动对方,则干脆逆向思维,反要回来一部分,使对方认定己方确无退路。再次,对方一旦上路,并为谈判付出了代价,则再在最后阶段出让那小部分利益,以促成终局。

(3)缺点:首先,开头两期的全部可让利益的让出,会导致对方期望值增大,在心理上强化了对方的议价能力,犯了让步之大忌。其次,三期的反要价,在谈判让步原则中是一种违规行为,极易出现谈判破裂的局面。

(4)适用:这种让步方式一般适用于陷于僵局或危险期的谈判。由于己方处于危险境地,又不愿使已付出的代价付之东流,因此不惜在初期就大步相让,以牺牲自己的利益为代价来挽救谈判,以促成谈判和局。

8. 愚蠢型让步

这是一种一次性让步的方式,即一开始就让出全部可让利益的方式。

(1)特点:态度诚恳、务实、坚定、坦率。在谈判进入让步阶段,一开始即亮出底牌,以达到以诚取胜的目的。

(2)优点:首先,由于谈判者一开始就向对方亮出底牌,让出自己全部可让利益,比较容易打动对方采取回报行为,以促成终局。其次,率先大幅度让步,富有强大诱惑力,会在谈判桌上给对方留下美好印象,有利于速战速决,降低成本。

(3)缺点:这是最为不明智的让步方式,于利益与人际关都没有好处,由于这种让步操之过急,给对方传递一种可能尚有利可图的信息,导致对方继续讨价还价。其次,由于一次性的大步让利,可能失掉本来能够力争到的利益。

(4)适用:不鼓励使用。

以上八种让步方式基本上概括了实际谈判中的各种让步行为。从实际谈判的情况看,采用较多的是第四种和第五种,适应一般心理,易为对手接受。第六种、第七种让步方式,其运用需要较高的艺术技巧和冒险精神。有可能做少量让步,迅速达成交易,也有可能因运用得不好而造成僵局。第二种方式在实际中采用的较少,而第一种和第八种方式基本上不采用。

二、让步的策略

我们可将谈判中的需求利益目标分为三个层次：一是必须达成的利益目标；二是希望达成的利益目标；三是乐于达成的利益目标。对于第三类目标，在必须时完全可以放弃；第二类目标在迫不得已情况下可放弃；而对于第一类目标则是毫无讨价还价的余地，哪怕谈判破裂也在所不惜。在双方交锋与妥协过程中，就需通过灵活运用各种策略来达成谈判目标。

（1）竞争武器。竞争是一种权利，也是谈判中最常用的策略，当某一方存在多个竞争对手时，其谈判的力量就会大大减弱。

（2）软硬兼施。俗称唱"双簧"，即事先安排好有人唱白脸，给你微笑，请你让步；有人唱红脸，给你愤怒，让你惧怕。红脸白脸的实质是一种"单项选择"，即在两种选项中择其一，而其中一项明显优越于另一项。作为谈判者应该清楚，无论白脸还是红脸，其最终目的是为了从你身上得到他们想要的东西。红脸、白脸只不过是达到其目的的一种策略而已。

（3）分而克之。在集体（团队）谈判中，对于我方的观点和立场，对手阵营中总会有人表示强烈反对，而有人感觉有一定道理。有时，对手团队中有人性格豪爽喜欢硬式谈判，也会有人性格懦弱，更倾向软式谈判。这就给了我们分而克之的机会。

（4）示弱与情绪化。所谓示弱即干脆以弱者形象来反衬对手的高大无私。喜欢听恭维的话是一般人的通病。从心理上分析，人们总是同情和怜悯弱者，不愿落井下石。在谈判实力悬殊的情况下，脆弱的一方往往会显示无助与谦卑的姿态满足对手"君临天下"的感觉，无形之中就会对脆弱的一方"手下留情"。

情绪化是指运用非常态手段，使对方失控，而不愿再作仔细考虑，期望早点结束这场"磨难"。非常态手段有：用愤怒反驳对手要求；用眼泪博取对手同情；借人身攻击激怒对手；借制造罪恶感使对手产生赎罪心理。

（5）威胁。在谈判中运用对立型（硬式）战略，向谈判者施加压力，让谈判者作出对自己不利的决定。采用威胁策略逼迫对手让步是一种很危险的"战术"，且极易导致人际关系的根本性伤害。从实用性分析，威胁只有对懦弱者才会产生作用；反之都会心有不甘，想着总有一天能"捞回来"（报复），使威胁者的长远利益受损。

（6）最后通牒。即当对手不肯接受我方条件时，为迫使对手让步，给谈判规定最后期限，超过此期限对方仍不能接受我方条件达成协议的，则我方可宣布结束谈判。当谈判对手在获得最低利益目标与满意利益目标之间，或在眼前利益的放弃与长远利益的获得之间犹豫不定时，最后通牒是较为有效的策略。

三、阻止对手进攻的策略

1. 局限策略

局限策略即借口受到某些局限，而使对手某些要求无法满足，其潜台词是："对不起，我很想帮你，但我真的爱莫能助。"

局限包括下列几种：

（1）权利限制。从某种意义上说，受限制的权力才会成为真正的力量，一个受了限制的谈判者比大权独揽的谈判者更处于有利境地。至少他可以随时以权力有限为由说"不"，迫使对手只能根据他拥有的权力来考虑问题，尤其是对达成协议有迫切需要时，不得不对他的一些要求作妥协。

（2）政策局限。例如："我们公司从来不谈价格优惠，实在抱歉""我也很想在价格方面给你优惠，但你知道公司的规定，是不允许价格有任何变动，所以我爱莫能助""所有产品销售、运费都由买方负责，这是公司一直以来的规定，我也不能改变"等。

（3）技术局限。例如："目前我们已经满负荷运作，生产量也达到了极限，因此，提前交货绝对不可能！""你的设计要求至少目前在国内是没有厂家能够达到的！""国产机的制冷效果只有这个水平，要不你买进口机芯的。"

除此之外，还有其他局限策略：如资料局限、时间局限、场地局限等。

对任何一种局限都要有心理准备，局限绝非神圣不可侵犯，它们也是可以改变的，凡是可以改变的东西就都有谈判余地。

2. 先例策略

先例策略即用过去的先例阻止对手的攻击。一般情况下，人们都习惯于某种思维定势，即所有人都是这样做的，我也自然应当这样。

先例主要有：与对手过去谈判的先例；与他人在过去谈判的先例；以外界同行之事例为先例。

对付办法：抓住环境市场条件的变化，使上述先例不再适用，应建立新的思路，可以反问。

3. 期限策略

期限对大多数人都具有催眠作用，在期限的压力下，一般人都会调整预定策略，甚至改变主意。

商务谈判中，除截止期以外，还有许多可以运用的期限：

（1）卖方常常可借下面期限"逼迫"买方购买："下月 1 日起我公司将调整出厂价格。""我们现在的优惠供应条件本月 20 日截止。""如你不能在 3 月底前订货，则我们无法在 6 月份前供货。""明天下午下班之前，你还不交付押金，则我们将与其他买家接触。"

（2）买方也可借"期限"逼迫卖方就范："假如你愿意减价，请你早点告诉我，因为我准备在星期三发出订单。""这星期五之后，我将不再负责采购事宜。""这是我方的生产日程，假如你无法如期供料，则我们将向其他供应商采购。""所有大宗采购事宜均须总经理批准，但他将于后天出国考察。"

任务五　商务谈判的结束阶段

任务情景

结束谈判的时机

在谈判桌边，坐在对手对面也许会让人感到不舒服。注意要不失时机地结束谈判。下面列出几种最不应失去的时机，千万不要错过！

（1）一份双方均可接受的协议已经摆在桌面上。

（2）对方想结束谈判。

（3）一个双方都面临的最后期限即将到来。

（4）所有的谈判目标已经达成。

（5）你有更好的方案。

上述几种情况的唯一麻烦是,你得等待合适的时机到来。如果你一开始就觉得结束谈判有困难,等待合适的时机就更重要了。尝试结束谈判的首次努力的最佳时机,是在你刚刚坐下的时候。

任务分析

谈判结束阶段的显著标志是谈判各方所表达的观点更趋向真实性,也更具理智,许多非核心问题的协商已经达成一致观点,或核心问题上的差距已缩小至参与各方为之继续再努力一把的程度,谈判的态势(无论成功与否)基本明朗化。商务谈判中,有经验的人会体验到,约90%的时间都花在讨论无关紧要的事上,而关键性和实质性的问题却是在最后不到10%的时间里谈成的。

◆子任务一 谈判结束的方式

一、可能的谈判结果

依照谈判成功与否的三条基本原则要求(假定谈判本身的效率如何已被参与各方认同),可以这样认为,就相互间在交易条件上的差距而言,谈判过程可能是一个收敛的过程(即通过谈判,分歧缩小,并逐步趋于一致),也可能是一个发散的过程(分歧反而扩大,无法达成统一)。不管何种程度,都是谈判的正常结果,只不过前者是一场成功的谈判(各方利益得到兼顾前提下),后者则是一场不成功的谈判,但这绝非失败(为保护切身利益而舍弃协议不能认为是失败)。

按谈判的满意率高低顺序,考虑到双方利益、关系及协议情况综合排列谈判结果,见表4-3。

表4-3 谈判结果

谈判结果	目标利益	双方关系	达成协议	结果评价
最佳结果	扩大	改善	达成	双赢
次佳结果	不变	改善	达成	双赢
再次结果(一)	扩大	不变	达成	较满意
再次结果(二)	不变	不变	达成	一般接受
再次结果(三)	未实现	改善	未达成	满意、仁义
不理想结果(一)	扩大	恶化	达成	单赢
不理想结果(二)	不变	恶化	达成	勉强
最愚蠢结果(一)	受损	改善	达成	对方满意
最愚蠢结果(二)	受损	不变	达成	双方不满意
无法想象结果	受损	恶化	达成	双方极不满意

二、结束谈判的方式

1. 结束谈判的三种方式

(1)双方成交结束谈判。当然它包括了实现全部交易目的的完全成交和实现部分交易目的的部分成交。

应该说这是谈判最理想的结局,也是参与谈判各方都能认可的"双赢"结果,符合在冲突中寻求合作、以合作结束冲突的谈判基本原则。

(2)结束(中止)谈判,将问题留待将来解决。即谈判各方在对未能达成交易表示遗憾的同时,又表示出对各方将来再度合作的共同期望,正所谓"买卖不成仁义在"。

这种结束方式包含着两种含义:其一,参与各方经过交锋及讨价还价,各方都本着认真负责的态度参与谈判,但由于各方需求目标差异过大,确实无法达成协议(其中没有人为造成的成分),而只能结束。其二,客观环境变化使本次谈判已经没有进行的必要而选择结束,如在外贸谈判中,国际市场行情发生重大变化;谈判中其一方的最高决策层下达中止命令或企业发生重大事件等。

这种结束的方式不能等同于失败的谈判,至少它达成人际关系建立与改善这个目标,所以从另一个角度也属于一种成功的谈判。

(3)一方退出,谈判结束。即由于某一方缺乏合作诚意,迫使另一方退出谈判,这是最令人不快的结束。

即使是因对手人为原因而结束谈判,也不必将对手当做真正的敌人而横眉冷对,不应与你所不屑的人一般见识,应按照正常的礼仪规范要求结束谈判,保护一种正常人之间的礼貌,正如人们所常说的那样:"他可以不仁,我不能不义。"迈克尔·唐纳逊建议,在退出之前,写一封总结信,理由是因为这个过程可以给你足够多的时间赠礼和纠正自身。你可以借机回忆你所提出的观点,如果有错误,一目了然并容易纠正。写信还可以使你预见对方的失误。

2. 发出谈判结束信号

许多研究表明,当一方发出结束谈判信号后,会直接加快实质性谈判内容的进程。确实,在此时,参与方真正感受到了时间的压力,认识到此时不讲效率,也许以后就没有讲效率的机会了。

谈判者常用的结束信号有:

(1)谈判者用最少的言辞,阐明自己的立场。谈话中表达出一定的承诺意思,不包含诡诈的成分,"好,这就是我最后的主张,现在就看你的了。"

(2)谈判者所提出的建议是完整的,绝对没有不明确之处。这表示,如果他的建议不被接受,除非终止谈判,否则没有别的出路,"这是我研究再三后提出的最好的建议,就到此为止吧。"

(3)谈判者在阐明自己的立场时,完全是一种最后决定的语调,坐直身体,双臂交叉,文件放在一边,两眼紧盯对方,不卑不亢,没有任何紧张的表示。

(4)回答对方的问题尽可能简单,常常只回答一个"是"或"否",使用短词,很少谈论据,表明确实没有折中的余地。

(5)一再向对方保证,现在结束对他最有利,告诉他一些好的理由,"你已经得到了你最需要的!"

3. 运用变通的策略结束谈判

谈判时,在最后一项条款再也没有希望妥协的情况下,便同时结束谈判是一个极好的办法。变通是指你诱使对方在你希望的那一点上让步,以达成交易。

此时你应该做的是:

(1)暂停一下。确定对方并没有虚张声势,他们确实不能再让步了。

（2）回顾一下整个交易。找出你没有达成目的之处，或找出一例条款，此条款应能修改得对你有利。

（3）把对方的要求同你作的让步联系起来。在谈判中，如果对方能满足你在第二步中的要求，就同意在那一点上让步。你在诱使对方作出让步以前也许没有考虑过，但是变通总是可以接受的。

使用变通的策略，能感到自己像一个真正的谈判高手。它能使你真正解决问题。变通的策略能使你摆脱困境，并促使谈判尽快结束。

◆子任务二 最后一次报价

在谈判结束之前，双方的利益分歧已相当细微，但这时还有最后一次报价，即最后的让步与获取。

作为交锋阶段讨价还价的延续，此时的报价与前阶段相比较有很大的不同，必须妥善把握好让步的时间和分寸。

一、让步时机和幅度的选择

最后一次让步应在整个谈判过程的最后阶段提出，提得过晚，对对方影响不大，让步作用发挥不了，反而招致对手疑虑："怎么这时候还有退让幅度？那就继续谈吧。"提得太早，则对方会认为谈判尚未结束，更要延长谈判时间了。

对于最后作出的让步，我方必须无条件地坚持。对方或许会利用一些战术来验证我方的坚定程度，甚至是胁迫，我方也要保持镇定自若，注意自己的行为和态度。"没有了！打死我也没有了！不要就拉倒！"谨防在最后关键的时候失去自信。

具体操作方法：

1. 将让步分两次进行

主要部分略大，次要部分略小。主要部分在最后期限之前作出，以便对方有足够的时间来品味；次要部分安排在最后时刻，作为最后的"甜头"。这犹如一桌丰盛的酒宴，最后让步中的主要部分恰似最后一道大菜，掀起最后一个高潮。而次要部分亦如酒宴结束前上的一碟水果，让人心满意足。

注意，在主要部分让步后，应要求得到对手的相应回报，可以将我方的让步与我方对手提出的"讨价"捆绑起来："我看这样吧，你们负责运输与保险，我们再将进价提高零点五个百分点。"

次要部分让价则是姿态性的，故其幅度应比以往每次让步的幅度都小。

2. 应考虑双方人员的级别

对方接受最后让步的人员的级别不同，则我方在让步幅度上也可以有一定差异，但应以尊重对方不同层次的谈判人员为前提，最后的让步可以由己方一般的谈判人员作出，也可以在双方高层领导参加最终谈判时，由高层领导作出最后让步，但高层领导也同样应该注意让步时机的把握。

（1）要达到一定幅度，能够满足较高职位的领导的心理平衡，维护自身地位和尊严的要求。

（2）不宜过大，即不至于损害己方普通谈判人员的形象，也不至于使对手的高层领导指责其下属谈判人员没有做好谈判工作。"对方还有这么大的让步空间，你们就都想结束谈判啦，真是无能！"

在作出结束阶段的最后让步时,应向对方表明让步的终局性,而且到此为止,绝不退让半步。

二、让步与要求并提

一般情况下,除非是对方在全面接受我方要求的基础上,我方可作出最后的让步,否则,让步应与要求并提,让对方知道并希望对手有所响应。这点在实际谈判过程中颇有效,即争取最后"再咬一口"。一般可以在临签约之前,突然提出一个小小的请求,要求对方再让出一点点。由于谈判已进展到签约的阶段,各方谈判人员已经付出很大的代价,也不愿意为这一点点小利益而伤了友谊,更不愿意为这点小利益而重新回到磋商阶段,因此往往会很快答应这个请求,以求尽快签约。常用技法如下:

(1)示意对手我方最后的让步是自己个人的意思,很可能不符合企业高层领导的要求,因此只能在对方相应回报的情况下作出最后的让步,否则本人无法向领导交代("示弱"与"献媚"策略并用)。

(2)声明己方让步的承诺,要以对方相应承诺为条件。

◆子任务三 结束谈判

一、结束的方式

1.签约前的最后总结

(1)明确是否所有的预期内容都已经谈妥,是否还有一些未能得到解决的问题,以及这些问题的最后处理;

(2)明确所有交易条件的谈判结果是否已达到期盼的交易或谈判目标;

(3)最后的让步项目、幅度以及目的是否达到;

(4)着手安排交易记录事宜;

(5)整个谈判过程还存在着什么问题;

(6)合同文本是否准备齐全。

这种回顾的时间和形式取决于谈判的规模及复杂程度,可以安排在一天谈判结束后的20分钟休息时间里,也可安排在一个内部会议上。

2.准备合同文书

尽管联合国关于贸易协议的形成有明文规定,协议并不限于书面协议,但一般情况下协议应该是书面的,特别是朋友或者同事间尤其要以书面的形式将谈判的内容明确记录下来。因此,必须要有专门的人负责记录、整理协议内容并以书面的形式确定下来。

要特别强调,合同文本务必完全尊重谈判事实,完整反映谈判参与方在谈判过程中所取得的权利和义务。谈判的成果要靠严密的协议来确认和保证,协议是以法律形式对谈判成果的记录和确认,它们之间应该完全一致,不得有任何误差,任何擅自更改谈判结果的行为都是极不道德、缺乏诚信的行为。

3.正面评价对手

对对方在谈判中的共同努力表示感谢。通过建立一个正面的赞许环境,让每一个人都得到这类赞许。你可以谈双方已经建立的关系、对方的努力工作,让对方知道你欣赏他们的工作。任何人都喜欢被赞美、称颂,讨厌被批评、指责。在谈判过程中也一样。除非对手太过恶劣,不仅协议无法达成,人际关系也被恶化。一般情况下,一切谈判在最后结束之前不要忘记给对手正面的评价。

4.对谈判过程的反思

每次谈判结束后,自我评估是应该进行的最重要的活动之一,不要计较结果。想想你所处理的令人满意的谈判。回忆每一个步骤,并把它放到你想象的空间中重演一遍,想想当时如果你不那么做会产生什么样的后果。这个练习可能有点像做白日梦,但是在谈判结束时重温一下过去的谈判,你下次的表现就会有所改进。

评估不成功的谈判可以使你发现错误,可能你会意识到如果没有结束这个谈判就好了。谈判中一个问题预示着在谈判结束时会出现更多更大的问题。对成功的谈判的自我评估与不成功谈判的评估一样重要。即使你在游戏中获胜,也还有需要改进和提高的余地,而且评估一个获胜的游戏是件有趣的事情。

总结与回顾

1.谈判准备阶段的主要工作要点:谈判的环境因素包括政治与法律环境、社会文化环境及市场供求环境三方面;谈判实力认定包括己方实力认定和对手实力认定两方面,对对方实力认定是谈判准备阶段的核心任务;谈判时间选择的一般原则是互利原则及优势原则,但要注意时间禁忌。在谈判议程的制定中应该把握利己性和原则性,一旦议程为对手所掌握,则要做好议程的反控制,确保谈判正式开始前的己方基本利益得到保护。

2.谈判开局阶段的主要工作要点:建立谈判气氛是开局阶段首要任务,应以符合礼仪规范的言行举止,以中性话题与对手保持良好沟通,并树立起良好个人形象。开局所陈述的任务主要有两个:既要把己方对本次的基本要求作完整、全面的陈述,同时又须了解对手对本次谈判的目的要求。开局陈述应简明扼要,能准确表达全部意思,同时要以商讨性语言进行,不要被对手的表情所迷惑;对于对手的陈述应学会有效聆听,发现有不明处应及时求证,最后还应将对手的意思归纳起来,以求最终确认。报价是开局阶段的核心环节,报价的形式有书面报价和口头报价两种,它决定着本次谈判能否最后在预期利益目标基础上达成合作协议。

3.谈判交锋阶段的主要工作要点:交锋阶段是谈判的核心与高潮阶段。首先要进行前续谈判的总结,确认各方在主要交易条件上的分歧,判断对手的谈判实力及谈判风格。还价过程中对于对手的报价首先不要干扰,要全面理解,即使对手报价及不合理,也不应予以全面回绝。还价可以逐项还价、分组还价,也可以总体还价。还价的起点、次数和时间应视对方报价状况而定,一般而言,起点应与对方报价的预留幅度对等;次数则不能"一步到位"。要善于运用讨价还价的各种技巧,能让对手感到有竞争压力,增加你方的力量。面对谈判僵局,要运用一定的方法和策略,如为对手找台阶、改变议题、改变地点、寻找第三方案等策略力求解脱僵局,特别要重视暂停策略的运用。

4.谈判让步阶段的主要工作要点:妥协是谈判过程中的一个必要的环节,让步则是妥协的具体表现形式。前提是让步和妥协不能与你的基本利益相左。让步中要注意:不要轻易地让步;让步期望值要高,不要怕说"不"字,不要作太多或太大的让步,一方的让步须与另一方的让步幅度相对应,更要设法令对手在重要的问题先作让步。特别要重视让步策略的运用。

5.谈判结束阶段的主要工作要点:我们期望谈判的结果是各方皆大欢喜的"双赢",但实际谈判结果是不确定的,可能是"双赢",也可能是"单赢",也可能是"双输"。如果谈判是以我方退出的方式结束,也应该有个愉快的结尾,即按正常礼仪规范要求结束谈判。结束谈判时,应该向对方发出结束信号,但要注意信号的准确性、方式的合理性和意思表达的完整性。最后一次让步时应做到让步与要求并提。合同文本的起草与准备也要引起注意,争取以对方负责起草为佳,但应严守诚信。

复习思考

1. 谈判准备阶段的主要工作包括哪些方面?
2. 如何认定谈判对手的实力?
3. 开局陈述的主要目的和内容是什么?
4. 开局报价应遵循的基本原则是什么?
5. 简述还价的基本要求与技巧。
6. 简述僵局应对的原则与防范措施。
7. 谈判妥协让步的原则有哪些?

实训练习

【实训项目】
商务谈判流程情景模拟演练
【实训目标】
(1)培养学生组织协作的能力。
(2)培养学生商务谈判的工作能力。
(3)培养学生自我表现的能力。
(4)进一步了解商务谈判流程阶段的工作要领及实际应用。
【实施过程】
(1)将全班学生分为4~6个学习小组,以小组为单位组织引导学生讨论学习。
(2)组织引导学生归纳总结商务谈判的流程及各阶段的工作要点。
(3)组织引导学生对商务谈判流程进行情景模拟演练。
(4)根据模拟演练结果写一份商务谈判情景演练总结报告。
【实训考核】
(1)小组成员的协作性(10%)。
(2)自我展现的能力(20%)。
(3)商务谈判流程情景模拟演练(30%)。
(4)项目工作成果完成的合理性、趣味性、创新性(30%)。
(5)小组成员讨论、发言的参与性(10%)。

项目五 市场营销理论与营销观念

知识目标

1. 理解市场营销的基本内涵
2. 熟悉市场营销学的产生和发展
3. 掌握市场营销核心概念及理论
4. 掌握现代市场营销观念及其演变

技能目标

1. 能够具有基本的市场调研与分析能力
2. 在市场营销活动中具有正确运用营销理念的能力
3. 培养从整体的角度出发思考市场营销问题的能力

任务一 市场营销的基本内涵与核心概念

任务情景

张晓,1990 年出生,高职毕业生,应聘进入广州某电脑企业从事产品销售工作。但是进入销售行业之初,对于销售员这个岗位非常迷茫,首先摆在他面前的问题是如何了解这个岗位及作为一名销售人员应掌握哪些基本知识和具备哪些基本素质,从而使他能有效地适应这个岗位。

任务分析

在市场竞争日趋激烈的今天,产品营销已经成为企业经营活动的关键所在,而营销人员则是决定销售是否成功的关键因素。营销并不是简单的"卖"东西,它是一门科学、一项技能,它有着自身的规律。因此,营销人员必须掌握必要的营销知识,掌握推销心理的相关理论和熟悉各种推销模式,从而培养准确判断顾客需求和灵活使用各种推销模式的能力。

◆子任务一 市场营销的基本内涵

一、市场营销的基本含义

市场营销是关于构思、产品和服务的设计、定价、分销和促销的规划与实施过程,目的是创造能实现个人和组织目标的交换。

市场营销的主体不仅是企业,还包括个人和组织(政府机关、非营利组织等);市场营销的客体不仅是产品,还包括服务、个人的构思(智力)以及政府的政策;市场营销的核心功能是交换;市场营销的指导思想是以顾客为导向;市场营销活动是一个过程,而不是一个阶段。

从企业生存的角度出发,市场营销包含以下三个方面的含义:

(1)市场营销必须以顾客需求为出发点。在市场环境多变、消费需求日益变化的情况下,企业应当及时地判断、适应、发掘、刺激和满足市场需求,甚至创造市场需求,通过消费者需求的满足,使企业获得长久的发展。

(2)市场营销要采取整体的营销手段。由于市场环境的多变、消费者需求的复杂和难以揣摩、消费时空的不同,企业营销活动要产生应有的营销效果,必须采取整体性的营销手段,将市场营销中所涉及的各种因素整合起来。

(3)通过满足顾客需求获取利润。利润的获得可以采取多种手段,但最长久的是在顾客需求满足的基础上获得的。顾客需求满足程度越大,企业利润的获得越有可能。

综合以上三个方面的含义,企业市场营销的实质是在市场研究的基础上,以消费者的需求为中心,在适当的时间、适当的地点,以适当的价格、适当的方式,把适合消费者需要的产品和服务提供给消费者。

二、市场营销的基本功能

(1)了解市场消费需求。市场营销活动总是从了解市场需求开始的。企业首先应当了解顾客需求的特点和消费需求的复杂趋向,才能生产出满足消费需求的商品或服务,才能创造市场需求。

(2)指导企业生产。市场经济条件下,企业必须实行以销定产。通过市场营销调研了解消费需求信息和市场竞争信息,对企业生产起着重要的指导作用。

(3)开拓销售市场。企业可以通过营销调查,选择既能满足消费者需要,又能发挥企业优势的产品作为企业生产或经营的客体。通过市场营销加强促销宣传,采取恰当的营销策略,企业可以扩大产品销售,提高自身的市场份额。

(4)满足顾客需求。企业可以通过营销活动,建立合适的营销渠道,努力提供各种服务,充分满足消费者的需求。消费者是市场营销的起点和终点。企业必须通过对消费者需求的了解,通过一定的生产服务环节,开拓市场,进而满足消费者的需求。因此,市场营销的四大基本功能贯穿于企业产品销售活动的始终,是相互联系、相互作用的四个方面,具体如图5-1所示。

图5-1　市场营销功能

◆子任务二　市场营销的核心概念

市场营销是企业生存和发展的前提条件之一。市场营销的过程离不开对市场需求的识别,通过产品的供应,使顾客对产品拥有较高的价值认可度,从而达成交易,以补充市场供给。具体如图5-2所示。因此,需求、产品、价值、交易和市场也便成为市场营销的核心概念的组成部分。

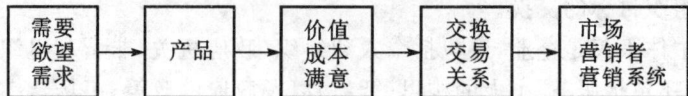

图5-2　市场营销的核心概念

一、需要、欲望和需求

需要是指人自身所感受到的某种物质或精神上未被满足的状态。人类的需要形式多样，层次也各不相同，如生理、安全、社会、自尊和自我实现等需要。

欲望是指对于满足需要的具体乞求，是由个人文化背景及生活环境的影响所表现出来的人类对于某种物质的渴望。对于相同需要的满足，不同的人可能会产生不同的欲望。如对于"吃饱"需要的满足，西方人倾向于选择意大利烤饼和汉堡，而中国人则可能倾向于选择馒头和米饭。

需求是指拥有购买力支持的欲望。当一个人拥有了购买满足欲望的物品的支付能力时，他的欲望也就相应地转化为需求。需求的转化必须以购买力的提升作为后盾。满足市场需求是企业生存和发展的基础，离开了对市场需求的满足，企业的生存和发展便无从谈起。

人的需要和欲望是市场营销活动的出发点，但营销者并不能创造需要。人的需要与生俱来，存在于营销活动实施之前。市场营销者只是通过一系列的营销行为，影响人们的欲望，进而对市场需求产生作用。

二、产品

产品是企业满足市场需求的依托。从广义上来说，任何能用以满足人类某种需要或欲望的东西都是产品。因此，产品包括实体产品和无形产品。实体产品是指对人有某种效用的实物，如一台电冰箱、一杯饮料等；无形产品是指围绕产品提供的各种服务，包括售后服务、送货服务、定期检测等多个方面的服务。人们购买实体产品，主要目的在于自身需要和欲望的满足。如人们购买饮料最终是为了解渴，而不关注饮料的产权。所以，实体产品是满足人们需求的核心产品。但如果制造商一味追求实体产品生产，而忽视围绕实体产品所展开的各种服务，最终将走进营销近视的泥潭。因此，市场营销既不能离开实体产品的生产，也不能抛开无形服务的提供。

三、价值、成本和满意

价值是指顾客对产品满足各种需要的能力的评价，它来自人的主观评价。价值并不是指产品本身所拥有的客观价值的大小，而是消费者的一种主观评判。产品是否具有价值以及价值的大小都取决于人们的主观感受，即"觉察价值"。同一产品，对不同消费者，可能产生不同的价值；同一消费者，在不同状态下对同一产品价值认可度也可能不一样。人们通常并不能准确、客观地判断产品的真正价值，只能依赖于"觉察价值"的高低，而"觉察价值"又在很大程度上取决于自身知识和经验的积累。

成本是指顾客为取得某种产品所付出的代价，是顾客所支出的货币、时间、体力及精力的总和。在某种程度上，它也是主观的。人们收集信息，通过比较，最后作出对某产品的判断，即为取得某产品的价值而愿意付出的代价。当产品的效用高于人们所愿意付出的代价时，交易就会达成，否则，交易就不成功。

满意是指顾客对所取得的产品符合自己心理要求的评价。顾客的满意度（通常用 S 表示）取决于对产品的感知使用效果（通常用 P 表示）。这种感知效果与顾客的期望（通常用 E 表示）有着密切的关系，即 $S=f(E,P)$。消费者通过评判，如果得到 $P<E$ 的结果，则该消费者对产品不满意；如果 $P=E$，他就刚刚达到满意的程度；如果 $P>E$，他就会很满意，可能会再次购买该产品或服务。

消费者在对能够满足某一特定需求的一组产品进行选择时,依据的标准是产品所具有的价值和为取得产品所付出的代价。其满意度取决于拥有和使用某种产品所获得利益与获得该产品所花费成本两者之间的差别,即顾客只有在认为以适当的代价获得了适当的效用时才能感到真正的满意。由于顾客的支付能力有限,不可能想买什么就买什么,而总是让有限的货币发挥最大的效用,即花费最小的成本取得价值最大的产品。

四、交换、交易和关系

所谓交换是指从他人那里取得想要的物品,同时以某种物品作为回报的行为。市场营销产生于交换,即当人们通过交换这种方式来满足需要和欲望时,市场营销就开始了。交换是一个过程,包括一系列的活动。交换的发生必须符合以下五个基本条件:

(1)交易主体为双方或多方;

(2)拥有对方所需的物品或价值;

(3)双方愿意交换;

(4)均可自由成交或不成交;

(5)双方有能力进行沟通或交流。

一个简单的市场营销系统的交换活动如图5-3所示。

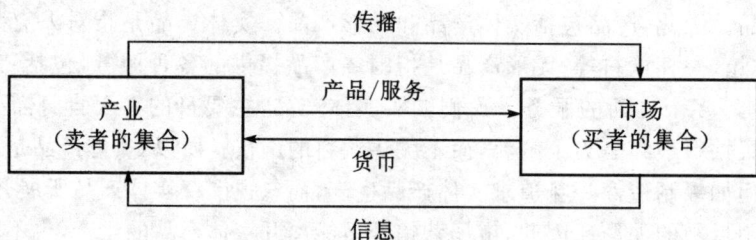

图5-3 简单市场营销的交换活动

交易是买卖双方的价值交换行为,是买卖双方对特定产品"完成买卖"的过程。交易分为货币交易和易货交易两大类。一个交易的形成离不开四个方面的基本条件,即至少有两件有价值的事物,有双方都接受的条件、时间和地点。

交换与交易的最大区别就在于交易存在着公允的价值估量,而交换只需双方对物品的交易市场有一个共同的认可即可,并不一定需要公允。交易又不同于转让。转让只是单方面的价值让渡,而交易是双方的价值转移。为了更好地进行交易,生产者通常会与客户建立起良好而稳定的关系,这就是所谓的交易市场营销。随着社会的发展,交易市场营销对于产品市场的开拓,开始感到力不从心,于是关系市场营销就应运而生了。

关系是指企业与客户、分销商和供应商等相关组织或个人建立、保持并加强关系,通过互利交换及共同履行诺言,使有关各方实现各自目的的营销模式。企业与顾客之间的长期关系是市场营销的核心概念。

五、市场

市场是生产力发展到一定阶段的产物,并随着商品经济的发展而发展。市场作为商品经济的范畴,在不同时期、从不同角度来理解,有着不同的内涵。

1.狭义市场概念

市场是指商品交换场所,是买方、卖房、商品聚集和交换的特定空间,如农贸市场、百货商店与超市、股票与期货交易所等。随着通信、传真、计算机及网络等现代科学技术的发展和应用,市场是商品交换的场所这一概念又具有了现代的意义。

2.广义市场概念

市场是商品交换关系的总和。从社会整体角度来理解,市场已成为连接各种经济关系的桥梁和纽带,成为一个国家国民经济发展状况的集中表现。市场是一种机制,体现买方卖方相互作用并决定商品或服务的价格与交易量,强调交换功能和供求关系与价值规律等。一般把市场分为产品市场,如消费品与工业品市场;生产要素市场,如资本市场、劳动力与人才市场、土地与资源市场等。

3.市场的构成要素

从市场形成买卖关系的角度来理解,构成市场主要有三个主要因素:有某种需要的人、为满足这种需要的购买力和购买欲望。用一个简单的公式可以表示为:市场＝人口＋购买力＋购买欲望。市场这三个构成要素相互联系,互相制约,缺一不可。人口是构成市场的最基本条件。人口构成企业销售产品的潜在顾客,人口数量关系着市场规模和市场容量。购买力是构成现实市场的物质基础。只有人口数量多,且购买力大的地区,才可能成为一个有潜力的大市场。购买动机和欲望支配着人们的购买行为,是购买力得以充分实现的条件。所以,从企业的角度来看,市场是商品需求的总和,是人口、购买力、购买动机三个因素的统一。

六、营销者

在交换双方中,如果一方比另一方更主动、更积极地寻求交换,则前者成为市场营销者,后者成为潜在顾客。所谓市场营销者,是指希望从别人那里取得资源并愿意以某种有价之物作为交换的人。市场营销者可以是卖方,也可以是买方。假如有几个人同时想买正在市场上出售的某种奇缺产品,每个准备购买的人都尽力使自己被卖主选中,这些购买者就都在进行市场营销活动。在另一种场合,买卖双方都在积极寻求交换,那么我们就把双方都称为市场营销者,并把这种情况称为相互市场营销。

七、市场营销系统

现代市场营销系统的主要参加者包括公司(营销者)、竞争者、供应商、营销中介和最终用户,如图5-4所示。该系统受环境因素(经济技术因素、政治法律因素、社会文化因素、人口与资源环境因素等)影响。

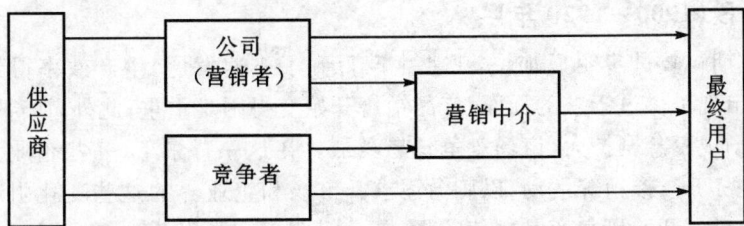

图5-4　现代市场营销系统的参与者

一个完善的市场营销系统必然涉及相互作用的参加者、市场和流程。其中包括:

(1)三个参加者:消费者、企业和政府。

(2)两个市场:资源市场(或生产要素市场)和产品市场。

(3)三条流程:资源流程、货物和劳务流程以及货币流程。

任务二 市场营销的理论与观念

任务情景

1993年8月27日,中央电视台新闻联播播放了这样一则消息:全球第二大啤酒生产商荷兰海内肯公司正在回收其已投放在澳大利亚、瑞士、英国、中国香港等8个国家和地区市场上的一种玻璃瓶装啤酒。原因是该公司在这种啤酒生产过程中检测出了混有玻璃碎渣的产品,于是怀疑已经投放到国外市场的这种啤酒可能有漏检的"危险品"。在回收这种啤酒的同时,该公司还大力进行宣传:请上述市场的消费者不要购买该公司的啤酒。有人认为,该公司可以只对消费产品后受到伤害的顾客给予补偿,而不必如此兴师动众,承受如此大的经济损失。其实,名牌具有其本身的价值。在竞争日益激烈的今天,保住品牌比创造品牌更难。保住名牌形象,让其在消费者心目中的地位不动摇,是海内肯公司关注的焦点。

任务分析

企业的市场营销活动是在特定的经营观念(或称营销管理哲学)指导下进行的。现代市场营销观念,是指企业在开展市场营销活动过程中,处理企业、顾客和社会三者利益方面所持的态度、思想和意识,即企业进行营销管理时的指导思想和行为准则。市场营销观念的核心是企业以什么为中心来开展营销活动,一种经营观念一旦形成,就会成为全社会在一定时期经营活动的行为准则。企业营销活动能否在消费者心目中形成一定的美誉度,对企业营销管理能否成功和企业的兴衰成败影响极大。

◆子任务一 市场营销学的产生和发展

市场营销学的产生归根到底是由社会经济的发展决定的。随着社会经济的发展,市场产品供给逐步增加,最终导致市场由卖方市场向买方市场过渡,从而使市场营销成为必要,进而产生了市场营销学。市场营销学产生于20世纪初的美国。作为对企业营销实践经验提炼和总结的一门应用性学科,市场营销学的产生、发展过程大致经历了如下四个阶段:

一、初创阶段(1900—1920年)

美国这一时期科技进步明显加快,工业生产得到了飞速发展,生产效率得到了大幅度提高,市场也开始出现了供过于求的局面,产品销售开始变得困难重重;此外,西部开发和铁路的延伸,使国内市场规模急剧扩大,市场竞争日趋激烈。在这一背景下,一些企业为了增加商品销售,都开始重视广告、推销等活动,以刺激需求。市场和企业界的这些变化引起学术界的关注。一些经济学者也开始研究商品销售问题,探索营销活动的规范。20世纪初,为了更好地配合市场营销实践的进行,美国几所知名学府都先后开设了市场营销学课程,许多相关论文、学术著作也不断问世,其中影响较大的主要有:1910年,拉尔夫·斯达·巴特勒出版了《市场营销方法》;1912年美国哈佛大学的赫杰特齐出版了以"MARKETING"(市场营销学)命名的教科书,从此市场营销学从经济学中分离出来,该书的出版被视为市场营销学成为一门独立学科的里程碑。1916 年,韦尔德出版了题为《农产品市场营销》的论著。1920 年,切林顿出版了《市场营销基础》一书,该书较为系统地阐述了市场营销的基本问题。从总体来看,这一时期研究的内容比较狭隘,研究领域基本集中于广告和推销,研究活动基本局限于高等院校,并未引起社会足够的重视。

二、发展阶段(1920—1950 年)

这一时期资本主义世界爆发了经济大危机,生产严重过剩,企业大量倒闭,市场需求大大下降,企业面临如何把商品销售出去的重大问题。一些市场营销学者为解决企业的市场和销售问题,开始研究市场调查、预测、消费需求分析、需求刺激等。市场营销理论的不同观点、不同研究方法相继出现,市场营销学论著急剧增加,其中代表著作有:弗·克拉克《市场营销学原理》;梅纳德、贝克曼、韦德勒合著的《市场营销学原理》。这些著作基本形成了市场营销学的理论框架体系。同时,市场营销理论的研究组织也相继成立。如 1931 年,成立于 1915 年的美国广告协会改组成立美国市场营销协会(AMA),并在全国设立几十个分会,研究市场营销理论与应用问题。但在这个时期,市场营销理论的研究仍局限于商品推销术和广告术,以及推销商品的组织和策略等,始终没有超越商品流通的范围。

三、革命阶段(1950—1980 年)

二战后,由于生产过剩危机频繁加剧和买方市场的逐渐形成,20 世纪 50 年代至 60 年代形成以消费者为中心的产品开发和市场开发观念,并广泛应用于企业实践。20 世纪 50 年代中期,美国市场营销学家温德尔·斯密在总结一些企业市场营销经验的基础上提出"市场细分"的概念。1957 年约翰·霍华德的《市场营销管理分析和决策》一书问世;1960 年杰罗姆·麦卡锡的《基础市场学》问世,提出市场营销组合理论——4P 理论,即产品(product)、价格(price)、渠道(place)和促销(promotion)。上述著作着重从市场营销管理决策角度研究卖方市场营销问题,具有市场导向与管理导向特点,这一变革称为"市场营销学革命",并使市场营销学开始在全球范围内传播。

四、成熟阶段(1980 年至今)

20 世纪 80 年代以来,在第三次科学技术革命的推动下,许多国家在新兴工业的推动下开始进入"富裕社会"阶段。随着信息技术和网络技术的发展,国际市场竞争也空前激烈,政府干预也逐步加强,贸易保护主义重新抬头。1984 年美国市场营销学家菲利普·科特勒在其著作《市场营销学纲要》中提出市场营销 6P 理论,即在 4P 理论基础上增加"政府权力"(political power)和"公共关系"(public relations);1985 年加拿大的兰·戈登教授提出战略性竞争理论。至此,市场营销学与经济学、社会学、心理学、统计学、管理学、系统论等学科紧密结合,成为一门建立在经济科学、行为科学、现代管理理论基础之上的应用科学。

◆子任务二 现代营销理念与理论

总体上讲,现代市场营销观念要求企业在开展营销活动时,必须以消费者需求为中心,运用整体营销手段的合力作用,满足和实现消费者的需求,并在满足消费者需求的基础上,实现企业利润目标与社会长远发展目标的协调统一。

一、现代市场营销理念

随着营销实践的深入,营销理论所研究的领域也不断得到拓展,营销活动的形式也无时无刻不在发生着重大的变化。尽管营销活动的环境和形式都发生了剧烈的变化,市场营销理论的核心理念却具有相对的不变性。

1. 顾客满意

顾客满意作为一种主观心理感受,是顾客对某一产品在满足其需要与欲望方面的实际与期望程度的比较和评价的结果。满意水平是可感知效果和期望值之间的差异函数。如果顾客可感知的满意程度不及预期,则顾客就会有不满意的情绪出现;如果其所感知的满意程度与预期一致,则顾客就处于满意的状态;如果其所感知的满意程度超过预期,则顾客会感到相当满意。通过一系列活动来使顾客自身感到满意,是企业实现自身价值的基础,也是现代市场营销的基本精神。

提高顾客满意水平要求企业提供给顾客的让渡价值最大。所谓顾客让渡价值,是指顾客总价值与顾客总成本之间的差额。顾客总价值是指顾客购买产品或服务所期望获得的一组效用效益,它包括产品价值、服务价值、人员价值和形象价值等。顾客总成本则是指顾客为购买某一产品所耗费的时间、精神、体力及所支付的货币资金等,可分为货币成本、时间成本、精神成本及体力成本。树立顾客让渡价值的观念,可以使企业在制定各项市场营销决策时,综合考虑构成顾客总价值与总成本的各项因素之间的相互关系,从而用较低的生产与市场营销费用为顾客提供具有更多的顾客让渡价值的产品,以便争取更多的顾客,巩固和提高自身产品市场占有率。

2. 价值链

企业为了建立高度的顾客满意,就必须创造更多的顾客让渡价值,于是企业就要系统地协调其创造价值的每一部门与每一环节。这些共同完成企业营销工作的、为顾客创造价值的每一部门和每一环节就会形成一个价值链。根据研究视角的不同,价值链分为企业价值链和供销价值链。

(1)企业价值链。企业价值链是指企业创造产品不同价值的各相关部门的集合。如在企业的经营管理活动中,人事管理、技术开发、采购管理及生产加工、成品储运、市场营销、售后服务等不同部门和环节,其经营管理活动都是企业价值链上一个不可缺少的环节。每一环节经营管理的好坏,都会对其他环节的成本和效益产生影响。不过每一环节对其他环境的影响程度却不尽相同。一般而言,创造产品价值的价值链环节往往与产品技术特性紧密相关,而创造顾客价值的价值链环节,其成败主要取决于顾客服务。

(2)供销价值链。供销价值链亦指价值让渡系统,是企业将价值链向外延伸而形成的由供应商、分销商和最终顾客组成的价值链。创造顾客的高度满意,有时仅靠企业自己难以实现,有了供销价值链成员的共同努力,情况就发生了根本变化。因此,许多企业致力于与其供销价值链上其他成员的合作,以改善整个系统的绩效,形成更强大的团队竞争能力,赢得更多的市场份额,实现更满意的利润目标。

3. 顾客忠诚度

顾客忠诚度是指顾客满意后产生的对某一产品品牌或公司的信任、维护和希望重复购买的一种心理倾向,它是顾客满意进一步发展的结果。建立顾客忠诚在现代营销活动中越来越受重视。在激烈竞争的市场上,开发新顾客通常比保住老顾客需要更高的成本费用。企业在建立顾客忠诚时,必须对目标市场和竞争对手进行必要的研究,通过采取积极的营销活动,将顾客忠诚置于优先考虑位置,以确保顾客忠诚的建立。

二、现代市场营销理念的新发展

随着经济的发展、社会的进步及理论研究的不断深入,自20世纪50年代树立以消费者为中心的市场营销观念以来,现代市场营销观念又在实践中不断得到创新和丰富,如竞争营销、系统营销、关系营销、服务营销等新观念纷纷被运用于企业的经营管理活动过程中。

1. 竞争营销

竞争营销是以竞争为导向,分析竞争者的营销活动来决定自己营销方向的竞争营销理念,它是由加拿大市场营销协会主席兰·戈登于1985年提出的。在竞争营销理念的指导下,企业开展营销活动时,必须首先识别那些未被竞争者满足的需要,或是还未被充分提及的顾客需要,然后在盈利或符合企业目标的前提下,努力满足上述需要。其实质就是企业在不断调查、分析、预测的基础上,寻求市场空隙,实现企业营销目标。竞争营销理念的提出基于以下几个方面的理由:

(1)企业提供的产品容易出现雷同。在某一个时期内,市场上消费者需求往往表现出类似性或从众性。于是,同行业大多数企业就会提供相同的产品来满足市场需要。而采用竞争营销观念的企业将会避免产品雷同,从而在竞争中实现自身的发展。

(2)企业市场占有率随着竞争者的加入而下降。为了稳固企业自身的市场地位,保持企业现有的市场占有率,企业就必须密切关注竞争者动态,掌握竞争者采用的营销手段和营销策略,并据此不断地调整自己的营销决策,从而不断提高企业自身的市场占有率。

(3)由于市场份额的缩小,企业所取得的利润也呈下降的趋势。为了防止利润的下降,企业必须研究竞争对手所采取的营销方法,以便作出迅速的反应,实现企业长期而稳定的利润目标。

(4)随着竞争的加剧,一部分劣势企业面临被淘汰的危险。市场经济条件下,竞争空前激烈,弱势企业面临被淘汰的危险。因此,对于弱小企业而言,分析市场,研究竞争对手,寻找市场空隙就显得尤为重要。

2. 合作营销

合作营销也称共生营销,这是一种与竞争营销相对的营销观念,是指两个或两个以上的企业联合起来共同开发营销机会的营销指导思想。这种理念认为:在现代市场营销活动中,企业间的合作比竞争更为重要。在合作营销理念的指导下,企业间你死我活的竞争矛盾应该被双方或多方协助所取代。企业间协作增多,恶性竞争减少,避免了社会资源的浪费。合作营销的形式主要有水平合作(横向合作)、垂直合作(纵向合作)、交叉合作(全方位合作)三种方式。开展合作营销,能够促进企业间的合作,从而弥补竞争营销理念的许多不足。具体来说,合作营销具有以下几个方面的积极作用:

(1)合作营销有利于双方的共同发展,有利于巩固已有的市场地位。随着经济的发展,生产规模不断扩大,专业化程度也愈来愈高。一方面,市场容量愈来愈大,有利于大型企业开展营销;另一方面,市场空隙也愈来愈大,小型企业通过细分市场后,可以走进市场空隙,满足这部分市场的要求。企业间通过有效的联合,能够增强自身的适应能力。

(2)合作营销有利于开辟新市场。企业要进入一个新市场,往往会受到许多因素的制约。企业通过与当地企业的合作开发,可以在很大程度上减少进入阻力。

（3）合作营销有利于企业开展多角化经营。对大型企业而言，往往会制定出一个多角化经营的战略，以向新的领域寻求发展。但新领域对企业而言可能是完全陌生的，企业所承担的市场风险较大。而通过与相关企业的合作则大大降低了企业经营风险，使多角化经营顺利地进行。

（4）通过跨地区之间的合作，有利于企业进入国际市场。跨国经营通常要求企业拥有较强的资源实力。然而企业通过开展合作营销，可以与当地企业合作，利用其原有知名度、营销网络及对本国国情的熟悉等优势，就能顺利实现进入市场的目标。

3. 系统营销

系统营销观念是 20 世纪 70 年代以来逐渐形成的现代市场营销理念。它认为，企业是相互联系、相互影响的各要素组成的具有特定功能的整体系统。企业在开展营销活动时，必须强调商流、物流、资金流及信息流的协调统一，从而保证企业作为一个与环境相适应的整体系统而存在。而影响企业营销活动的内外环境也处于一个动态的社会环境系统之中，所以，企业营销活动是一系列因素的整体运动。系统营销观念的内涵有以下几个方面：

（1）企业营销系统是一个复杂的大系统。这个系统包含企业规模、产品结构、营销目标、市场功能及环境等多个因素，系统内任何因素的变化都会影响营销活动的开展，企业只有不断协调和理顺各要素之间的关系，才能保证营销活动的成功。

（2）企业营销系统是一个可分系统。根据系统论的观点，企业系统可以划分为相互联系的多个子系统，如人事系统、物流系统、资金系统、信息系统等，企业只有从协调每一个子系统内部的关系入手，才能使整个系统得以正常运行。

（3）企业营销系统是一个具有自我适应能力的控制反馈系统。外界环境对企业营销活动会产生影响，企业虽不能改变外界环境因素，却可通过调节自身以更好地适应环境。

4. 关系营销

关系市场营销实质上是系统营销思想的进一步运用和发展。它是以系统论作为自身的基本指导思想，将企业置身于社会大环境中来考察它的市场营销活动。关系市场营销理念认为，企业营销活动是一个与消费者、竞争者、供应商、分销商、政府机构及社会组织发生互动作用的过程，正确处理与这些个人和组织的关系是企业营销的核心。关系营销观念以建立和发展同相关个人及组织之间的关系为基本出发点，市场营销活动的核心也从传统的交易转到建立稳定的关系上了。与一般市场营销相比，关系市场营销具有以下几个方面的特征：

（1）注重保住顾客。一般市场营销往往是在满足消费需求的前提下，注重每次销售，希望从每次销售中获取利润；而关系营销则更注重如何留住长期顾客，建立顾客忠诚度，在此基础上不断吸引新顾客，从而获得长期的利益，不计较单次销售或获利的多少，看重潜在销售和持续良好的顾客关系。

（2）以产品利益为导向。关系市场营销强调营销产品对顾客利益的满足，因此，在开展营销活动时注重宣传产品能帮助顾客解决问题，突出利益差别；而一般市场营销则比较侧重产品特征，即在同类产品中，本企业产品有别于其他产品的地方，在外观性能方面提醒消费者，让消费者认清产品特征。

（3）高度强调顾客服务。一般市场营销要求以消费者需求为中心，以适当的产品、适当的价格和适当的手段去满足这种需求，它的重点在于产品是否符合消费者的需求，而没有注意顾客服务；而关系市场营销观念认为，除了有满意的产品外，还应向消费者提供周到的服务，要从全方位去满足顾客需求,从而使顾客对企业产生满意感,树立忠诚,形成偏爱。

(4)高度的顾客参与。运用关系营销的企业,通常会建立高度的顾客参与制度,从市场调研到产品规划,从产品投放市场到市场信息反馈,始终邀请顾客参与。在参与过程中,让顾客谈感受、提建议,再不断地调整和改善产品性能,直到让顾客完全满意。一般市场营销理念虽然也要求顾客参与,但这种参与往往是有限的,没有贯穿于企业整个营销策划活动过程,因而获取的资料有失全面。

(5)与顾客保持密切联系。一般市场营销理念也要求与顾客保持联系,但这种联系只是适度的、间断的,因而其顾客的帮助也就有限,更难说让顾客永远偏爱于企业及其产品;关系市场营销观念则要求与顾客保持高度的联系,即使顾客没有购买企业产品。

◆子任务三　各种营销观念的演变

一、生产观念

生产观念产生于20世纪20年代以前,它认为消费者喜欢那些价格低廉而且可以随处买得到的产品。"以产定销,以量取胜",不考虑消费者的需要和社会利益是生产观念的核心,因此,企业以生产为中心,注意加强生产管理,努力提高生产效率,增加产量,降低成本,以保证以物美价廉的产品供应市场。

二、产品观念

产品观念认为消费者喜欢高质量、多功能和具有某种特色的产品。"以产定销,以质取胜"是这一时代的主题。在这一观念的指导下,企业在营销管理中通常都缺乏远见,只看到自己的产品质量好,看不到市场的变化。努力提高产品质量,创特色、优质产品,是这一时代企业的中心任务。

三、推销观念

在20世纪30年代,资本主义国家爆发了持续4年之久的经济危机,出现了产品的销售困难,企业开始重视产品的销售问题。推销观念认为,经过企业的销售努力,消费者就会接受企业所推销的产品,消费者一般不会主动购买企业的产品。所以企业必须以销售为中心,以推销、促销活动刺激消费。这一时代的企业一味强调把自己生产出来的产品推销出去,而不注重生产能够出售的新产品。这一观念强调的仍然是产品而不是顾客需求,具体表现为"我们卖什么,人们就买什么"。在推销观念的指导下,企业的中心任务是:采取各种可能的销售手段和方法,去说服和诱导顾客购买产品。

四、市场营销观念

市场营销观念盛行于20世纪50年代。它认为企业要实现自身的目标,关键在于断定目标市场的需求或欲望,并比竞争者更有效地满足消费者的需求。以市场为中心,以顾客为导向,协调市场营销,强调盈利。在市场营销观念的指导下,企业的中心任务是:搞好市场调研,通过产品开发、市场开发满足消费者需求。

五、生态营销观念

20世纪50年代,一些企业片面强调迎合消费者的需求,而不顾自身条件,结果生产出来的商品因质量为题,反而无法满足消费者需要。因此,人们开始强调企业要同其外部环境相适应,既要满足消费者需要,又要发挥企业的优势,使两者紧密结合在一起。在生态营销观念下企业的中心任务是:注重研究企业优势与市场需求相整合。

六、社会市场营销观念

社会市场营销观念出现在20世纪70年代,是对市场营销观念修改和补充的结果。社会市场营销观念认为,企业的任务是确定各个目标市场的需要、欲望和利益,并以保护或提高消费者和社会福利的方式,比竞争者更有效、更有利地向目标市场提供能够满足其需要、欲望和利益的物品或服务。社会市场营销观念要求市场营销者在制定市场营销政策时,要统筹兼顾三方面的利益,即企业利润、消费者需要的满足和社会利益。

七、大市场营销观念

20世纪70年代末,企业的经营环境发生了急剧变化:跨国公司得到快速发展,企业竞争已跨越国界涉及全球;世界各国贸易保护主义日益盛行,政府干预加强。在这种形势下,很多企业意识到,要有效开拓市场,必须重新调整自己的营销观念,不能消极被动地顺从和适应外部经营环境,而应促使外部环境朝对企业有利的方面转化,并在一定程度上予以控制。菲利普·科特勒提出了"大市场营销观念",提出企业为了成功地进入特定市场或者在特定市场经营,在策略上必须协调使用经济、心理、政治和公共关系等手段,以取得政府、公众及社区的合作。与以前的营销观念相比,大市场营销观念具有两个突出特点:一是十分重视企业与外部环境的沟通,以排除来自人为的障碍;二是提出了变被动营销为主动营销的思想,使企业营销具有更多的主动性和灵活性。

旧市场营销观念总体上是以企业生产为中心,以产定销,盛行于产品供不应求的卖方市场时代;新市场营销观念总体上是以消费者为中心,以销定产,盛行于产品供过于求的买方市场时代。营销观念的比较见表5-1。

表5-1 营销观念的比较

市场观念	出发点	方法	目标
生产观念	增加产量	降低成本,提高生产率	在销量增长中获利
产品观念	产品质量	生产更加优质的产品	用高质量的产品推动销售增长
推销观念	产品销售	加强推销宣传活动	在扩大市场销售中获利
市场营销观念	顾客需求	运用整体营销策略	在满足顾客需求中获利
生态营销观念	企业优势	运用各种营销策略	企业优势同消费者需求充分协调
社会市场营销观念	社会利益	运用整体营销策略	维护社会长远利益,满足消费者需求
大市场营销观念	市场环境	运用"4P＋2P"的整体营销策略	进入特定市场,满足消费者需求

总结与回顾

1.市场是营销关于构思、产品和服务的设计、定价、分销和促销的规划与实施过程,目的是创造能实现个人和组织目标的交换,其实质是在市场研究的基础上,以消费者的需求为中心,在适当的时间、适当的地点,以适当的价格、适当的方式,把适合消费者需要的产品和服务提供给消费者。

2.需要是指人自身所感受到的某种物质或精神上未被满足的状态。欲望是指对于满足需要的具体乞求,是由个人文化背景及生活环境的影响所表现出来的人类对于某种物质的渴望。需求是指拥有购买力支持的欲望。当一个人拥有了购买满足欲望的物品的支付能力,他的欲望也就相应地转化为需求。

3.产品是企业满足市场需求的依托,包括实体产品和无形产品。实体产品是满足人们需求的核心产品。市场营销既离不开实体产品的生产,也不能抛开无形服务的提供。价值是指顾客对产品满足各种需要的能力的评价,它来自人的主观评价。成本是指顾客为取得某种产品所付出的代价,包括顾客所支付的货币、时间、体力及精力的总和。满意是指顾客对所取得的产品符合自己心理要求程度的评价。

4.交换是指从他人那里取得想要的物品,同时以某种物品作为回报的行为。交易是买卖双方的价值交换行为,是买卖双方对特定产品"完成买卖"的过程,分为货币交易和易货交易两大类。市场是生产力发展到一定阶段的产物,并随着商品经济的发展而发展。市场作为商品经济的范畴,在不同时期和从不同角度来理解,有着不同的内涵。

复习思考

1.简述市场营销学发展的主要阶段。

2.简述七个阶段的营销观念的异同。

3.市场经济体制的建立对我国市场营销理论研究和实践产生了什么影响?

实训练习

【实训项目】

企业营销理念调查报告

【实训目标】

(1)培养学生进行企业市场调查访谈能力。

(2)培养学生对资料信息的归纳总结能力。

(3)进一步了解营销理念对营销工作的指导作用。

【实施过程】

(1)将全班学生分为 4～6 个学习小组,以小组为单位组织引导学生讨论学习。

(2)组织引导学生调查一家企业的产品市场,或搜集企业产品的相关销售资料。

(3)组织引导学生进行讨论,运用所学知识对企业的市场营销理念进行分析。

(4)根据讨论结果写一份企业营销理念调查报告。

【实训考核】

(1)小组成员的协作性(20%)。

(2)实际考察调研的能力(20%)。

(3)搜集、使用网络信息的能力(20%)。

(4)项目工作成果完成的合理性、逻辑性、创新性(30%)。

(5)小组成员讨论、发言的参与性(10%)。

项目六 市场营销分析

知识目标

1. 熟悉市场营销环境的内涵及宏观、微观营销环境的分析因素
2. 掌握市场营销环境的分析与企业应对策略
3. 熟悉消费者的购买动机及购买行为的影响因素
4. 掌握消费者购买决策的过程
5. 熟悉组织市场的内涵及特点
6. 掌握产业市场购买行为分析及竞争对手分析

技能目标

1. 能够初步具备一定的市场营销环境分析的能力
2. 能够具备一定的消费顾客购买动机及购买决策的分析判断能力
3. 能够初步具备运用不同的方式方法对目标顾客进行沟通销售的能力
4. 能够初步具备对产业市场进行分析和物资经营业务处理的工作能力
5. 能够初步具备对竞争对手分析及制订竞争策略方案的能力

任务一 市场营销环境分析

任务情景

1994年至1996年间,远大空调有限公司在中央电视台黄金时段播出的广告词为:世界领先水平,远大中央空调。这一阶段,在中国消费者的心目中,远大空调几乎成了中央空调的代名词。远大空调公司从1992年做出第一台直燃型溴化锂制制冷机到1996年直燃机销售额达到9.2亿元,成为中国企业界的一匹黑马。然而,以1997年为标志,当中国空调市场转为买方市场以后,远大中央空调公司开始出现销售增长停滞甚至负增长的情况,显然,市场竞争带来的威胁摆在"远大"的面前。

任务分析

通过分析,我们可以发现,远大中央空调公司初期的成功离不开大的市场环境背景:当时,中国中央空调市场一直处于高速增长时期,是一个不折不扣的卖方市场,其最为显著的特点就在于"供小于求",市场营销活动主要以企业的生产销售为主导,而没有充分考虑到顾客的需求及营销竞争环境因素的变化。随着市场不断完善发展和市场竞争的不断加剧,后期市场逐步形成了买方市场,其最为显著的特点就在于"供大于求",企业营销活动的竞争目标要以顾客的

需求为出发点,以满足顾客需求为归宿点。所以,营销环境的变化,往往可以决定企业的成败与得失,企业必然要重视营销环境的变化。

◆子任务一 市场营销环境概述

一、市场营销环境的内涵和意义

1.市场营销环境的内涵

市场营销环境是指对企业的营销活动具有一定影响作用的各类因素的总和。具体来说,根据营销环境与企业营销活动的相互关系的密切程度,可以把营销环境分为微观营销环境和宏观营销环境。市场营销环境是一个多变量、多因素系统。一个完整的市场营销环境至少具有以下几个方面的基本特征:

(1)相关性与差异性并存。构成市场营销环境的几个因素之间存在着相互联系、相互影响和相互制约的关系。总体上看,营销环境的各因素之间是相互关联的。然而,不同企业所处的营销环境却存在着很大的差异,即使是同一类型的企业所处的营销环境也不尽相同。所以,每一个企业所处的营销环境都是独特的、不重复的。此外,同一企业在不同时期所处的营销环境也不一样,这就使得企业所处的营销环境有所不同,甚至发生根本性的改变。

(2)多边性与规律性并存。社会和经济的不断发展必然引起营销环境的持续变化。然而,营销环境因素的变化并不是杂乱无章的,通常有规律可循。例如,政治的稳定必然带来社会的进步和经济的发展,推动人们的消费需求向更高层次发展,这种高层次需求的发展,又必然进一步促进经济的繁荣与社会的稳定,对营销环境变化规律性的认识,往往要受到营销环境变化性质和企业认识水平的制约。环境变化越具有规律性,组织的营销活动就越具有相对的稳定性,企业对其变化的规律性认识就越准确。此外,企业对于营销环境变化规律的把握越准确,企业的营销活动成功率就越高。因此,从营销环境的复杂变化中探寻发展变化的规律性,是企业营销调研的根本任务,也是一个企业获得成功的基本前提条件。

2.分析营销环境的意义

企业的营销环境是企业生存和发展的基础。企业正是通过自身的行为,对其所处的营销环境因素,尤其是微观环境因素产生影响,从而获得自身的生存和发展空间的。因此,分析企业所处的营销环境对于企业的生存和发展具有重要的作用。具体来说,分析企业的营销环境具有以下几个方面的重要意义:

(1)有助于把握机会,化解威胁。所谓机会,是指企业通过努力能够获得利润的营销有利条件;而威胁则是指影响企业正常经营的不利因素的综合。众所周知,营销环境持续发生着变化,在这一变化的过程中,企业获得了许多发展的机会,也受到许多新的因素的威胁。为了充分把握机会,化解威胁,企业就必须进行市场营销环境分析。

(2)使营销活动与营销环境相匹配。从企业主体的角度来看,市场营销因素可以分为内部因素和外部因素两大类。其中,企业内部因素是指企业能够通过自身努力可以变动、调整、支配的营销环境,一般指企业内部范围的营销因素,是企业营销环境中的可控因素;而企业外部因素是指企业无法予以变动、调整、支配的营销因素,是不可控因素。企业在营销活动中,必须使可控因素的发展更有利于企业的生存;并同时使营销活动与不可控因素相匹配。企业在对环境因素的管理过程中离不开对环境分析的依赖。

通常情况下,企业可以自主决定其内部的机构设置和人事安排,决定生产某一产品,选择某一销售渠道,制定某一产品价格,决定在何种媒体上做广告等。这些企业可以自作主张的事情是企业可以控制的内部因素。而对消费者的购买动机和购买能力,对国家的经济状况和政策法规,对竞争者的营销策略和营销活动等,企业则无法支配,它们是企业无法控制的外部因素。对于不可控制的营销因素,企业有不同的适应态度:一是消极适应;二是积极适应,使企业形成更为有利的适应环境态度。

二、环境分析与企业对策

环境的变化是企业市场营销活动的不确定因素之一。如果环境的变化对企业的发展是有利的,那么这样的营销环境对企业而言就是机会;如果环境的变化对企业的发展是不利的,那么这样的营销环境对企业而言就是威胁。环境分析的根本目的就在于寻求市场机会,避免环境威胁。

1. 市场机会分析

企业营销的市场机会来自市场上尚未满足的需求。市场机会取决于市场需求的存在与否。根据市场机会的不同特点,可以将其分为不同的类型。

(1)显现的市场机会与潜在的市场机会。显现的市场机会是指市场上存在着明显的未被满足的需求。例如,目前我国城乡居民对住房的需求。潜在的市场机会是指隐藏在某些显现需求后面的未被满足的需求。对潜在市场机会把握通常可以使企业获得成功。

(2)目前的市场机会与未来的市场机会。目前的市场机会是指市场上已经出现的消费需求;而未来的市场机会是指现在市场上没有或者只有少量的需求,但预计将在未来一定时期内大量出现的消费需求。目前市场机会往往容易被企业所察觉,对未来市场机会的认识和把握则要困难得多。认识和把握未来市场机会的关键是要根据营销环境的变化,把握消费需求发展变化的趋势,据此对未来的市场需求作出较准确的预测。

(3)行业市场机会与边缘市场机会。行业市场机会是指出现在本企业经营领域内的市场机会;而边缘市场机会是指不同行业之间的交叉与结合部分出现的市场机会。一般情况下,企业为了充分利用自己的技术、设备与管理经验,往往对行业市场机会比较重视,而由于受各种条件制约,对边缘市场机会往往重视不够或无力发掘和利用这一机会。因此行业市场机会的寻找和利用在同行业之间的竞争比较激烈,机会利用的效果不是那么理想,相反,边缘市场机会的寻找和利用难度要大得多,企业一旦发现和利用这一机会,竞争不会太激烈,机会利用的效果也较好。所以,对于有能力的企业来说,在行业外寻求边缘市场机会通常是企业获得快速发展的途径之一。

(4)全面市场机会和局部市场机会。全面市场机会是指在大范围内出现的未被满足的需求;局部市场机会是指在某一局部市场内出现的未满足的需求。全面市场机会往往反映营销环境变化的一种普遍趋势,对参与市场经营的企业具有普遍意义;而局部市场机会通常只代表特定市场的特殊变化趋势,往往只对进入该市场的企业具有特殊意义。因此,企业在分析市场机会时,要注意区别全面市场机会和局部市场机会。

2. 环境威胁分析

来自市场营销环境中的威胁又称为市场风险,它对企业的市场营销机会具有很大的阻碍作用,企业应客观地分析它,并尽量避免市场风险,赢得市场机会。企业应根据环境危险的特点,采取不同的应对措施。具体如表 6-1 所示。

表 6-1　环境威胁对策

环境特征	相应对策
威胁发生的可能性大,后果严重	避免投资,至多只作象征性投资
威胁发生的可能性大,后果不太严重	可少量投资,目的是减少风险又不放弃机会
威胁发生的可能性大,后果不严重	企业可适当投资,把握机会更重要
威胁发生的可能性不太大,后果严重	应谨慎投资
威胁发生的可能性不太大,后果不太严重	可适量或大量投资,同时准备好应急方案
威胁发生的可能性不太大,后果不严重	大力投资,关注环境因素的进一步变化
威胁发生的可能性小,后果严重	可适量投资,并做好应急方案
威胁发生的可能性小,后果不太严重	可适量甚至大量投资,并做好应急方案
威胁发生的可能性小,后果不严重	大胆投资,并密切观察环境变化

◆子任务二　宏观营销环境因素分析

宏观营销环境是指能够对企业营销活动的市场机会和环境威胁造成影响的主要社会力量。具体来说,宏观环境主要包括人口、经济、自然、技术、政治与法律、文化等六大因素。

一、人口因素

人口是构成市场的第一要素,人口的多少直接决定市场的潜在容量。人口的数量水平、年龄结构、地理分布、婚姻状况、出生率、死亡率、人口密度、人口流动性及其文化教育程度等特性在一定程度上都会对市场格局产生深刻影响,并直接影响着企业的市场营销活动和企业的经营管理活动。

1. 人口数量对企业营销的影响

人口数量是决定市场规模的一个基本要素。在收入水平不变的情况下,人口越多,市场对于各类生活必需品的需求量也越多。人口的数量状况在一定程度上,影响着一个社会的生存环境。随着人口的增加,社会生存环境也将发生变化,人们的消费模式也将发生变化,从而影响企业的营销活动。

2. 人口结构对企业营销的影响

人口结构主要包括人口的年龄结构、性别结构、家庭结构、社会结构和民族结构五个方面。这五个方面从不同的角度对企业的市场营销活动造成影响。

(1)年龄结构。不同年龄的消费者对商品的需求不一样。随着我国人口老龄化问题的加重,保健用品、营养品、老年人生活必需品等都将成为市场热点。

(2)性别结构。性别结构通过对产品特点的不同要求对市场产生影响,反映到市场上,即可将产品市场分为男性用品市场和女性用品市场。比如服饰和提包等产品都有明显的性别差异。

(3)家庭结构。家庭是购买和消费的基本单位。家庭结构因素直接影响着某些商品的购买结构和数量。例如,欧美国家的家庭规模基本上户均3人左右,亚非拉等发展中国家户均5人左右,这就导致了欧美国家的小户型家具的销售远高于亚非拉国家。

(4)社会结构。社会结构在很大程度上决定了一个地区和国家的消费结构。例如我国的人口绝大部分在农村,这就决定了在基本生活必需品市场上,农村的需求量要远大于城市。

(5)民族结构。民族不同,其生活习性、文化传统也不相同。因此企业的营销活动必须十分重视各民族特性,通过开发具有民族特性的商品来获得市场。

3.人口地理分布对企业营销的影响

地理分布指人口在不同地区的密集程度。人口的这种地理分布表现在市场上,就是人口的集中程度不同,则市场大小不同;消费习惯不同,则市场需求特性不同。在发达国家除了国家之间、地区之间、城市之间的人口流动外,还有一个突出现象就是城市人口向农村流动。在我国,人口的流动主要表现在农村人口向城市或工矿地区流动,内地人口向沿海经济开放地区流动。另外,经商、观光旅游、学习等也使人口流动加速。对于人口流动较多的地方而言,一方面由于劳动力增多,就业问题突出,从而加剧行业竞争;另一方面,人口增多使当地基本需求量增加,消费结构发生一定的变化,也就给当地企业带来了较多的市场份额和营销机会。

二、经济环境因素

经济环境指国民经济发展规模与发展速度、经济结构、社会购买力、经济运行状况及发展趋势等会直接或间接地对企业营销活动产生影响。

1.直接影响营销活动的经济环境因素

(1)消费者收入水平的变化。消费者的购买力来自消费者的收入,但消费者并不是把全部收入都用来购买商品或劳务,购买力只是收入的一部分。在研究一个国家或者地区的居民的收入水平时,我们必须首先研究国内生产总值、人均国民收入、个人可支配收入、个人可任意支配收入、家庭收入等方面的有关问题,从而正确分析评价消费者的收入状况及其变化。

(2)消费者支出模式和消费结构的变化。随着消费者收入的变化,消费者的支出模式会发生相应变化,继而使一个国家或地区的消费结构也发生变化。我们通常用恩格尔系数来反映消费者的支出模式。所谓恩格尔系数,是指家庭的食品支出占总消费的比重。恩格尔系数是衡量一个国家、地区、城市、家庭生活水平高低的重要参数。食物开支占总消费的比重越大,即恩格尔系数越高,生活水平越低;反之,食物开支所占比重越小,即恩格尔系数越小,生活水平越高。消费者的支出模式不仅与消费者收入有关,而且还要考虑到家庭生命周期、家庭所在地点等因素的影响。

(3)消费者储蓄和信贷情况的变化。消费者的购买力在很大程度上还受到储蓄和信贷状况的影响。当收入一定时,储蓄越多,现实消费量就越小,但潜在消费量愈大;反之,储蓄越少,现实消费量就越大,但潜在消费量愈小。这就要求企业营销人员在调查、了解储蓄动机与目的的基础上,制定不同的营销策略,为消费者提供更有效的产品或服务。

2.间接影响营销活动的经济环境因素

(1)经济发展水平。企业的营销活动必然受到所在国家和地区的经济发展水平的制约。经济发展水平的不同必然引起居民收入水平的不同,从而引起顾客对于产品需求的不同。从总体上看,经济发展水平较低的国家或地区,较侧重于产品功能的实用性,而经济发展水平较高的地区则更侧重于产品的款式和特色。

(2)经济体制。不同的经济体制对企业的营销行为具有间接的作用。在市场经济体制下,企业的一切活动都以市场为中心,市场是其价值实现的场所,因而企业必须特别重视营销活动,通过营销实现自己的利益目标。

(3)地区与行业发展状况。我国地区经济发展很不平衡,逐步形成了东部、中部、西部三大地带和东高西低的发展格局。同时在各个地区的不同省市,还呈现出多极化发展趋势。这种地区经济发展的不平衡,对企业的投资方向、目标市场以及营销战略的制定等都会带来巨大影响。另外,我国行业与部门的发展也有差异。因此,企业一方面要处理好与有关部门的关系,加强联系;另一方面,还要根据与本企业联系紧密的行业或部门的发展状况,制定切实可行的营销措施。

(4)城市化程度。城市化程度是指城市人口占全国总人口的百分比,它是一个国家或地区经济活动的重要特征之一。城市化是影响营销的环境因素之一。目前我国大多数农村居民消费的自给自足程度仍然较高,而城市居民则主要通过货币交换来满足需求。此外,城市居民一般受教育程度较高,思想较为开放,容易接受新生事物;而农村相对闭塞,农民的消费观念较为保守,故而一些新产品、新技术往往首先被城市所接受。企业在开展营销活动时,要充分注意到消费行为的城乡差别,并相应地调整营销策略。

三、自然物质条件

自然物质是指自然界提供给人类的各种形式的物质财富,如矿产资源、森林资源、土地资源和水资源等。通常,企业在选择其所在地时,会综合考虑保证企业生存和运转的资源是否丰富、交通是否便利等因素。因为自然物质条件对企业而言,也是节约生产成本的重要途径。

四、技术环境

科学技术是社会生产力最新和最活跃的因素。作为营销环境的一部分,技术环境不仅直接影响企业内部的生产和经营,还同时与其他环境因素互相依赖、相互作用,特别与经济环境、文化环境的关系非常紧密。新的技术飞跃既给企业市场营销造就了机会,又带来了威胁。企业的机会在于寻找或利用新的技术,满足新的需求,而它面临的威胁则可能有两个方面:一方面,新技术的突然出现,使企业现有产品变得陈旧;另一方面,新技术改变了企业人员原有的价值观。例如,电视机的出现,对收音机制造业是个威胁,对电影院的冲击更为明显。

技术发展是管理改革或管理革命的动力,它向管理提出了新课题、新要求,又为企业改善经营管理、提高管理效率提供了物质基础。如计算机技术的发展,使信息技术广泛应用于企业的经营管理。现在,凡是大众化的商品,在商品包装上都印有条纹码,使得结账作业速度迅速提高,大大提高了零售商店收款工作效率,缩短了顾客等候付款的时间,提高率服务质量。

五、政治与法律环境

政治环境指企业市场营销活动的外部政治形势和状况以及国家方针政策的变化对市场营销活动带来的或可能带来的影响。

1. 政治环境因素

政治环境因素是指企业进行营销活动时,所必须面临的外部政治形势和状况以及国家方针政策的各种变化。具体来说,政治环境因素包括以下几个方面:

(1)政治局势。政治局势指企业营销所处的国家或地区的政治稳定状况。一个国家的政局稳定与否会给企业营销活动带来重大的影响。如果政局稳定,生产发展,人民安居乐业,就会给企业营造良好的营销环境。相反,政局不稳,社会矛盾尖锐,秩序混乱,这不仅会影响经济发展和人民的购买力,而且对企业营销活动产生不利影响。因此,社会是否安定与企业的市场营销关系极大,特别是在跨国营销活动中,一定要考虑东道国政局变动和社会稳定情况可能造成的影响。

(2)方针政策。各个国家在不同时期,根据不同需要颁布一些经济政策,制定经济发展方针。这些方针、政策不仅要影响本国企业的营销活动,而且还要影响外国企业在本国市场的营销活动。

(3)国际关系。国际关系是指国家之间的政治、经济、文化、军事等关系。发展国际间的经济合作和贸易关系时要了解市场国的法律制度,还要了解和遵守有关的国际法规、国际惯例和准则。这方面的因素对企业的国际营销活动有深刻的影响。例如,一些国家对外国企业进入本国经营设定各种限制条件。日本政府曾规定,任何外国公司进入日本市场必须要找一个日本公司进行合伙。也有些国家利用法律对企业的某些行为作特殊限制。美国《反托拉斯法》规定不允许几个公司共同制定产品价格,一个公司的市场占有率超过 20% 就不能再合并同类企业。除上述特殊限制外,各国法律对营销组合中的各种要素,往往有不同的规定。例如,产品由于其物理和化学特性事关消费者的安全问题。因此,各国法律对产品的纯度、安全性能有详细甚至苛刻的规定,目的在于保护本国的生产者而非消费者。

2. 法律环境因素

从对企业营销活动的影响情况来看,各国的法律环境具有两个明显的特点:

(1)管制企业的立法增多,法律体系越来越完善。西方国家一贯强调以法治国,对企业营销活动的管理和控制也主要通过法律手段。我国在发展社会主义市场经济的同时,也加强了市场法制方面的建设,陆续颁布了一系列有关的重要法律法规,如《中华人民共和国公司法》《中华人民共和国广告法》《中华人民共和国商标法》《中华人民共和国合同法》《中华人民共和国反不正当竞争法》《中华人民共和国消费者权益保护法》《中华人民共和国产品质量法》《中华人民共和国外资企业法》等,这对规范企业的营销活动起到了重要作用。

(2)政府机构执法更严。各个国家都根据自己不同的情况,建立了相应的执法机关。这些执法机关对企业的营销活动有很大的影响力。我国的市场管理机构比较多,主要有工商行政管理局、技术监督局、物价局、医药管理局、环境保护局、卫生防疫部门等,分别从各个方面对企业的营销活动进行监督和控制,在保护合法经营、取缔非法经营、保护正当贸易和公平竞争、维护消费者利益、促进市场有序运行和经济健康方面,发挥了重要作用。因此,企业在营销活动中,必须知法守法,自觉运用法律来规范自己的营销行为并自觉接受执法部门的管理和监督。同时,还要善于运用法律武器维护自身的合法权益。

六、文化环境

所谓文化环境,是指在一种社会形态下已经形成的信息、价值、观念、宗教信仰、道德规范、审美观念以及世道相传的风俗习惯等被社会所公认的各种行为规范。企业在进行营销活动时,必须分析和研究所在地的文化环境,针对不同的文化环境制定不同的营销策略。

1. 教育状况

教育是按照一定的要求,对受教育者施以影响的一种有计划的活动,是传授生产经验和生活经验的必要手段,反映并影响着一定的社会生产力、生产关系和经济状况,是企业市场营销的重要影响因素。不同教育程度的国家和地区的消费者,对商品的包装、装潢、附加功能和服务的要求也各有差异。通常情况下,受教育程度平均水平高的地区的消费者要求商品包装更倾向于典雅华贵;对附加功能也有较高的要求。此外,企业的营销调研在受教育程度高的国家和地区可在当地雇佣调研人员或委托当地的调研公司或机构完成具体项目,而在受教育程度低的国家和地区,企业开展调研要有充分的人员准备和适当的方法。最后,企业的产品目录、产品说明书的设计要考虑目标市场的受教育状况。

2.宗教信仰

宗教信仰也是影响人们消费行为的重要因素之一，某些国家和地区的宗教组织在购买决策中也有重大规定。一种新产品出现，宗教组织有时会认为该商品的消费与宗教教义相冲突，从而限制其使用。许多大型的跨国公司通常都会把影响大的宗教组织作为自己重要公共关系对象，在营销活动中也要针对宗教组织设计适当方案，以避免由于矛盾和冲突给企业营销活动带来的损失。

3.价值观念

价值观念是指人们对社会生活中各种事物的态度和看法。在不同的文化背景下，人们的价值观念也相差甚远。对于具有不同价值观念的社会消费群体，企业的市场营销人员必须采取不同的策略，从而提高自身产品的竞争力。

4.消费习俗

消费习俗是人们历代传递下来的一种消费方式，是人们在长期的经济和社会活动中所形成的一种消费习惯。不同的社会往往会具有不同的消费习俗。研究社会的消费习俗，是企业的市场营销活动成功的必要前提之一。

5.审美观念

随着社会的发展，人们的审美观也在发生着剧烈的变化。这就要求企业在进行营销活动时必须对社会的审美观有所了解，并加以研究。从内容上看，审美观至少包括三个不同层次，即健康的美、形式的美和环境的美。企业的营销人员必须对这三个层次都进行必要的研究，以制订出最佳的营销方案。

◆子任务三　微观营销环境分析

企业的微观营销环境主要由企业的供应商、营销中介、顾客、竞争对手、社会公众以及企业内部参与营销决策的各部门组成。

一、企业内部

企业内部的市场营销人员至少包括品牌经理、营销研究人员、广告及促销专家、销售经理及销售代表等。市场营销相关部门必须制订各个产品、各个品牌及新产品、新品牌的研究开发的营销计划。营销管理者在制订营销计划时，必须考虑到与公司其他部门的协调，如与财务部门、研究开发部门、采购部门、生产部门和会计部门等的协调，因为正是这些部门构成了营销计划制订者的公司内部微观环境。

二、供应商

供应商是影响企业营销的微观环境的重要因素之一。供应商是向企业提供生产产品和服务所需资源的企业或个人。供应商所提供的主要包括原材料、设备、能源、劳务、资金等。

供应商对企业营销活动的影响主要表现在：

(1)供货的稳定性与及时性。原材料、零部件、能源及机器设备等货源的保证，是企业营销活动顺利进行的前提。如粮食加工厂需要谷物来进行粮食加工，还需要具备人力、设备、能源等其他生产要素，才能使企业的生产活动正常开展。供应量不足，供应短缺，都会影响企业按期完成交货任务。

（2）供货的价格变动。供货的价格直接影响企业的成本。如果供应商提高原材料价格，企业进行生产所需的成本也将提高，从而可能使企业被迫提高其产品价格，由此可能影响到企业的销售量和利润。

（3）供货的质量水平。供货的质量直接影响到企业的产品质量。企业在寻找和选择供应商时，必须充分考虑供应商的资信状况。要选择那些能够提供品质优良、价格合理的资源，交货及时，有良好信用，在质量和效率方面都信得过的供应商，并且要与主要供应商建立长期稳定的合作关系，保证企业生产资源供应的稳定性。此外，为了降低自身的运营风险，企业还必须尽可能地使自己的供应渠道多样化。

三、营销中介

营销中介是协助公司推广、销售和分配产品给最终买主的那些企业，具体包括中间商、辅助商、营销服务机构及金融机构等。

（1）中间商。根据业务的不同，中间商可以分为代理中间商和经销中间商。代理中间商专门介绍客户或与客户磋商交易合同，但不拥有商品持有权。具体来说，中间商通常包括代理人、经纪人、制造商代表等。经销中间商与代理中间商最大的区别就在于经销中间商对产品拥有所有权，即经销商运营的基本模式是：购买产品以拥有对产品的所有权，通过销售该商品赚取利润。具体来说，经销中间商通常包括批发商、零售商等。

（2）辅助商。辅助商的主要业务是协助生产厂商储存产品，并将产品从原地运往销售目的地。辅助商包括仓储公司和运输公司。仓储公司是在货物运往下一目的地前专门储存和保管商品的机构。每个公司都需要确定应该有多少仓位由自己建造，多少仓位向存储公司租用。运输公司包括从事铁路运输、汽车运输、航空运输、水路运输以及其他搬运货物的公司，它们负责把货物从一地运往另一地。每个公司都需从成本、运送速度、安全性、交货方便性等方面进行综合考虑，确定选用哪种成本最低而且效益更高的运输方式。

（3）市场营销服务机构。市场营销服务机构包括市场调研公司、广告公司、各种广告媒介及市场营销咨询公司。这些公司协助企业选择最恰当的目标市场，并帮助企业向选定的目标市场营销产品。有些大公司，如杜邦公司有自己的广告代理人和市场调研部门。但是，大多数公司都与专业公司以合同方式委托办理这些事务。企业必须定期检查市场营销服务机构的工作，倘若发现某个专业公司不能胜任所给付的工作，则必须另找其他专业公司。

（4）金融机构。金融机构包括银行、信贷公司、保险公司以及其他对货物购销提供融资或保险的各种公司。公司的营销活动会因贷款成本的上升或信贷来源的限制而受到严重的影响。

四、顾客

顾客是企业营销活动的起点和归宿。企业通过研究顾客的行为模式，了解顾客的消费特点，通过一定的营销活动，从而得到顾客的认可。因此，顾客是企业营销环境中重要的因素之一。

五、竞争者

广义的竞争者不仅包括其他同行公司，而且还包括潜在产品的供应公司，如经济型轿车生产企业对摩托车生产企业来说也是竞争者。竞争战略的类型选择在很多情况下是竞争对象的类型和实力所作出的反应。因此，竞争者在很大程度上决定着企业的营销战略。因此，企业必须密切关注竞争者的行为。

六、公众

公众就是对一个组织完成其目标的能力有着实际或潜在的兴趣和影响的群体。根据利益的不同,可以将公众分为金融公众、媒介公众、政府公众、公民行动团体、地方公众、一般公众、内部公众七大类。

任务二　消费者市场分析

任务情景

在大连的任何一家商场的洗化超市,你准能看到"巴斯科林入浴剂"系列产品的身影。然而,十多年前,"巴斯科林"这一品牌还鲜为人知。如今,不少大连人已经开始习惯于这样一种生活:晚上看电视的时候,要用一盆"巴斯科林"浴液泡泡脚。在"巴斯科林"开始进入大连的时候,受经济收入等条件的限制,许多人家没有装配浴缸;即使有浴缸的家庭,家里浴缸的利用率也不高。更关键的是,大连虽是著名的海滨城市,但淡水资源紧张,以致政府部门下令家庭限量用水,对超量用水实行高价政策。这种政策对于依赖浴缸生存的入浴剂产品差不多是判了"死缓"。无论市场环境还是市民消费习惯都昭示着"巴斯科林"将很难进入大连市场,因为这不仅要很大程度地改变人们洗浴的目的,而且会要求不少比例的目标消费人群改变自己的洗浴方式。很多人习惯冲淋浴,却不见得喜欢躺在浴缸里泡澡,觉得那太费事、太费水或者太费时间。总之一句话,无论从消费条件、消费习惯还是消费能力看,"巴斯科林"要直接以入浴剂的原本含义"泡浴添加剂"的定位走进大众消费市场,不说根本没有可能,其难度也是相当大的。现实如此,摆在营销者面前的出路也就明明白白:要么放弃,要么重新寻找产品与市场的对接点,对产品重新定位。公司通过与代理商之间进行磋商,决定将"泡浴添加剂"的定位转换为"浴足添加剂"。2000年6月,被赋予全新意义的"巴斯科林"正式露面。营销方案按照既定的"倡导天天浴足健康生活方式"的推广策略,"天天浴脚、胜服补药"是贯穿始终的主线。整个营销过程取得了巨大的成功。

任务分析

对消费者市场的分析首先要根据需求来研究他们的购买动机及购买行为的影响因素,市场营销者只是通过一系列的营销行为,影响人们的欲望,进而对市场需求产生作用。

◆子任务一　消费者市场分析概述

消费者市场是市场体系的基础,对企业的营销活动起着决定性作用。任何企业的营销活动都离不开对消费者市场进行研究。

一、消费者市场的内涵和特征

消费者市场又称最终消费者市场、消费品市场或生活资料市场,是指个人或家庭为满足生活需求而购买或租用商品的市场。具体来说,消费者市场具有以下几个方面的特征:

(1)消费者市场的购买人数众多,交易频繁,且交易数量零星。值得注意的是,消费者市场的范围极为广泛。因此,消费者的总体交易规模也显得极为庞大。企业在进行营销活动时,必须给予消费者市场以足够的关注。

(2)产品需求多样性。从消费者市场交易的产品看,由于消费者的需求千差万别,不同消费者对衣、食、住、行、用等的偏爱与重视程度就不同,所以所需的产品花色、品种、规格复杂多样,产品的市场寿命周期较短,产品的技术和专用性不强,许多产品可以互相代替。例如加工服装,可以用这种面料,也可以用那种面料;人们喝水可以用玻璃杯,也可以用瓷杯。所以消费者市场的需求弹性很大。

(3)非专业性购买。从消费者市场购买动机和行为看,消费者市场的购买者都缺乏专门的产品知识和市场知识,消费者购买行为具有自发性、感情冲动性的特点。消费者购买行为属非专业性购买,购买者对产品的选择受广告、宣传的影响较大。尤其是大多数购买者对除日用品以外的其他商品缺乏专门的知识,购买时往往感到茫然,表现为非行家购买。

(4)供需矛盾表现频繁。从市场的动态看,由于消费者的需求复杂多变,使产品供需之间的矛盾表现频繁。此外,地区之间、国内外之间消费者购买力流动性很大,这就使产品供需的平衡更加复杂,从而加剧了供需之间的矛盾。

二、消费者市场的购买对象

随着社会的发展,消费者市场的购买对象的多样性得到了很大的提高。消费者市场的购买对象根据不同标准可以划分为不同的类别。

1. 按照消费者的购买习惯标准分类

(1)日用品。日用品又称便利品,是指消费者日常生活所需的、即买即用的各类消费品。日用品通常需要重复购买。消费者在购买这类商品时,通常不愿意花更多的时间来比较价格和质量,多数是就近购买。因此,企业在进行日用品的营销活动时,应更多注意分销范围的广度和经销网点的合理分布,以便满足消费者及时方便购买的需要。

(2)选购品。选购品是指消费者为了购买合意的物品,往往需要花费较多的时间对商品的样式、价格、质量等特性进行了解和研究的商品。企业在对选购品进行营销时,可以将销售网点设在商业网店较多的地区,并将同类产品的销售点相对集中,以方便顾客进行比较和挑选。

(3)特殊品。特殊品是指消费者对其拥有偏好并愿意花费较多的时间和精力去购买的商品。通常情况下,各类古董、字画以及高档化妆品都属于特殊品的范畴。消费者在购买特殊品时,通常都对商品有所认识,都对特殊品的品牌和性质有所了解。因此,企业应注重品牌的创建,培养顾客对品牌的忠诚度,以扩大自身产品的市场份额。

(4)非渴求物品。非渴求物品是指顾客不知道或者虽然知道但却没有很大的购买兴趣的商品。非渴求物品的性质要求公司必须加强广告和推销工作的力度,切实做好售后服务工作。

2. 按照商品的使用寿命标准分类

(1)耐用品。耐用品是指可多次使用、使用寿命较长的商品,如电视机、电冰箱、音响和电脑等。消费者购买这类商品时,较为理性、慎重。生产这类商品的企业通常都比较注重技术创新。

(2)非耐用消费品。非耐用消费品是指使用次数较少,使用寿命也较短的商品。消费者需要经常购买这类商品。企业在对这类商品进行营销时,不仅要注意提高产品质量,还需要特别注意销售网点的设置,以便消费者就近购买。

三、消费者购买行为的类型

1. 复杂购买行为

复杂购买行为通常发生在商品的品牌差异较大且价值较大的情况下。一般情况下，人们在购买大宗家具或者住房等耐用消费者时，会采用复杂购买行为模式。通常情况下，在复杂购买行为模式下，消费者通常会对商品特性进行了解，然后通过与自身的要求进行对照，从而决定是否进行购买。

2. 消除差异购买行为

消除差异购买行为通常发生在消费者所购买的商品的价值昂贵且购买率较低的情况下。消除差异购买行为模式下，信息的作用显得极为重要，决策的影响者的作用相对于其他模式也显得更为有效。

3. 习惯性购买行为

习惯性购买行为经常发生在所购买的商品品牌差异极低且购买频繁的情况下。广告的营销作用对于习惯性购买行为的效果显得极为明显。此外，显眼的标志和适当的包装对于商品营销也极为重要。

4. 广泛挑选购买行为

广泛挑选购买行为是指消费者对于品牌的差别极为关注，喜欢通过经常更换品牌，来体验不同品牌商品的不同特性。在广泛挑选购买行为模式下，消费者更换品牌并不是对商品不满意，而是为了体验一个新的品牌。一般情况下，消费者对于这类产品的品牌忠诚度都较低。

◆子任务二　消费者购买行为分析

一、消费者购买动机

研究消费者的购买动机就是研究消费者为什么要购买这种商品而不购买另一种商品，为什么在这里购买而不是在那里购买等动机和原因方面的问题，以使企业有针对性地开展营销活动。具体来说，消费者的购买行为一般来源于以下几种动机：

（1）求实动机。消费者以追求商品的实用性为主要目标，购买时注重商品的实用、质量。如家庭主妇在购买家庭用品时，往往会反复斟酌、多方比较、衡量其实用价值之后再作决定。求实动机通常也会带有求廉的因素。在一般情况下，普通消费者更倾向于物美价廉的商品。

（2）求新动机。消费者以追求商品的整体价值为主要目标，购买时注重款式新颖、功能创新和时代风格，既要确保质量又要确保款式。

（3）求便动机。消费者以追求商品的使用便利性为主要目标，购买时注重实用方便、维修方便。特别是针对老年人，产品功能过于复杂会使人使用不方便，而且现代人随着工作、生活节奏的加快，也越来越注意到便利性的重要性了。

（4）求奇动机。消费者以追求商品的奇巧、趣味为主要目标，购买时注重商品的造型、结构、款式的奇特。一些能一眼勾起人们兴趣的商品往往能迅速引起人们的购买行为，具有很强的感染力。

（5）求美动机。消费者以追求商品的美学欣赏价值、艺术价值为主要目标。购买时注重商品的色彩、造型、装潢的艺术性和可观赏性。人类是随着文明的进步去认识美和创造美的，因此，消费者在购买商品时，不仅会考虑到商品的实用价值，还会要求商品具有造型美、色彩美、艺术美。

(6)模仿动机。消费者以追随自己喜欢、崇拜的对象为主要目标,仿效他人购买商品的行为,并以此为荣,如以政治人物、知名人士、影星、歌星、体育明星等为模仿对象。

(7)自我表现动机。消费者以追求完美的自我形象为主要目标,期望通过购买某些商品来表达和塑造自我形象。这类消费者在购买中感情色彩较重,通常会选择可以传达自身风格和特色的具有某些相同特性的商品组合,以期得到别人的认可和赞赏。

二、消费者购买行为的影响因素

1. 文化因素

文化对于人类的欲望和行为模式具有极为深远的影响。文化通过一定的价值、知觉和偏好影响着人们的购买心理,进而影响着人们的购买行为。不同的文化具有不同的特点。正是由于文化的差异性,才引起了世界各地人们消费模式的多样性。

2. 社会因素

(1)相关群体。相关群体是指那些直接或间接影响人的看法和行为的群体。从影响的方式上看,相关群体又可分为直接相关群体和间接相关群体。其中,直接相关群体又称为成员群体,即某人所属的群体或与其有直接关系的群体,成员群体又分为首要群体和次要群体两种。首要群体是指与某人直接、经常接触的一群人。首要群体一般都是非正式群体,如亲戚朋友、同事邻居等。次要群体是指对其成员的影响不很经常,但一般都较为正式的群体,如宗教组织、职业协会、贸易协会等。间接相关群体是指某人的非成员群体,即其不属于其中的成员,但又受群体影响,这种相关群体又分为向往群体和厌恶群体。向往群体是指某人推崇的一些人或希望加入的集团。例如,体育明星、影视明星就是其崇拜的向往群体。厌恶群体是指某人讨厌或反对的一群人。一个人总是不愿意与厌恶群体发生任何联系,在各方面都希望与其保持一定距离,甚至经常反其道而行之。

相关群体对消费者购买行为的影响,为消费者展示出新的行为模式和生活方式,由于消费者有效仿其相关群体的愿望,因而消费者对某些产品的态度也会受到其相关群体的影响,人们行为趋于某种"一致性",从而影响消费者对某些产品和品牌的选择。

(2)家庭因素。家庭是社会组织的基本单位。家庭的收入与人员状况对于一个地区或国家一定时期的消费特点具有重要的影响。例如,随着家庭的小型化,我国小户型家具的需求越开越旺盛。

(3)社会角色。一个人在其一生中会参加许多群体,如家庭、俱乐部及其他各种组织。角色是一个人所期望做的活动内容,每个人在各个群体中的位置可用角色和地位来确定。对你的父母来说,你是儿子或女儿的角色;在自己家里,你是丈夫或妻子的角色;在孩子眼里,你是父亲或母亲的角色;在公司里,你是领导或员工的角色。每个角色都将在某种程度上影响其购买行为。每一个角色都具有一种地位,这一地位反映了社会对他的评价;地位标志又随着不同阶层和地理区域而有所变化。

3. 个人因素

消费者购买决策也受其个人特征的影响,特别是受其年龄、职业、经济状况、生活方式、个性以及自我观念的影响。人们在一生中购买的食物是不断变化的,幼年时吃婴儿食品,发育和成熟时期吃各类食物,晚年吃特殊食品。同样,人们对衣服、饰物和娱乐的喜好也同年龄有关。一个人的职业也影响他的消费观念,如蓝领工人一般会去买工作服,而白领人员一般会去买西服、领带。生活方式是一个人在世界上所表现出来的有关其活动、兴趣和看法的生活模式。个性是一个人所特有的心理特征，它导致一个人对其所处环境的相对一致和持续不断的反应。自我观念是指个人对自身的社会地位和社会形象的理解。自我观念在很大程度上决定了消费者的购买模式。

4. 心理因素

消费者的购买行为离不开心理因素的推动作用。也正是由于心理因素的存在，同一个体在相同的环境下，面对同一商品也可能表现出不同的偏好。

三、购买者行为的类型

购买者行为所包含的决策层次的数目，因产品的复杂性、价值大小，以及购买情况的不同而有所不同。总体上看，购买者行为的类型可以分为以下三种类型：

1. 常规反应行为

这是最简单的购买行为，一般指购买价值低、次数频繁的商品的行为。购买者已熟知商品特性和各种主要品牌，并在各品牌中有明显的偏好。因此，常规反应行为的购买决策很简单，如每天买一包香烟，每月买一支牙膏等。但由于缺货，商店的优惠条件或喜新心理的影响，有时也会更换品牌。但一般来说，这类购买行为如同日常的例行活动，不需花费太多的时间和精力。营销者在此种情况下的对策是：质量和价格尽量保持稳定以保住现有顾客，同时尽力宣传自己的品牌，以吸引更多的顾客。

2. 有限解决问题

消费者熟悉某一类商品，但不熟悉所有的品牌，想要买一种不熟悉的品牌时购买行为就较为复杂。例如有人想买自行车，也熟悉自行车性能，但对某一新品牌尚不熟悉，这就需要进一步了解情况，解决有关这个新品牌的问题，然后才能作出决策。对此，营销者应通过各种促销手段加强信息传递，增强消费者对新品牌的认知和信心。

3. 广泛解决问题

消费者面对一种从来不了解、不熟悉的商品，购买行为最为复杂。例如，第一次购买微波炉的消费者，对品牌、型号、性能等一无所知，这就需要解决有关商品的一切问题。营销者必须了解潜在购买者如何搜集信息和评估产品，设法多方介绍产品的各种属性，让消费者增加了解，便于作出购买决策。

案例

哈雷：一个阶层的生活方式

2003年，网球明星纳芙拉蒂诺娃，被欧洲的一个网球协会授予最高荣誉。奖品竟是一辆哈雷-戴维森"弹簧型"摩托车。2003年是哈雷-戴维森摩托车百年诞辰，也就是世界上第一辆摩托车的百年诞辰。在过去的一个世纪里，哈雷-戴维森凭借精湛的手工工艺制造、卓尔不群的设计理念、自由奔放的文化传统征服了无数哈雷一族，也征服了世界。哈雷文化几乎涵盖了世界摩托车文化的演绎进程，并引领它的发展方向。20世纪五六十年代，哈雷摩托车风靡全球，为哈雷公司赢得了大笔利润，成为美国最大、最著名的重型摩托车制造商。但是好景不长，在20世纪60年代末期，哈雷公司出现了管理不力、质量不过关等严重问题，使得哈雷公司濒临破产的边缘，并于1969年由美国机械制造公司（AMF）接管。新主人竭力排斥哈雷品牌，将旗下所有的产品都冠上AMF的封号，此举对哈雷品牌来说无疑是雪上加霜，加上日本轻型摩托车大举入侵美国市场,曾经辉煌的哈雷几乎被置于死地。但哈雷人不会让哈雷就这样被葬送,公司最高主管比尔斯联合13位高级主管将哈雷公司从 AMF 赎回,将哈雷从死亡的边缘挽救了回来。同年6月16日,公司组织哈雷车手驾车从所在地宾夕法尼亚州长途跋涉前往哈雷的老家威斯康星州密尔沃斯基镇举行"孤独翱翔的雄鹰"庆祝活动。1983年,哈雷公司为了拉近与消费者的距离,成立"哈雷拥有者协会"(简称 HOG),这是一个在世界各地众多分会中唯一由摩托车生产厂家赞助的俱乐部,而且是世界上最大的摩托车俱乐部。截至1989年,HOG 已经拥有9万名会员,而到了1993年哈雷90周年庆典时,哈雷 HOG 注册会员已经达到20万人,这一年的哈雷90周年庆典活动的参加人数达到10万人,会员来自世界18个国家和地区,150多家媒体跟踪报道,这时的哈雷已经不再是一种普通的摩托车了,而是作为一种生活方式的理念深入人心。2年以后,哈雷公司销售量再创新高。自2002年7月开始,为迎接哈雷摩托车诞生一百周年,哈雷公司举办了长达14个月的世纪辉煌纪念活动,哈雷车手齐聚亚特兰大、纽约、东京等全世界10大城市,向车友展示自己的爱骑,并于2003年8月在哈雷老家举办规模空前的庆典活动。2003年哈雷生产的车型均为100周年纪念车型,而其黑、银两色车型为限量车种。一个世纪的沉浮,一个世纪的文化沉淀,孕育出灿烂丰富的哈雷摩托车文化——自由、个性、进取,这一直作为哈雷品牌的特有精神含义,令无数的哈雷车迷们为之倾倒、为之痴狂。

哈雷正是通过其产品文化的魅力,对消费者的购买行为决策造成影响。哈雷文化奔放洒脱、彰显个性、张扬自我、崇尚自由,有一定的品牌高度和个性化魅力,哈雷品牌与其他摩托车品牌有明显的区隔,差异化策略的运用非常到位。

◆子任务三 消费者购买决策过程

一、消费者的购买角色

消费者在购买活动中,由于所处的条件不同,会担当不同的角色。例如,某家庭需购买一台彩电,该提议可能来自儿子,买什么品牌的建议可能来自亲朋好友,对彩电功能的要求可能是父亲提出的,而彩电的款式可能是母亲的意见,这台彩电最终可能在儿子的房间。诸如此类的购买决策活动,每个人都可以担当不同的角色。即使同一个人在同一群体中,在不同的购买决策过程中所担当的角色也可能并不一样。具体来说,常见的购买角色如图6-1所示。

(1)发起者。发起者是指提出购买某种商品和服务的建议,或表达购买愿望的人。发起者通常是这一群体中较容易接受新鲜事物或者信息较灵通者。企业的营销活动通常就是对这个群体中的发起者给予一定的影响。

(2)影响者。影响者是指对购买提议提出看法或建议而最终决策有一定影响的人。影响者对于整个购买决策的过程的影响作用大小不一。

(3)决策者。决策者是对实施购买活动具有完全或部分决定作用的人。如可以决定在何时、何地、如何购买。

(4)购买者。购买者是实施购买活动的采购者,比如与卖方商谈交易条件,带上现金去商店选购等。

(5)使用者。使用者即为商品的实际使用人。

消费者在购买决策活动中的不同角色,对于设计产品、确定信息和安排促销预算有一定的关联意义。因此企业必须认识这些角色,了解购买决策中主要参与者和他们所起的作用,这有助于营销人员妥善制订营销计划。

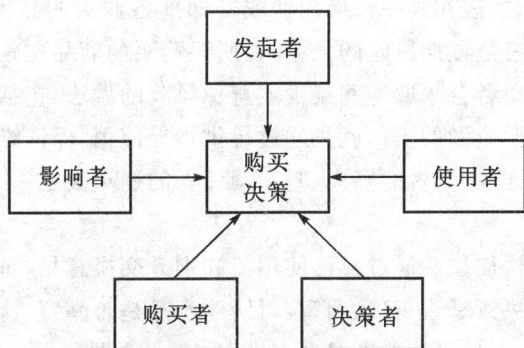

图 6 - 1　消费者的购买角色

二、消费者购买行为阶段

1. 需要认识

消费者的购买行为过程从对某一问题或需要的认识开始。内在的和外部的刺激因素都可能引起需求。例如,消费者饥饿、口渴时就会去买食品或饮料。消费者可能由于看到某电脑广告而激发对这种品牌、型号电脑的购买欲望,营销人员应去识别引起消费者某种需要的环境,从消费者那里去收集信息,并弄清可能引起消费者对某些商品感兴趣的刺激因素,从而制定适宜的营销策略。

2. 信息收集

当消费者对某种商品的需求趋于强烈时,就会去收集有关该商品的信息。消费者对某种产品的全部品牌不一定都熟悉,有时也仅仅熟悉其中的一部分(知晓品牌),而在这几个品牌中可能只有某几个品牌的商品符合其购买标准(可供考虑品牌)。当消费者收集了大量信息之后,可能仅有少数品牌作为重点选择对象(选择组)。最后,消费者根据自己评价,从中选择某一品牌作为最终决策。因此,企业必须采取有效措施,使自己的品牌产品进入潜在顾客的知晓组、可供考虑组和选择组,无法进入以上各组的品牌产品,就可能失去市场机会。

3. 方案评估

消费者在收集信息之后,需要对有关信息进行分析,对可供选择的购买方案进行评估。最常用的评估模式称为认知导向模式,即营销人员认为消费者对商品的判断都是建立在自觉和理性的基础之上的。消费者为了满足自身的需要,必须从某种产品中寻求某些利益,消费者将根据其关联或特征来区别这些产品的属性,各种不同品牌的同类商品可能各有其不同的特点和优势,同类同品牌的产品也有不同的规格、型号、款式等。而消费者则根据自己的需要与喜好等权衡各方面的利弊来进行评价和选择。

4. 购买执行

消费者通过对各种信息进行评估后就会作出是否购买的决策。一般有以下三种决策情况:①认为商品品牌、质量、价格等符合自己的要求,决定立即购买;②认为商品的某些特性还不完全符合自己的要求,决定暂缓购买;③感到商品不符合自己的要求而决定不买。在这个过程中,消费者的购买决策要受到三个因素的影响使消费者不一定能实现或马上实现其购买意向：一是别人的态度，如果与他关系密切的人坚决反对购买，他就可能改变意向；二是意外情况，如出现家庭收入减少，急需在某一方面用钱或得知准备购买的品牌令人失望等意外情况，他也可能改变购买意向；三是预期风险的大小，在所要购买的商品比较复杂、价格昂贵，因而预期风险较大的情况下，消费者会采取一些减少或避免风险的做法，包括暂不购买或改变购买意向。因此，企业在这一阶段应做的工作就是通过提供指导使用、保证维修、试用期可退货、分期付款等各种销售服务来消除购买者的疑虑，坚定消费者的购买决定。

5. 购后评价

消费者在购买商品后，往往会通过自己使用或和别人交换意见，对自己的购买决策进行检验，重新评价自己的购买决策是否正确、明智，对所购产品是否满意，这就是购后感受。购后感受会导致一定的购后行为。如果消费者感到满意，他会向亲朋好友、邻里、同事介绍他的满意感。如果不满意，当程度不大时，他会在其他人面前作出抱怨的表示；当程度大或产品缺陷明显时，消费者会提出退货、维修、调换等要求。如果商品缺陷造成消费者健康、精神损害，消费者将向有关方面投诉甚至通过法律途径来解决问题。营销人员应尽早尽快采取必要措施来消除和减轻消费者的不满意程度，努力给消费者一个讲信誉、讲质量、为消费者着想、使消费者满意的企业形象。

任务三　组织市场及竞争对手分析

任务情景

20世纪70年代中期，对英特尔而言，竞争者积极地部署，企图争夺16位微处理器的王座。许多公司抢先推出了16位的微处理器，这些产品包括Zilog的8000微处理器和摩托罗拉的6800，还有许多其他产品。1979年秋，对于16位微处理器市场地位的忧虑，英特尔公司决心设法赢得16位微处理器市场。依照它当时的分析，当一家公司要决定使用哪一个微处理器时，有三组人握有决定性的影响力。第一是工程师，他们是实际在作设计的人，这也是英特尔过去在销售存储器时最习惯接触的组群。第二，采购部门也同样重要，因为采购部门负责所有的购买事宜，其影响力不容忽视。当然这也是一向往来的部门。第三个部分，过去从未触及，就是公司的高级管理层。这个层级的人通常不会去管存储器采购这些细节，也不会去钻研设计上的难题。但是，在规划公司未来的蓝图时，采用哪一个微处理器，绝对有战略上的考量。针对这个关键因素，英特尔认为其营销下一步的工作就是针对这三个组群的需求，准备完整的资料和行销计划，把英特尔的优势展示在这三个组群眼前，特别是公司的决策层。这个重要的市场战略定名为"冲击"计划，目标是赢得16位处理器的王座。

任务分析

组织市场是企业将要面对的一个非常重要的市场，在这个市场上，有着与消费者市场不同的特征，要求企业必须对产业市场购买行为进行分析。同时，竞争对手是每一个企业都不能忽视的影响企业发展的重要因素。企业要对竞争对手优、劣势及竞争策略进行分析评价，从而制订出自己的营销方案和策略。

◆子任务一　产业市场购买行为分析

产业市场是组织市场最重要的组成部分,其购买行为比消费者市场显得更为复杂而稳定。研究产业市场的购买行为对于掌握组织市场具有重要的意义。

一、产业市场的主要特点

在某些方面,产业市场与消费者市场具有相似性,二者都有为满足某种需要而担当购买者角色、制定购买决策等共同特点。然而,产业市场在市场结构与需求、决策类型与决策过程及其他各方面,又与消费者市场有着明显差异。

(1)购买人数少,购买规模大。产业市场所面对的顾客通常为企事业单位。由于产业市场的最终客户仍为消费者市场,因此,产业市场的产品供给商并不能只关注产业市场的需求,而忽视消费者市场的变化趋势。产业市场相对于消费者市场更容易形成买家垄断的局面。

(2)生产者的地理位置都相对集中。为了更好地提高产业的集群效应,以降低企业的生产成本,生产者通常都会将厂址设定在一个生产者聚集的地段。例如,我国空调的生产者,主要集中在珠江三角洲和长江三角洲;汽车的生产者主要集中在长春、上海、北京、天津这样一些大城市。

(3)需求的派生性。产业市场上产业购买者对产业用品和服务的需求是从消费者对消费品的需求中派生出来的。例如,要生产和销售一双皮鞋,皮货商要将皮货卖给制革商,制革商把皮革卖给制鞋商,制鞋商把皮鞋卖给批发商,批发商把皮鞋转卖给零售商,零售商将皮鞋销售给消费者。制革商之所以要购买兽皮,皮鞋制造商之所以要购买皮革,归根到底是因为消费者要去零售商那购买皮鞋。如果消费者不需要购买皮鞋,就必然会引起连锁反应:零售商不会向批发商购买皮鞋,批发商不会向制鞋商购买皮鞋,而制鞋商也就不会向制革商购买皮革,制革商也就不会向皮货商购买皮货。

(4)需求缺乏弹性。产业购买者对产业用品和劳务的需求受价格变动的影响不大。如果布匹的价格下降,即使布匹成本是服装成本的主要部分,服装厂也不会因此而购买很多的布匹。产业市场的需求缺乏弹性的特点在短期内尤为明显。这是因为生产者不能在短期内对其生产方法有很大的改变。

(5)需求具有波动性。由于产业市场的需求具有间接性,它的最终目的仍是为了满足消费者市场的需求。在产业市场上,由于人们通常随需求变化反应敏感,因此,产业购买者比消费者市场需求的波动性更大,为了规避经营风险,产业市场的商品供给者通常会实行多元化经营战略。

(6)购买的专业性。由于产业用品尤其是主要设备的技术性强,对产品质量、规格、性能等各方面都有系统的计划和严格的要求。因而,企业通常都雇有训练有素的、专业知识丰富的专职采购人员,负责采购工作。企业采购主要设备的工作较为复杂,参与决策的人员比消费者市场多,决策过程更为规范,通常由若干技术专家和最高管理层组成采购委员会领导采购工作。

(7)购买的直接性。由于产业市场上一次购买的数量很大,其购买又具有很强的专业性,因而产业购买者往往向生产者直接采购所需产业用品(特别是那些单价高、有高度技术性的机器设备),而不通过中间商采购。

(8)互惠性。产业市场上购买者和供应者往往互为需要,因此常常相互提供产品,这种习惯的做法叫互惠。互惠有时表现为三角形或多角形。互惠现象在很大程度上加大了产业市场的顾客关系的复杂性。

二、产业购买的决策参与者

(1)使用者。使用者是指将要实际使用这种产品或服务的人员。公司要购买实验用的仪器,其使用者是实验室的科研人员;要购买打印机,其使用者是办公室的秘书。使用者往往是最初提出采购意见的人,他们在计划购买产品的品种、规格中起着重要作用。

(2)影响者。影响者是指在企业外部和内部直接或间接影响购买决策的人员。他们通常协助企业的决策者决定购买何种品种和规格的产品,并提供对不同方案的评估意见和信息。在此,企业的技术人员是最主要的影响者。

(3)采购者。采购者是指在企业中有组织采购工作(如选择供应商、和供应商谈判等)的正式职权、具体执行采购任务的人员。在较复杂的采购工作中,采购者还包括参加谈判的公司高级管理人员。

(4)决策者。决策者是指在企业中有批准购买产品权力的人。在经常性采购中,采购者常常是决策者;而在较复杂的采购中,公司领导人常常是决策者。

(5)信息控制者。在一个购买行为决策过程中,信息控制者通常负责着信息的沟通与传递。由于企业规模的不同,信息控制者的人数和层次也各不一样。在大企业中,信息控制者的人数可能会显得较多;在小企业中,则相反。

三、产业市场购买业务的种类

产业购买者购买行为的复杂程度和购买决策项目的多少,取决于购买业务的类型。一般情况下产业市场购买业务大致可分为直接重购、修订重购和新购三种类型。

(1)直接重购。直接重购是指企业的采购部门根据过往和许多供应商打交道的经验,从供应商名单中选择供货企业,并直接重新订购过去采购的同类产业用品。直接购买通常比其他类型的购买显得较为简单。

(2)修订重购。修订重购是指企业为了更好地完成采购任务,适当改变要采购的某些产业用品的规格、价格等条件或供应商。修订重购的购买流程和步骤比直接重购要复杂得多。

(3)新购。新购是指企业第一次采购某种产业用品的过程。由于信息和经验的不足,企业的新购行为相对于前两种购买业务的成本费用较高,购买失败的可能性也较大。因此,新购行为要求企业尽可能收集足够多的产品信息,以降低购买风险。

四、影响产业购买者购买决策的主要因素

和个人消费一样,产业购买者在作出购买决策时,受到一系列因素的影响。具体来说,这些影响主要来自以下几个方面:

(1)环境因素。所谓环境因素,也即对企业生产经营活动产生各种影响的外部因素,它涉及政治、法律、经济、技术、竞争等各方面。例如,如果经济前景不佳,市场需求疲软,产业购买者就不会增加投资,甚至会减少投资,减少原材料采购量和库存量。营销者应密切注意这些环境因素的变化情况,并设法将风险转化为企业机会。

(2)组织因素。组织因素是指企业自身的因素,如企业的经营目标、经营政策、业务程序、组织结构和规章制度等。组织因素在很多情况下,是影响产业购买者购买决策的第一因素。

(3)人际因素。企业采购中心的各个参与者在企业中的权力、地位、说服力以及他们之间的关系有所不同,这种人事关系不能不影响产业购买者的购买决策、购买行为。如果营销者能

够掌握和了解客户采购中心参与者的各种特点,对于营销工作肯定会有很大帮助。

(4)个人因素。个人因素是指各个参与者自身特性的因素,包括年龄、收入、学识、职位、个性、爱好等。个人因素通过影响各个参与者对要采购的产业用品和供应商的印象、看法,从而影响购买决策、购买行动。因此,产业市场上的营销活动目标应当是具体决策的参与者,而不是抽象的企业。

五、产业购买者购买过程的主要阶段

供货企业的管理层和市场营销人员要了解其顾客在购买过程各个阶段的情况,并采取适当措施,以适应顾客在各个阶段的需要,才能成为现实的卖主。产业购买者购买决策过程中阶段的多少取决于产业购买者购买情况的复杂程度。以新购为例,其购买过程至少包括以下七个阶段:

(1)识别需要。购买工作开始于企业内部有人提出对某种产品或服务的需要。需要可能由企业内部刺激引起,也可能由外部刺激引起。内部刺激如决定生产某种新产品需要新的设备及原材料。外部刺激如展销会、广告或供应者推销人员的访问等,促使采购人员提出购买意见。产业市场的营销人员应当主动推销,经常开展产品广告宣传,派人走访客户,发掘潜在的需求。

(2)确定需要。这一阶段需要企业确定自身对于所需产品的特征和数量的要求。需要的确定环节对于产业购买风险的降低具有重要的意义。因此,企业必须认真做好需要的确定工作。

(3)说明需要。购方企业在确定需要后,要着手对所购产品进行价值分析,并写出精练的技术说明书,作为采购人员采购时的取舍标准。同时将所购买的产品或服务写成对供应商的详细要求。

(4)选择候选供应商。企业对拟购产品作出具体规定后,需要花较多时间物色供应商。采购人员可通过查找《工商企业名称录》或向其他企业了解等途径寻找最合适的供应商。因此供货企业的最高管理层应把本企业的名称列入《工商企业名称录》,注意加强广告宣传,想方设法提高办企业的知名度。

(5)选择供应商。企业必须对候选供应商进行评价,结合自身对于产品的要求,选择合适的供应商。供应商选择环节是产业购买者购买过程的核心过程,关系着产业购买行为的成功与否。

(6)制定订货程序。为了减少日后的购买决策成本,企业通常需要将购买决策进行程序化,并编写购货行为程序说明书。在程序说明书上,企业必须明确说明所购买产品的技术规格、期望交货时间以及购买数量的最佳区间等。

(7)检查合同履行情况。为了保证购买合同的顺利履行,企业必须定时对合同的履行情况进行检查,及时发现纰漏,以便将合同风险降至最小。

◆子任务二　竞争对手分析

为了做出有效的竞争性市场营销策略,公司需要尽可能多地找出有关竞争对手的资料,同时,必须经常与那些实力相当的竞争者在产品、价格、渠道和促销上作比较。这样,公司才能找出潜在的竞争优势和劣势,才能针对竞争对手采取更为有效的市场营销策略,并且才能准备较强的防卫来对付竞争者的行动。如何进行竞争对手分析已成为现代营销管理的重点。具体来

说,竞争对手分析包括以下几个基本步骤。

一、竞争对手识别

企业面临着广泛的竞争者。竞争者包括所有提供相同服务产品的企业。如别克汽车所面临的竞争者不仅是汽车制造商,还包括卡车、摩托车甚至自行车的制造商。最广泛地说,竞争对手指所有竞争同一笔顾客钞票的企业,如别克汽车视自己与所有销售主要耐用消费品、新房子或到国内外旅游的企业竞争。

企业应该避免"竞争者近视症",企业很可能被潜在的竞争者而非面前的对手击败。企业可以从行业的观点来识别它们的竞争者。一个企业要想成为有力的"竞赛者",就应当努力了解该行业的竞争模式。企业也可以从市场的观点来识别竞争者。在此情况下,它所阐明的竞争者就是试图满足相同顾客的需要或服务于相同的顾客群的企业。从行业观点来看,可口可乐可将百事可乐和其他软饮料制造商视为竞争对手;从市场观点来看,顾客真正需要的是"解渴"的饮料,这项要求可由冰茶、果汁、矿泉水和许多其他饮料来满足。因此,这些产品的生产商都应该成为可口可乐的竞争对手。

二、确定竞争对手的目标

通常我们假设所有竞争者只是为了追求利润的极大化。这也是我们确定竞争对手目标的基本依据。当然这一假设存在着一定的不合理性,因为它完全排除了竞争对手只能倾向"满意"的利润而不是"极大化"的利润,他们达到其目标利润就感到满足,即使其他的策略可能带来更多的利润。因此,在利用这一假设对竞争对手的目标进行确定时,有时也必须充分考虑利润以外的目标。每个竞争者均有目标体系。在这一体系中,不同的目标具有不同的权重。企业必须了解对手对目前的盈利能力、市场份额的成长、现金流、技术领先地位、服务领先地位和其他目标的相对重要性如何排列,了解竞争对手的目标组合就可以知道竞争者是否满意于目前的状况,以及它对不同竞争行动的反应。例如,追求低成本领导地位的企业,对采取降低制造成本策略的竞争对手的反应,比对增加广告费用的竞争对手的反应来得激烈。企业还需监视竞争对手对不同细分市场的目标。如果企业得知:竞争者发现了一个新的细分市场,这可能就是一个机会:如果得知对手计划进入本企业所服务的细分市场,则可将此当做事前警告,并能作出事前准备。

三、识别竞争者的策略

竞争对手间的策略的相似程度在很大程度上决定了两者之间的竞争程度。一个企业的策略与另一企业的策略越相似,其间的竞争就越激烈。在多数行业里,竞争对手可分成几个追求不同策略的群体。策略群体是指在一个行业里采取相同或类似策略且在一个特定目标市场上的一群公司。例如,在家电产品行业中,通用电气公司、惠而浦及美泰克公司都属于同一策略群体。每家企业都全线生产中等价格的家电产品,还有完善的服务支持体系。反之,赛博齐罗公司和厨房助手公司则属于不同的策略群体,他们生产产品线较窄但质量较高的家电产品,并且提供较高水平的服务,价格也较高。如果一个企业试图进入某个策略群体,那么,次群体的其他成员将成为他的竞争对手。由此可知,如果这家公司进入包括通用电气、惠而浦和美泰克的群体,它的发展唯有胜过这些实力强大的竞争对手的策略优势方能成功。

虽然策略群体内的竞争最为激烈,但各个群体之间的竞争也相当激烈。首先,某些策略群体可能要求重叠顾客的细分市场。例如,不论其策略是什么,所有主要家用电器的制造商都会选择公寓和建筑商细分市场。其次,消费者可能看不出各个群体所提供的产品之间的差异——他们可能无法察觉惠而浦和厨房助手公司在产品质量上的不同。最后,一个策略群体的成员可能扩展新的策略细分市场。因而,通用电气公司提供高质量、高价格的产品与厨房助手和赛博齐罗公司的产品竞争。

企业需要考虑识别行业内策略群体的各个方面。它需要知道每个对手的产品质量、特性和组合、顾客服务、定价策略、经销范围、销售人员策略、广告和销售促进方案。除此之外,它还必须研究各竞争对手的研究与开发、制造、购买、财务和其他策略的细节。

四、评估竞争者的优势和劣势

营销者需要小心地评估每个竞争对手的优势和劣势,只有这样才能回答关键的问题。为了更好地完成评估工作,企业首先必须收集有关竞争者过去几年的目标、策略和业绩的资料。在收集资料上,公司可以通过竞争对手的顾客或中间商进行了解,也可以从竞争对手在职的员工获得信息。

五、估计竞争者的反应

不同的竞争者对于同一件事情的反应可能各有所不同。有些竞争者对竞争对手的行动没有及时的或强烈的反应;有些竞争者则只对某些挑战作出反应。他们往往对减价作出激烈的反应,为的是让对方知道这样做不会成功。然而,他们对广告的增加可能根本没有反应,因为他们认为这种威胁不大。有些竞争者对任何行动的反应都很迅速和强烈。例如,宝洁公司不会轻易让任何新的洗涤剂进入市场。许多公司获悉宝洁公司会对挑战行为凶狠地反击,都避免与宝洁公司作正面的竞争,而转向寻找较易获取的猎物。此外,还有些竞争者表现出无法预测的反应模式。在某种情况下他们也许会也许不会反应,根据其经济、历史或其他因素来看,均无法预测他们到底会出现什么反应模式。在某些行业里竞争者和谐地生存。而在另外一些行业里,竞争者之间经常出现激战。了解主要竞争对手如何反应,可为如何作出最佳攻击,或为如何捍卫企业目前的地位提供线索。

六、选择攻击对象、回避对象和竞争合作对象

企业的顾客目标、分销渠道和营销组合策略的决策应该大致选择了它的主要竞争者。这些决策也大致确定了企业所归属的策略群体的性质。管理部门现在必须决定哪些竞争者会与自身进行最激烈的竞争,企业可把注意力集中在这一类竞争对手上。为了更好地获得市场地位,企业必须决定对某些竞争者进行必要的攻击。在攻击决策执行之前,企业必须细致分析竞争对手的优势和劣势,以便达成攻击目标。此外,由于某些竞争对手过于强大,与该对手进行竞争可能对企业的生存和发展造成威胁,此时,企业则考虑回避或合作的策略。通过回避可以使企业的竞争压力降低;通过竞争合作的方式,可能有利于企业与该竞争对手之间实现双赢。

七、设计竞争情报系统

为了更好地对竞争对手进行分析,企业必须将长期以来的分析资料和结果整理、归档,并建立竞争情报系统。通常情况下,企业的竞争情报系统需要具有识别重要竞争对手和对竞争对手策略进行分析的功能。竞争情报系统的完善是一个长期的过程,需要企业不断充实信息。

总结与回顾

1.市场营销环境是指对企业的营销活动具有一定影响作用的各类因素的总和。宏观营销

环境是指能够对企业营销活动的市场机会和环境威胁造成影响的主要社会力量。具体来说，宏观环境主要包括人口、经济、自然、技术、政治与法律、文化六大因素。企业的微观营销环境主要包括企业的供应商、营销中介、顾客、竞争对手、社会公众以及企业内部参与营销决策的各部门。企业在进行营销活动时，要综合分析企业所面临的宏观环境和微观环境，以选择适当的营销对策，达到企业的营销目的。

2.消费者市场又称最终消费者市场、消费品市场或生活资料市场，是指个人或家庭为满足生活需求而购买或租用商品的市场。消费者市场是市场体系的基础，对企业的营销活动起着决定性作用。消费者市场具有四个方面的特征：人数众多，但数量零星；产品需求多样性；非专业性购买；供需矛盾表现频繁。消费者购买行为的影响因素主要包括文化、社会、个人和心理等因素。消费者在购买活动中，由于所处的条件不同，会担当不同的角色。具体来说，常见的购买角色主要有发起者、影响者、决策者、购买者和使用者五种。消费者的购买过程一般要经历需要认识、信息收集、方案评估、购买执行和购后评价等五个步骤。

3.组织市场是以某种组织为购买单位的购买者所构成的市场。基于对购买者的分析，即根据谁在市场上购买的标准，通常将组织市场进一步划分为产业市场、中间商市场和非营利组织市场三大类。产业市场具有购买人数较少、购买规模较大；生产者的地理位置都相对集中；市场需求更强调引申需求；需求缺乏弹性；需求具有波动性；购买具有专业性；购买具有直接性；互惠性等方面的特征。产业购买决策的参与者担任的角色主要有使用者、影响者、采购者、决策者和信息控制者五种。影响产业购买者购买决策的主要因素有环境因素、组织因素、人际因素和个人因素等。产业购买者的购买过程主要包括识别需要、确定需要、说明需要、选择候选供应商、选择供应商、制定订货程序以及检查合同履行情况等七个阶段。

4.竞争对手分析包括以下几个基本步骤：①竞争对手识别；②确定竞争对手的目标；③识别竞争者的策略；④评估竞争者的优势和劣势；⑤评估竞争者的反应；⑥选择攻击对象、回避对象和竞争合作对象；⑦设计竞争情报系统。

复习思考

1.简述宏观营销环境因素对营销活动的影响。

2.简述消费者购买行为的影响因素。

3.简述消费者购买决策的过程。

4.简述产业购买者新购的主要阶段。

5.影响产业购买者购买决策的主要因素有哪些？

6.简述竞争对手分析的基本步骤。

实训练习

【实训项目】

消费品生产商的市场分析

【实训目标】

(1)培养学生进行企业市场调查访谈能力。

(2)培养学生收集资料信息和环境分析的能力。

(3)进一步理解环境对消费品生产商营销活动的重要作用。

【实施过程】

(1)将全班学生分为 4～6 个学习小组,以小组为单位组织引导学生讨论学习。

(2)选择某一家消费品生产商,收集其所面对的相关信息。

(3)采用小组讨论方式,运用所学知识对该生产商的市场营销环境特征进行分析。

(4)根据讨论结果写一份企业营销环境分析报告。

【实训考核】

(1)小组成员的协作性(20%)。

(2)搜集、使用网络信息的能力(30%)。

(3)项目书面成果完成的合理性、逻辑性、创新性(40%)。

(5)小组成员讨论、发言的参与性(10%)。

项目七　市场营销的组织实施与目标战略

知识目标

1. 熟悉市场调研的基本流程及调研方法
2. 掌握市场预测的方法和程序
3. 熟悉市场营销策划的内涵、分类及原则
4. 掌握市场营销组织的基本流程和营销控制的控制过程
5. 熟悉制定战略目标的内容与要求
6. 掌握市场营销发展战略规划的过程
7. 熟悉市场细分的内涵和标准以及目标市场选择的影响因素
8. 掌握市场定位与营销组合策略的运用

技能目标

1. 能够初步具备一定的市场调研与预测能力
2. 能够初步具备一定的市场营销策划与组织能力
3. 能够初步具备运用市场战略知识分析企业营销发展战略的能力
4. 能够初步具备对消费者市场进行细分和进行目标市场选择的能力
5. 能够初步具备市场定位与营销组合策略的运用能力

任务一　市场营销调研与预测

任务情景

澳洲航空公司是澳大利亚最大的航空公司之一。它的市场主要包括日本、澳大利亚、中国香港、新加坡、韩国和中国台湾等国家和地区。这些国家和地区的航空旅行大大超过世界平均水平。这给澳洲航空公司带来了巨大的机会。不过，这也引发了令人头痛的事情。为适应迅速增长的需求，并从中获得好处，澳洲航空公司要准确地预测需求，并提供服务。澳洲航空公司需要预测有多少人要旅行，什么样的人会旅行，他们去什么地方，什么时间去，等等，也要预测总需求和需要提供服务的每个市场的需求。澳洲航空公司必须估计在各种情况下，使用不同策略可能获得的份额。它不光是要预测明年的，还要预测未来两年、五年甚至更远的情况。

任务分析

预测顾客需求不是一件容易的事，许多因素会影响顾客的消费行为。为了作出准确的需求预测，首先要采用一定的方法和按照一定的流程进行市场调研，然后按照一定的程序和方法

进行科学的预测,澳洲航空公司必须首先预测影响需求的主要因素的变化,比如世界经济和各国或地区经济的状况、人口特点、人口增长、政治发展、技术进步、竞争活动等。需求变化很快,并且常常还是戏剧性的。

归根结底,预测问题还不是消费者满意与否或销售多少的问题,而是公司生存的问题。事实上,澳洲航空公司有许多航班是在准确预测基础上的。

◆子任务一　市场营销调研

一、市场调研的意义

市场调研已成为企业参与市场竞争的一个不可缺少的工具,应用的范围极其广泛,如消费者需求调研、广告调研、产品调研、价格调研、包装调研、市场占有率调研、市场潜量调研以及销售渠道、促销方式诸方面的调研。市场的风云变幻既给企业带来了机遇,也在他们面前呈现了风险和挑战。企业为了在激烈的市场竞争中取胜,并不断拓展自身的市场份额,必须把对市场的了解、市场的认识作为经营活动的唯一出发点,积极开展市场调研,以提高市场的应变能力。在市场营销的分析、计划、实施和控制的每一个阶段,营销管理者都需要消费者、竞争者、中间商及其他与市场营销有关的信息,而市场调研是取得这些信息的最重要的途径。具体来说,市场调研在现代企业市场营销中的意义和作用主要表现在:

1.市场调研是了解市场、认识市场的重要手段

市场调研是认识市场的过去、现在和将来的重要手段。一个企业能否生存和发展,关键看其产品或提供的服务能否满足市场的需求。而市场的供求规律又受到产品供应量与产品购买力两方面因素的影响。通过对产品库存、进口情况及资源的调研,可了解产品的供应总量;通过对购买力、人口数量、消费水平、消费结构及影响因素的调研,可了解产品的需求总量与需求结构。通过市场调研中获取的相关信息资料,可掌握市场供求状态,制订供应总量计划和产品计划,合理均衡地组织市场供应,科学有效地引导市场需求,从而根据市场和企业本身的实际,决定企业的发展方向。

2.市场调研是企业经营预测和决策的基础

现代企业管理的中心在经营,经营的重点在决策。要管理好一个企业,必须管理它的未来,而管理未来就是管理信息。信息是一切经营管理决策的前提。只有通过市场调研收集到比较全面和可靠准确的信息,并对信息作出科学而比较接近实际的分析,企业才能据此对市场变化趋势作出科学的预测,才能正确无误地制订经营战略与计划,减少失误,把风险降低到最低限度。

3.市场调研是企业制定、调整和矫正市场营销策略的重要依据

企业制定市场营销策略的主要目的在于扩大市场,获取最佳的经济效益。通过市场调研,有利于企业把握其产品在市场竞争中的位置,便于制定相应的营销策略,为产品的改进、目标市场的选择、进入时机的确定、促销手段的采用、分销渠道的建立、合理价格的制定、新产品的开发等提供决策的依据。在决策的实施过程中,通过市场调研获取的情报资料,可了解市场实际的供求变化状况,检验企业的营销策略是否可行,监测和评价自己的营销活动哪些方面还有疏漏、不足甚至失误,可以认识营销环境是否发生了新的变化,以及时修改或矫正企业的市场营销计划。

4. 市场调研有利于企业提高市场营销管理水平和增强竞争能力

只有通过市场才能对企业经营的好坏和经济效益的高低进行检验。市场调研是企业整个市场营销活动不可逾越的出发点,是认识和了解市场的一种有效方法。企业通过对市场营销环境和市场需求的调研,可取得市场营销活动的信息资料,进行分析研究,使企业自觉地运用各种营销手段,制定正确的市场营销策略;通过对营销策略执行过程和效果的调研分析,能掌握其营销方针、计划的执行情况,及时发现问题,吸取经验教训,不断提高市场营销水平。同时,通过市场调研,可掌握企业服务对象的特征和市场占有情况,了解主要竞争对手在市场营销四大因素方面的方法及策略,知己知彼,取长补短,在市场竞争中占据优势,以增强本企业的竞争能力。

因此搞好市场调研,对改善经营管理,增强企业竞争力,提高经济效益具有十分重要的意义。

二、市场调研的类型

1. 探测性调研

探测性调研是指当企业对需要调研的问题不清楚,无法确定需要调研哪些具体内容时的试探性调研。它可帮助查明问题产生的原因,找出问题的关键,确定进一步调研的重点内容,以便再采用其他类型的调研。探测性调研的主要方法有:查阅企业内外部资料;非结构性的个人或小组访问;案例研究等定性研究方法。

2. 描述性调研

描述性调研是指针对需要调研的问题,采用一定的方法,对市场的客观情况进行如实的描述和反映,回答诸如消费者买什么,什么时间买,在哪儿买,怎样买之类的问题。如对产品的市场潜量、顾客态度和偏好等问题的调研,都属于描述性调研。描述性调研注重对实际资料的记录,比探测性调研要求更为详细、具体,需要把已经找出的问题一一说明。因此调研计划要比较周密,更强调资料的可靠性。描述性调研多采用询问法和观察法。

3. 因果性调研

因果性调研是指为了弄清某一种因素的变化对另一种因素产生作用的大小,即在于弄清问题的原因和结果之间有关变量的关系。通常是在描述性调研所收集、整理资料的基础上,通过逻辑推理和统计分析方法,找出不同因素之间的因果关系或函数关系。因果性调研有定性调研和定量调研之分。定性调研就是在各因素之间,分析到底是哪一个因素起决定性作用。定量调研是要鉴定各相关变量之间的数量影响大小,研究原因与结果之间的函数关系。因果调研最理想的是采用试验法收集数据,再运用统计分析方法或其他数学模型进行分析,这样得出的结果最为科学准确。

三、市场调研的基本流程

1. 调研方案的总体设计

调研方案对于企业市场调研工作的展开具有指导作用,是调研工作的基础。因此,企业必须做好调研方案的总体设计工作。具体来说,调研方案的总体设计工作包括以下两个步骤:

(1)明确问题。市场调研人员应根据企业管理人员提出的问题和确定的调研目标,将其提出的基本意图、决策过程中遇到的问题转化为调研问题,将调研目标明确地表达出来,使调研能正确解决实际问题。

（2）制订调研计划。它是市场调研的基本框架。在实际操作中一般以市场调研计划书的形式出现，是市场调研实施的指导方针。

2.抽样设计和问卷设计

抽样设计要决定出抽样对象、抽样范围和抽样方法。抽样方法可分为随机抽样和非随机抽样两大类。调研问卷是用于收集第一手资料的最普遍的工具。

3.正式问卷

正式问卷是市场调研进行资料收集的基本依据，是企业与消费者进行接触的媒介，它代表着企业的形象。正式问卷一般包括：调研员的自我介绍、甄别问卷、主体问卷、调研对象的背景资料、告别语等几个部分。

4.调研实施

实施调研过程首先是调研对象的甄选，即按照调研问卷的要求选择调研对象，确保能够找到符合条件的调研对象，使调研达到良好的效果。然后是访问的实施，调研员必须严格按照问卷的要求与顺序进行访问，只有这样才能不折不扣地得到调研者想要得到的资料。访问结束后要对调研问卷进行一定比例的复核工作，一是对访问的工作进行检查，二是对调研问卷中不清楚或者不明确的地方再进行确认。复核结束以后，要对访问的效果进行评价。在调研实施中还应包括根据调研任务和规模建立调研组织或外出请专业调研机构，培训调研人员，准备调研工具，实地展开调研等。

5.分析调研资料

收集得来的信息必须经过数据分析和处理才能得到有价值的结果。具体包括：①检查资料是否齐全。②对资料进行编辑加工，使用计算机统计软件将收集到的调研数据转换为数字或字母的形式，录入计算机。为了保证数据录入的精确性，要为数据录入特别编制一个录入程序，一般可以采用通用的数据库软件进行编写。③数据处理。首先对数据进行编码归类，即将问卷中的所有项目的回答赋以一定的数字，以便使用计算机进行分析。其次是录入，按照前面编写好的录入程序进行数据录入工作，通常采用双录系统，即数据录入两遍，以保证数据录入的质量。最后是甄错，对问卷中的一些不符合逻辑或者错误的数据进行修正，以保证数据资料的完整和一致性。④运用统计模型和其他数学模型对数据进行分析整理，可采用统计软件进行，首先是进行频数统计，频数统计不仅是一种初步分析方法，还可起到数据清理的作用。其次是进行交叉统计，将某一变量与其他变量交叉分组，以观察所要调研的变量与其他变量之间的关系。然后可以进行一些较复杂的统计分析，如均值检验、方差分析、因子与聚类分析等。

6.撰写调研报告

市场调研得到的结论要以调研报告的形式加以总结，用事实材料对所调研的问题作出系统的分析说明，提出结论性的意见，提供给企业，供其决策参考。调研报告是整个调查过程的最终成果，是进行决策和评价调研工作的主要依据。

四、市场调研方法

1.访问法

访问法是市场调研运用最为普遍的方法，它是由调查员直接同受访者接触，通过提问回答，实现信息沟通，掌握第一手市场信息。访问法包括面谈调查、电话访问、邮寄调查、留置问卷调查。

2.观察法

观察法是指调查人员亲临调查现场或利用观察器材,客观地观察调查对象并忠实地记录其人其事或其物的状态、过程、结果,收集第一手资料的一种调查方法。观察法通常有如下方式:①直接观察法,即调查人员直接到现场观察记录,以取得市场信息;②实际测定法,即通过对某项市场营销活动的效果进行实际的测定,以取得市场信息;③行为记录法,即由调查人员用特定的仪器或方法,把被调查者在一定时间内的行为记录下来,再从记录中找出所需的市场信息。

3.实验调查法

实验调查法来源于自然科学史中的实验求证原理。它通过小规模的营销活动来测试某一产品或某项营销措施的效果,以决定是否有扩大规模的必要。具体做法是调查人员根据调查目的,事先选定某一个或几个营销因素(如价格、产品包装、广告等),人为地改变或控制这些因素,来观察它们对营销活动中其他因素(如销售量、市场占有率等)的影响过程和影响效果。实验调查法对研究变量之间的因果关系非常有效,所以常用于因果性调查。实验调查法可分为实验室试验和对比试验两种。将实验室实验和对比实验这两种方式结合起来使用,通常可取得较好的实验结果。

▌ 案例

美国亨氏集团公司进军广东市场

美国亨氏集团在国际市场上久负盛名,其产品行销世界许多国家和地区。1981年,该集团决定在广州建厂。由于首次步入中国市场,他们感到对营销环境的状况特别是消费心理动态、消费习惯和购买力水平知之甚少,因而对产品的品质特征、产品数量及价格把握不准。当时,其高管认为"必须在了解中国消费者的特点的基础上,进行产品品种设计"。因此,美国亨氏集团展开了全面的市场调研。首先,请广州有关的企事业单位协助召开了母亲座谈会,以掌握母亲们对婴幼儿食品的要求和见解,并据此试制了一些样品请各位母亲给婴幼儿试用。他们还在一些幼托单位和家庭中免费提供样品试用,以广泛征求社会各界对婴幼儿食品的意见和要求。前后反复调查了五次,询问以下几个问题:①你喜欢和不喜欢的婴幼儿食品有哪些?②本公司生产的婴幼儿食品味道如何?③甜度要怎样改进?④该产品的包装好不好?⑤该产品的价格是否合理?亨氏集团征集了上千人的意见,根据市场调查的可靠数据,他们了解到:原产品含糖量太低,而中国的绝大多数家庭喜欢给婴幼儿食用甜度较高的哺乳品;原产品价格较高,主要是包装材料费用过大,不适应中国消费者的购买力水平。根据调研的结果,亨氏集团确定了"亨氏婴儿营养奶粉"和"亨氏高蛋白营养米粉"的配方规格和价格。

出现在中国市场上的"亨氏婴儿营养奶粉"和"亨氏高蛋白营养米粉"是亨氏集团公司经过艰辛的市场调研,在改革老产品的基础上研制出来的适应中国消费需求特征的新产品,它受到越来越多的中国家庭的青睐,尤其是该公司了解到中国儿童食品中缺少微量元素,从而造成营养不平衡的现状,他们在奶粉中加入了少量的钙质和铁质,使得这种产品更具有诱惑力。

美国亨氏集团的产品首次步入中国市场就站稳了脚跟,证明其营销策略极为成功。显而易见,中、美市场环境差异较大,美国人与中国人相比较,其购买动机的产生和购买行为过程相差甚远。就一般情况而言,中国市场地域广阔、环境较为复杂,消费层次、消费结构的多样性使得许多生产企业难以捕捉到消费统一性信息。然而,就是在这样众口难调的消费群体中,以食品为主导产品的亨氏集团公司通过市场调查集众人之所需,硬是调出了中国人承认的口味,使"亨氏婴儿营养奶粉"和"亨氏高蛋白营养米粉"顺利地占据了中国儿童食品市场的一席之地。这一成果的取得应该归结为营销策略之中市场调查的高超手段。

◆子任务二　市场预测

一、市场预测的内涵

预测是人们根据过去和现在的已知因素,有目的地运用已有的知识、经验和科学方法,对事物未来的发展趋势进行评估和判断的活动过程。预测又可看做是一种信息系统。这种系统由预测者、预测方法和预测资料组成。这一系统输入的是历史和现在的资料,输出的是预测信息。市场预测就是在市场调查和分析的基础上,利用各种信息资料,运用逻辑和数学方法,预先对市场未来的发展变化趋势作出描述和量的估计,从而为企业的正确决策提供科学依据。

市场预测是一门掌握市场动态变化的科学,在社会经济活动中发挥着多方面的重要作用。市场预测是企业经营决策的前提,企业通过科学的市场预测,能够把握市场的总体动态和各种营销环境因素的变化趋势,使企业的决策者了解和掌握本企业产品在未来市场的潜在需求状况,从而为企业确定资金投向、经营方针、发展规模及确定目标市场等战略性决策提供可靠的依据。因而,企业只有在市场前景、产品、定价、分销等方面作出准确预测,才能在相关方面制定正确的营销策略,使企业的发展目标建立在可行的基础上。同时,市场预测是提高企业竞争能力和经营管理水平的重要手段,在市场经济条件下,企业的生存和发展与市场信息息息相关,企业加强市场预测工作,就能在经营上取得主动权,掌握市场需求的动态变化,根据需求变动及时调整生产经营方向,向市场提供适销对路的产品,加速资金周转,降低流通费用,提高经济效益,从而增强企业的竞争能力。

二、市场预测的基本类型

根据不同的分类标准,市场预测可以有以下几种不同的分类方法:

1. 按市场预测对象划分

按预测对象划分,市场预测可分为宏观预测和微观预测。宏观预测,是从宏观经济管理的角度,从国民经济全局出发,对整个国民经济发展的趋势进行预测,对整个国家的政治、经济、人口政策以及资源、能源、自然环境等综合开发和治理方面进行预测,对商品生产和流通总体的发展方向进行综合性的预测。它以整个社会经济发展的总图景作为参考对象,研究经济活动中各个有关的总量指标、相对指标和平均指标之间的联系和发展趋势。微观预测,是从企业角度对影响企业生产经营的市场环境以及企业生产的产品、市场占有率、经营活动进行的预测,它以单个经济单位的经济活动前景作为考察对象,研究各个单位的各项经济指标之间的联系和发展趋势。

2. 按预测时间的长短划分

按预测时间的长短划分,市场预测可分为长期预测、中期预测、短期预测和近期预测。长期预测是指对5~10年以上的市场发展前景的预测。中期预测是指对1~5年市场发展前景的预测。短期预测是指对三个月以上一年以下市场发展前景的预测。近期预测是指以日、周、旬、月为单位到三个月以下市场发展前景的预测。也有人将短期预测和近期预测合并,凡是一年以下的市场预测称之为短期预测。

3.按预测方法划分

按预测方法划分,市场预测可分为定性预测和定量预测。定性预测是指凭人们的直觉或经验,对未来市场发展的一般动向和大致趋势所作的预测,它侧重在对经济过程本身性质的分析和预见。常用的方法有购买者意向调查法、销售人员综合意见法、专家意见法等。定量预测是根据调查得到的数据资料,运用数学方法对未来市场的发展变化作出"量"与"度"的测算和判定。

三、市场预测的内容

1.市场需求预测

市场需求预测是指通过对消费者的购买心理和消费习惯的分析,以及对国民收入水平、收入分配政策的研究,推断出社会的市场消费水平。企业在进行市场预测中,除了要知道产品的市场需求最低点和市场需求潜量以外,更重要的是还要知道该产品当前的可能需求量,这个当前的市场需求潜量称为该产品的需求与测量。产品需求与测量必须介于市场需求最低点与市场需求潜量之间,并随营销费用的增减而变化。市场需求最低点、市场需求潜量以及它们的大小关系依产品类别的不同而有所不同。对于生活必需品,市场需求最低点较高,与市场需求潜量之间差额较小;而对于非生活必需品,受营销费用的影响较大,市场需求最低点相对偏低,但市场需求潜量较高。在不同的市场环境下同一产品的市场需求最低点和市场需求潜量是不一样的,在同样的营销费用水平产品的需求预测值也是不同的。了解市场需求潜量、市场需求最低点和产品的需求与测量这些需求指标,对于企业制定市场经营战略具有重要意义。

2.市场占有率预测

市场占有率是指一定时期、一定市场范围内,企业所生产的某种产品的销售量占该产品同一市场销售总量的比重。对企业产品市场占有率的预测,主要是预测企业市场占有率的发展趋势及其影响因素,充分估计竞争对手的变化,并对各种影响本企业市场占有率的因素采取适当的营销策略并加以控制。要准确地预测企业的市场占有率,首先要分析本企业产品在市场中的地位,预测同类产品、替代产品等的未来发展趋势。其次要分析竞争对手的情况,他们可能采取什么样的营销策略进入市场,其生产的规模、产品质量等的变化,分析是否会有潜在的竞争者进入,以便企业掌握市场竞争的动态状况,采取相应的市场竞争策略。

3.产品发展预测

产品发展预测是对现有产品的市场生命周期的发展变化,新产品的发展方向和规格、结构等变化方向所作的预测。预测产品生命周期的发展变化趋势,可以使企业根据生命周期的不同阶段,采取不同的营销手段,以提高企业的竞争能力和经济效益。新产品的开发对企业的发展具有重要意义。因此,企业在开发新产品时,必须对新产品的发展进行预测,要预测新产品的开发方向以及顾客对新产品的式样、规格、质量、售价等方面的需求变化及新产品上市后的销售量和市场需求潜量,以使得企业在新产品开发工作中目标明确,减少开发新产品的风险和可能遭受的损失。

4.产品价格变动趋势预测

产品价格变动趋势预测就是对产品价格的涨落及其发展趋势进行预测。在正常情况下,价格是市场波动的主要标志和信息载体,产品价格的变动,一方面将对企业的经济效益产生直接影响,另一方面对市场需求也具有重要影响。预测价格的变动,便于企业及时调整产品结构,适应市场供求状况。对产品价格变动进行预测主要是分析产品的成本构成因素及其变化趋势,以判断成本的变化趋势,并依此预测产品价格的变化趋势;预测市场的供求关系,了解产品的市场供求关系的变化,然后根据供求关系对价格的影响预测价格的变动趋势;分析研究主要竞争对手的价格策略及其对市场需求总量及本企业产生的影响,分析本企业价格策略对市场需求、企业效益的影响,预测产品价格的变动趋势。

四、市场预测的程序

1. 确定预测目标

预测目标即预测的内容和目的(它依据企业在一定时期的任务和要解决的问题而定)。确定预测目标是市场预测工作的第一步,也是重要的一步。它依据市场和企业营销活动的需要,确定预测要解决什么问题,并根据预测所要解决的问题,拟定预测项目,制订预测计划,确定预测的地域范围要求、时间要求、各种指标及其准确性要求等。

2. 收集整理资料

调查收集资料是市场预测的基础工作,占有资料的多寡以及资料的可靠程度对预测结果都将产生直接影响。因此,应根据预测目标,去收集和占有各种有关的资料,并对市场调查所收集得来的资料进行认真的核实与审查,统一计算口径,分析整理,保证资料具有针对性、真实性、完整性和可比性。

3. 选择预测方法

市场预测的方法很多,各种预测方法都有它的适用范围和对所用资料的要求等,所以应根据预测目标和资料情况选择适用可行的预测方法。在预测过程中,为保证预测结果的准确性,可同时选用几种方法作初步估测,将估测结果进行比较,并根据理论分析和经验判断,选择最佳方法进行正式预测。

4. 实施预测

在进行预测时,如果是定性预测,就要在客观资料的基础上,凭主观的认识和经验,建立一定的逻辑思维模型并选定预测的具体方法,对未来加以判断。如果是定量预测,就是根据企业市场营销活动中各种因素、现象之间相互关系等的数据资料建立数学模型,进行外延类推,通过计算将模型展开到未来(预测期)。预测结果出来后,还需用一定的检验方式对预测的准确程度加以评价,以修改和充实模型的预测结果。

5. 撰写预测报告

预测报告对预测结果的阐述要简单明了,并对预测过程、预测指标、资料来源等作简单明了的说明。报告应及时传递到决策者,决策者应根据对预测成果的评价意见,从各种预测方案中,选择最佳预测方法或预测值作为决策依据。

五、市场预测的方法

市场预测方法对于预测目标的达成具有极为重要的作用。综观营销预测的各类方法,市场预测方法可以分为定性预测方法和定量预测方法两大类。

1. 定性预测方法

(1)购买者意向调查法。它是指以问卷的形式征询潜在的购买者未来的购买量,同时,调查用户意见,分析用户的需求变化趋势,参照市场状况,测算出市场需求。

(2)销售人员意见综合法。它是指充分发挥销售人员的作用,由他们直接对市场用户需求及发展趋势、竞争对手状况、产品销售量等作出各自的预测,然后在综合分析他们意见的基础上,作出企业市场预测。

(3)专家意见预测法。它是指以专家为索取信息的对象,其预测的准确性,主要取决于专家的专业知识和与之相关的科学知识基础,以及专家对市场变化情况的洞察程度。如专家会议法和德尔菲法。

2.定量预测方法

(1)时间序列预测法。它是根据预测对象的历史资料所形成的时间序列进行分析,推算事物未来的发展趋势,从而进行预测的方法。由于采用的方法不同,时间序列预测法又可分为若干不同的种类。

①简单平均数法。它是根据观察期的数据计算算术平均数,以此作为下期的观察值。这种方法简单易行,但精确度差,不能充分反映发展趋势和季节变动影响,适用于短期预测。

②加权平均数法。对不同时期的观察值根据其重要性的不同,分别给予不同的权数处理后再求平均数。一般给近期数据的权数大,给远期数据的权数小,这样可体现各期数据的不同影响程度,减少误差,因而预测结果比简单平均数准确。

③移动平均法。移动平均法是在简单平均数法的基础上发展起来的。它是将观察值按顺序逐点分段移动平均,以反映出预测对象的长期发展趋势。其具体做法是:将观察期的数据由远而近按一定跨越期进行平均,取其平均值,随着观察期的推移,按既定跨越期的观察期数据也相应向前移动,逐一求得移动平均值,并将接近预测期最后一个移动平均值,作为确定预测值的依据。

④指数平滑法。指数平滑法是对移动平均法的改进和发展,是一种特殊的加权平均移动法。指数平滑法是将全部的历史数据而不是一组历史数据平均,且对历史数据不是采用简单平均而是采用加权平均,近期的历史数据加较大的权数,远期历史数据加较小的权数,这与近期历史数据对预测有较大影响,远期历史数据则影响较小是相一致的。

(2)回归分析预测法。回归分析法是一种因果分析预测方法。大量的经济现象都是多种因素影响的结果,且各因素还存在着相互之间的因果联系。例如供求与商品价格、消费者购买支出与收入等。回归分析法就是通过研究引起未来状态变化的各种因素所起的作用,找出各种因素与未来状态的统计关系进行预测的方法。如果研究的因果关系只涉及两个变数,叫做一元回归分析;如果涉及两个以上的变数,就叫做多元回归分析。

任务二　市场营销策划、组织与控制

任务情景

随着人民生活水平的日益提高,对生存环境的要求越来越高,环保、节能已成为社会普遍关注的话题。一些地方政府对柴油车的限制政策,影响了企事业单位对柴油车的购买,这使江铃历经数年开发的高科技成果——江铃全顺柴油机付之东流。因此,要及时消除社会对柴油车环保水平的误解,改变不利的政策环境,让先进水平的柴油车走进大城市。

6月5日是"世界环境日",在6月举办"环保、节油"活动可引起政府的高度重视,极具新闻炒作价值。11月联合国"蒙特利尔"环保会议将在北京召开,这是我国政府迄今承办的规模最大、级别最高的联合国第11次《蒙特利尔议定书》缔约方大会,如果江铃全顺柴油车成为唯一指定用车,将有助于树立全顺柴油车的环保形象。

为将产品优势转化为市场优势,将不利政策因素转化为有利政策环境,江铃围绕着全面达标的全顺柴油车,开展一系列以"环保、节油"为主题的活动。

主题活动一:"江铃杯"环保与节油万里行。5月28日,12辆喷有"江铃杯汽车节油环保万里行"字样的江铃全顺汽车,从南昌出发,途径杭州、上海、南京、济南、天津等9省市,最后在世界环境日——6月5日抵达首都北京,整个活动历时9天。

主题活动二:"江铃杯"汽车节能环保有奖征文在《中国汽车报》上连续14期刊发"江铃杯汽车与环保"有奖征文,主题为:环保与节能将回报柴油车。

主题活动三:联合国"蒙特利尔"环保会议活动。11月28日,江铃公司在人民大会堂隆重举行新闻发布会,为大会服务提供60量全顺车,向组委会捐4辆车,并宣布全顺汽车厂一次性通过ISO140000管理体系认证,成为国内轻型车行业首家通过该体系认证的企业。

主题活动四:发动媒体宣传攻势。在电视上发布广告词"出师于环保,得馈于市场""江铃汽车,环保先锋";中央电视台(经济频道)《商桥》栏目播出专题片;《中国环境报》刊登江铃董事长与教授对话;模范人物谈节油。

任务分析

策划是对未来将要发生的事情所作的当前决策,其本质是一种借助脑力进行操作的理性行为,其结果是要找出事物的因果关系,以决定未来可采取的策略。策划是指在现代理性的社会活动中,人们为了达到某种预期的目标,借助科学方法、系统方法和创造性思维,对策划对象的生存和发展的环境因素进行分析、重新组合和对所拥有的资源或可开发利用的资源进行优化配置而作的调查、研究、分析、创意、设计,并制订行动方案的行为。换句话说,策划就是预先决定做什么、何时做、何地做、何人做及如何做。因此,策划是一个纽带,它将现在和将来有机地联结起来了。

◆子任务一 市场营销策划

一、市场营销策划的内涵

市场营销策划是针对企业将要发生的营销行为的超前决策。具体来说,它是市场营销活动的主体——企业在市场营销活动中,为达到预定目标,从新的营销视角、新的营销观念、新的营销思维出发,运用系统科学的方法和理论联系实际的方法,对企业生存和发展的宏观经济环境和微观市场环境进行分析,寻找企业与目标市场顾客群的利益共性,以消费者满意为目标,重新组合和优化配置企业所拥有的和可开发利用的各种资源,对整体市场营销活动或某一方面的市场营销活动进行分析、判断、推理、预测、构思、设计和制订市场营销方案的行为。具体来说,市场营销策划活动具有以下几个方面的特点:

(1)超前性。营销策划是对未来环境发展趋势的判断和企业为实现营销目标而采取的未来行为的安排,它是一种超前行为。营销策划是一种判断。它是凭借现实世界的各种形象资料和抽象世界的间接和概括化了的理论资料,进行形象思维和逻辑思维,从而形成对未来的判断和预测。没有对未来的预测,营销策划活动就缺乏必要的指导。营销策划是一种安排,也是一种计划。

(2)主观性。营销策划是建立在对未来预测的基础上的,它是客体作用于主体之后形成的主观产物。营销策划总是由人来完成的,这就决定了策划活动的主观性。无论营销策划依据的信息有多么客观,但只要经过人的思维操作,就必然会产生主观的印象。这种主观性体现在不同个体对同一信息的认识处理存在个体差异和个体情景性的影响。

(3)系统性。市场是个系统,企业是个系统,营销策划也是一个系统。营销策划活动是关于企业市场营销活动的系统工程。它的系统性主要表现在时间上的前后照应和空间上的立体组合两个方面。

(4)复杂性。营销策划是一项系统工程,是一项要求投入大量智慧的高难度的脑力劳动,是一项极为复杂的智力操作过程。首先,一个成功的营销策划方案,需要将经济学、管理学、心理学、市场营销学、社会学、商品学等诸多学科融会贯通,并且还需要灵活地运用到策划中。其次,各学科知识和间接经验通常都明显滞后于现实,而营销策划是当前的,确切地说是对未来所作的规划。因此,滞后的间接经验和知识可能并不适应当前特别是未来的形势,这就要求营销策划人员需要具备很丰富的实践经验。最后,营销策划活动离不开大量繁杂信息的处理。这些信息在很大程度上提高了营销策划活动的复杂性。

(5)权变性。任何营销策划方案都不是一成不变的,它必须根据环境条件的变化而进行调整。作为营销策划操作空间的市场是千变万化、反复无常的。如果没有集灵活性和变通性于一体的营销策划,就不可能适应当今商战的需要。营销策划的权变性主要表现在营销活动的未来适应性和执行过程的变通性两个方面。

二、营销策划活动的分类

由于营销策划覆盖领域广阔、内容丰富,可根据不同的策划要求,从不同的角度、不同的内容将营销策划活动区分为不同的类型。

1.按营销策划活动的操作者划分

按营销策划活动操作者的不同,可以将企业的营销策划活动分为企业内部自主型策划和外部参与型策划两大类。企业内部自主型策划,是指企业内部专职营销策划部门所从事的市场营销策划活动。外部参与型市场营销策划,是委托本企业以外专门从事营销策划的企业,如营销策划公司、整合营销传播公司、管理咨询公司、广告公司、公关公司、文化传播公司等企业从事的市场营销策划活动。

2.按营销策划的内容划分

按营销策划的内容划分,可将营销策划分为市场营销整体策划、市场调研策划、市场营销战略策划、新产品开发策划、价格策划、营销渠道策划、公关策划、广告策划、企业识别策划等;也可以根据企业市场营销的活动性质分为旺季市场攻击策划、淡季市场维持策划、年度营销策划和企业长期发展营销策划等。从企业市场营销活动的具体内容和工作特点对市场营销策划进行分类,可以增强对其工作的指导性。

3.按对营销策划的要求划分

根据企业对营销策划的不同要求可以将营销策划分为创意策划、经营理念策划、市场销售方案策划等。要求的不同决定了不同营销策划活动有各自不同的内容。例如,创意策划主要为企业提供营销创意;经营理念策划则主要将重点放于经营方面;市场销售方案策划则包括较丰富的内容,既要向企业提供营销创意、理念设计、营销方案,还要指导企业如何对市场销售活动进行监督,如何对营销策划方案滚动调整。

4.按营销策划的目标划分

根据企业营销策划目标的不同,可以将营销策划分为战略性营销策划和战术性营销策划。

对市场营销策划活动进行分类研究,便于认识营销策划的本质和各个不同的侧面,便于根据企业的实际需要和策划人的条件,设计、委托或接受不同市场营销策划任务。

三、市场营销策划的原则

在激烈的市场竞争中,营销策划水平的高低,已成为检验企业营销水平高低、预测企业兴衰成败的重要标志。企业为了保证市场营销策划的有效性,提高竞争实力,在竞争中取胜,进行具体的营销策划时必须遵循一定的原则和程序。

1.战略性原则

(1)全面性。一个完整的营销策划,是企业未来进行营销决策的依据,对企业未来的营销工作具有全局指导作用。因此,企业的策划人员要在对市场情况、产品情况、管理状况、生产状况、发展趋势等进行全面了解和考察的基础上,站在战略高度作出规划。企业营销策划方案的确定,既要考虑到营销环境的影响,又要考虑企业内部各部门间的能力与协作。只有全面综合地分析每一个可能影响营销策划方案实施的因素并加以控制,才不会导致营销资源的浪费。

(2)长期性。企业的营销策划不是短期的权宜之计,而是经过长期的、细致的调研和设计,是为企业的长远战略目标服务的。营销策划一旦完成,就成为企业在相当长一段时间内营销工作的指导方针,要求企业中的每一部门、每一员工,无论是经理阶层,还是普通员工阶层,都必须严格执行。

(3)稳定性。一个系统的完整的营销策划方案是为企业长远的发展目标服务的,在具有一定的适应性的同时,还要保持相对的稳定性,不能朝令夕改。营销策划方案应该在科学的调查和预测的基础上,形成比较稳定的框架和一个长远的企业战略目标。若稍遇风吹草动,就对方案妄加更改,则必然导致营销资源的巨大浪费。

2.信息性原则

(1)信息全面性要求。企业在进行营销策划时,对市场原始信息要广泛收集,以保证信息的覆盖面。对于各类相关信息,如政府有关政策法规、经济发展状况、社会文化习俗、市场容量及规模大小、消费者消费心理、消费能力、竞争对手状况、合作者状况、渠道状况及技术发展趋势等都要进行全面收集,特别要注意防止重要信息遗漏。

(2)信息准确性要求。信息是市场预测及营销策划的基础。在策划过程中,如果原始市场信息不可靠,以后各环节信息的处理会发生连锁错误。因此,在市场信息的收集、甄别、分析过程中,要求专业人员去伪存真,在对已收集到的信息进行加工、传递、贮存、核查、输出、利用、反馈与更正等时,也要注意防止信息的失真,保证信息的真实、准确、可靠。

(3)信息的系统性和连续性要求。要使信息保持系统性和连续性,信息的收集、整理工作必须做到系统和连续。也就是说,要对某一市场研究对象的一系列运动状态、变化特征、个性与共性进行全面观察,对其发展的各个阶段的变化进行连续收集,所收集的信息要能反映出某一市场的发展态势,并据此做出前瞻性市场策划、规划来指导未来的市场活动。

(4)保证市场信息的可操作性。由于市场情况复杂、范围广泛,信息生成量非常大,加之信息随机性强,因此要求策划人员能够按照策划目标及其他需要将获得的信息去粗取精、去伪存真,把缺少操作性的市场信息按其价值的大小进行分类和整理。

(5)信息加工的准确、及时、系统适用性要求。任何信息都有着明确的时间性,过时的信息几乎没有什么价值。因此企业对所获信息加工时要做到准确、及时、系统适用,才能保证为完善而科学的策划奠定坚实的信息基础。

3. 公众性原则

(1)了解、创造公众的需求。要了解公众需求,在适当时机创造并引导公众需求。只有掌握了公众的需求方向和需求内容,才能据此提出能够满足他们需求的营销方案。

(2)满足公众的需求。满足公众的需求,是营销策划的目的。当前,越来越多的经营者已经认识到,为消费者提供优质低价的产品和良好的服务来满足消费者需求,获取消费者的信任,是树立良好企业形象、提高市场竞争力的保证。如果不能得到消费者的信任与合作,企业的美誉和形象不可能得到提升,甚至可能使企业无法生存。

4. 系统性原则

营销策划的系统性原则是指任何营销策划都必须站在企业全局经营的高度来系统地设计和实施。不管是在对企业组织结构、企业的发展史、企业的营销环境等因素进行分析时,还是在营销策划方案的制订、实施、监控过程中,都要系统地进行研究,只有做到这一点才能保证营销策划的成功。

5. 操作性原则

营销策划不是哲学,也不是思维方法,更不是装饰,它是为实现企业战略目标而制定的实实在在的战略和策略,它在实际工作中必须具有可操作性。操作性原则是营销策划方案有无实际执行价值的重要衡量指标。

◆子任务二 市场营销组织

一、市场营销组织的目标

企业的市场营销活动是由组织中的人来完成的,市场营销管理离不开特定的组织结构,这种组织结构是用于开展营销活动所必需的框架。设计组织结构的目标是在理论上最合理的组织方案和现实条件下所得到的方案之间寻求适当的平衡。市场营销组织的目标有以下几个方面:

(1)对市场需求作出快速反应。营销组织应该不断适应环境变化,并作出积极反应。

(2)使市场营销效率最大化。营销组织要发挥对所有其他职能部门行驶协调和控制的职能,这是符合营销观念的。

(3)代表并维护顾客利益。企业奉行营销观念,就要把顾客利益放在首位。这项工作主要由市场营销组织承担职责。企业营销组织的上述目标归根到底是帮助企业实现整个营销任务。事实上,组织本身并不是目的,而是通过协调、合作,指导人们获得最佳营销成果。

二、市场营销组织的类型

为了实现营销目标和企业任务,营销经理必须选择合适的营销组织。

1. 职能型组织

职能型组织强调营销中各种职能如销售、广告和研究等的重要性。这种组织由各种营销管理部门构成,它们分别对营销负责人负责,由营销负责人协调它们的活动。按照营销职能设置营销机构的优点是结构简单,易于管理。这种组织结构通常适用于单一产品、单一市场的公司。但是,随着公司产品和市场的多样化,由于没有一个部门对某个产品的营销活动负完全责任,容易出现各个职能部门难以协调的局面,因而这种组织形式就会出现效率低的弱点。

2. 产品型组织

当一个公司拥有多种产品时,往往倾向于建立产品经理组织制度。这种制度是在保留职能管理的情况下,加强了对具体产品的营销管理。产品经理制度是在一个产品营销经理负责下,设置几个产品大类经理之下再设几个具体产品经理去负责各类具体的产品。产品经理的职责是制订产品开发计划、组织实施、监控和采取改进措施。产品经理制度的优点表现为产品经理能够有效地协调营销组合诸要素,对市场变化作出反应快,那些较小品牌产品也不会受到忽视。产品经理可以发挥协调各职能部门活动之间的枢纽作用。然而,由于在这一结构中,产品经理们未能获得足够的权威,无法有效地履行他们的职责,他们要取得广告部门、销售部门和生产部门的合作需要做大量协调工作;此外,这种组织常因为需要增加人员而使机构变得庞大,从而加大了费用开支。

3. 市场型组织

当企业把一条产品线的各产品销售给多样的市场(不同偏好的顾客群),例如,联想公司把电脑产品既卖给个人家庭,也卖给银行、商业部门、医院和政府机构这些不同的市场,当顾客可以按不同购买行为和产品偏好分为不同的用户类别的时候,建立市场营销组织是可行的。在这一结构下,一名市场主管经理管理几名市场经理,市场经理开展工作所需要的职能性服务由职能部门给予提供。市场经理的职责与产品经理相似,其职责是负责制订所辖市场的长期计划和年度计划,分析市场动向,分析公司应该向市场提供什么新产品。这种市场型组织的优点在于企业的营销活动是按照满足各类不同顾客的需求来组织和安排的,有利于企业加强对顾客的了解和市场开拓。但也存在着类似于产品经理组织的缺点。

4. 地理型组织

一个企业的营销活动面向全国范围,通常会按照地理区域设置其营销机构。这种机构设置由一名负责全国范围营销业务的经理管理几名区域经理,区域经理管辖更多名地区经理,逐级管理,逐步增加管理的跨度。

5. 产品经理与市场经理组织制度

生产多种产品并向多个市场销售的公司,可以采用产品经理组织制度,但需要产品经理熟悉各种不同的市场;也可以采用市场经理组织制度,也需要市场经理熟悉各种产品;或者可以同时设置产品经理和市场经理,形成一种矩阵式结构。例如杜邦公司就是按矩阵结构设置营销机构的。这种组织制度符合多品种、多市场的公司需要。这种制度的缺点是费用大,而且容易产生组织的矛盾与冲突。

三、市场营销组织的基本流程

营销组织是完成任务的手段,营销任务决定了营销组织的设计。可以说,没有一个营销组织是十全十美的,而且,随着营销环境的变化,营销组织会产生不适应,需要进行新的调整。在这里,我们给出一个设计和评价营销组织的程序:

(1)分析市场营销组织环境。对市场营销组织环境进行分析,是市场营销组织的基本环节。只有对组织的营销环境有了充分的认识,企业才能顺利完成市场营销组织的设计工作。

(2)确定营销组织内部的各种活动。确定营销组织内部的各种活动是进行市场营销组织工作的起点。营销组织结构只有适应组织内部各种活动的需要时,才能使其营销功能达到最大化。

（3）建立组织职位。建立组织职位时，企业必须对组织职位要求进行细致的描述，尽量做到具体化。

（4）设计组织结构。根据以上的基本知识，结合各类结构的优缺点，选择适合组织营销活动的结构。

（5）配备相关人员。根据职位的基本要求，选择适当的人选进行任命，尽量做到最大化发挥各岗位的基本功能。

（6）检查和评价市场营销组织。检查和评价工作有利于企业市场营销组织的优化，从而推动企业营销效率的提高。

◆子任务三　市场营销控制

一、市场营销控制过程

控制过程包括四个环节，即建立目标、监测实绩、进行比较和采取行动。各步骤之间存在相互影响、相互制约的关系，是一个不可分开的整体。建立目标是市场营销控制的第一步。一般来说，市场营销活动的目标由四个要素构成，即数量、质量、时间和成本。数量和质量是产出指标，时间和成本是投入指标。市场营销管理者进行控制的要求就是在产出量一定时使投入量最小，或在投入量一定时，使产出量最大。在实际实施时，时间常常作为一个固定量（一年、一季、一月或一日）。因此，市场营销目标就变为在一定时间内，使数量最大、质量最好、成本最小。这里需要特别注意的是，为了便于控制，所建立的目标常常要求是一系列的量化指标，以便于以后进行监测和比较。例如，某航空公司有关质量的目标是"提高服务质量，使乘客感到满意"，这样的空话会使控制过程的第二步很难进行。在确定了一系列的量化指标后，如把乘客满意程度量化为乘客投诉率、表扬信的数量等指标，监测实绩这一环节就能顺利进行。在监测实绩时，还需监测实绩的频数。如果监测频数为1，则说明控制是事后控制；若频数过多，控制成本过高，也容易使有关人员因频繁报送数据而感到厌烦。因此，监测实绩的频数应适度。把监测到的实绩与计划目标进行比较是市场营销控制过程的第三个环节。当比较后发现有偏差，应及时分析产生偏差的原因。一般而言，产生偏差的原因可分为外部原因和内部原因两大类。如果产生偏差的主要原因是外部原因，控制者应保持冷静的头脑，既不应由于实绩大大超过计划而沾沾自喜，又不应由于实绩低于计划而悲观失望，因为外部原因具有"普天同庆"和"九州同悲"的性质。如果偏差是由于内部原因引起的，则控制者必须高度注意，及时总结经验教训，以确保企业在市场中的地位。找出产生偏差的原因后，企业就应采取必要的行动，或是采取补救措施，或是适时调整计划。

二、市场营销控制的类型

市场营销控制有三种主要类型，即年度计划控制、盈利能力控制和战略控制。

1. 年度计划控制

所谓年度计划控制是指企业在本年度内采取控制步骤，检查实绩与计划之间是否有偏差，并采取改进措施，以确保市场营销计划的实现与完成。任何企业都要制订年度计划，市场营销的年度计划执行得是否理想，不仅取决于计划制订是否正确，而且依赖于计划执行与控制的效率如何。年度计划控制的中心是目标管理。年度计划控制适用于营销组织的每一个层次。高层次营销人员根据目标管理的办法将计划目标分解成每个较低层次的营销管理部门的具体目标,并且定期检查计划的执行情况,以发现问题并及时纠正。年度计划控制包括销售分析、市场占有率分析、营销费用率分析和顾客态度追踪等内容。

(1)销售分析。销售分析主要用于衡量所制订的计划销售目标与实际销售之间的关系。这一分析有两个特定工具,即销售差异分析和微观销售分析。销售差异分析即对销售目标执行过程中,造成销售定额的各种因素的影响程度大小进行分析与衡量;微观销售分析即分别从产品、销售、地区及其他有关方面分析其未能完成预期销售额的原因。

(2)市场占有率分析。对企业的销售分析并未反映出企业相对于其竞争者的经营状况如何。而市场占有率是在剔除了一般的环境影响后来分析企业本身的经营状况。企业的市场占有率升高,说明企业比竞争者的情况好;反之,说明相对于竞争者其绩效较差。

(3)营销费用率分析。年度计划控制也需要检查与销售有关的市场营销费用,以保证企业在达到营销目标时的费用支出不超过预期标准。市场营销费用与销售额的比率,即营销费用率是一种主要的检查方法。

(4)顾客态度追踪。以上年度计划控制所采取的衡量标准大多是定量分析。定量分析虽很重要和具体,但并不完全,所以还需一些定性的标准对市场营销的发展变化进行分析与描述。常用的定性控制手段是顾客态度追踪。所谓顾客态度追踪是指企业通过建立一套系统对其顾客、经销商以及市场营销系统中其他参与者的态度变化进行追踪,进而监控这些人员态度的变化对产品销售产生的影响,以使市场营销管理者及时采取行动,争取主动。

2.盈利能力控制

盈利能力控制是指企业对不同产品、不同销售区域、不同顾客群、不同营销渠道以及不同订货规模的实际获利能力进行的测定,并与计划规定的标准进行比较。由盈利能力控制所获得的信息,有助于管理人员来决策哪些产品或哪些市场营销活动应该扩展,哪些应收缩,甚至取消。对盈利能力的控制是通过一系列的评价指标的考察分析进行的。

(1)市场营销成本。市场营销成本直接影响着利润。市场营销成本由直接推销费用、促销费用、运输费用、仓储费用和其他营销费用构成。

(2)盈利能力的评价指标。利润目标是任何企业的最主要目标之一,盈利能力控制在市场营销管理中具有十分重要的地位。盈利能力的评价主要采用销售利润率、资产收益率、净资产收益率和资产管理效率等指标来衡量。销售利润率是指利润与销售额之间的比率,反映了企业销售收入获利的效果;资产收益率是指企业所创造的总利润与企业全部资产的比率;净资产收益率是指税后利润与净资产的比率,它是衡量企业偿债后的剩余资产的收益率;资产管理效率可通过资产周转率和存货周转率这两个指标来进行分析。

3.战略控制

战略控制是指市场营销管理者对企业营销战略的审查。审查实际营销工作与原规划是否一致,以及营销战略是否与迅速变化着的市场营销环境相适应,并通过准确和及时的信息反馈对营销战略予以补充修正。企业的各项目标战略都是依据对过去市场营销环境的分析,对未来市场营销环境的预测的前提下制定的,而未来的市场营销环境是复杂多变的,企业制定的各项目标和战略可能会由于营销环境的变化而失去应有的作用。因而每个企业都应根据最新的信息重新审查和评价企业的目标和战略。企业在进行战略控制时,营销审计是一个有效的工具。

任务三　市场营销战略规划

任务情景

"凤凰"退出"傻瓜"市场

江西凤凰光学仪器（集团）公司（以下简称"江光"）是我国少数几家技术实力雄厚的照相机生产厂家之一，其生产的凤凰系列相机，因镜头质量优良、机械性能卓越而备受消费者青睐，是少数叫得响的国产相机之一。

改革开放后，城乡居民收入水平和消费水平大幅度提高。照相机作为"新五件"（彩色电视机、电冰箱、洗衣机、收录机和照相机）之一，取代"老五件"（自行车、手表、收音机、缝纫机和黑白电视机），而成为城镇居民生活水平提高的象征。然而，好景不长，20世纪80年代末，一种来自境外的塑料壳全自动照相机（俗称"傻瓜"相机），洪水般地涌入我国。大量走私相机的涌入，使我国相机行业面临灭顶之灾。因为"傻瓜"相机不仅操作简单，而且价格也低廉，正好迎合了中国消费者的口味。结果，全国37家照相机生产厂，绝大多数停产转产，少数几家勉强维持的企业也纷纷引进国外设备及组件，组装生产"傻瓜"相机。与此同时，精明的国内厂商也抓住时机，在沿海地区通过合资、独资方式，兴建了一批照相机组装厂，大批量生产"傻瓜"相机。在这股汹涌的"傻瓜"洪水冲击下，国产相机几乎全军覆没，几家幸存的也是苟延残喘。"江光"自然也未能幸免。在短短几年的时间内，由创利税过千万元变为年亏损300万元。

面对这样的环境和形势，"江光"也顺应潮流，向市场推出了自己的"傻瓜"相机——凤凰602、6040；但是由于产品的内在质量和外观设计都无法与国外或合资的同类产品相媲美，产品销售不出去，大批凤凰"傻瓜"相机积压。"江光"不仅没有借着"傻瓜"走出困境，反而陷入了更深的困境。

凤凰在"傻瓜"相机市场上受挫，使"江光"面临着新的选择。经过对市场和企业自身条件的分析和比较，"江光"公司明智地决定退出"傻瓜"市场，另辟蹊径。从当时的市场环境来看，尽管"傻瓜"相机的目标市场是需求量巨大的普通消费者（非专业的相机使用者），但这个市场的竞争也日趋白热化。尤为重要的是，在"傻瓜"相机的竞争中，国内相机生产厂家处于明显劣势。因为全自动相机需要高质量的电子元件和塑料配件，换句话说，需要相关产业较高水平的支持，而我国在这方面与国外尚有一定的差距，因此生产出来的"傻瓜"相机很难与国外同类产品相抗衡。而从"江光"自身的条件来看，它的光学镜头和机械制造技术有其独到之处。例如，"江光"生产的镜头，其质量完全可以同代表国际最高水准的德国蔡斯镜头媲美；"江光"生产的纵走式钢片快门，也曾令日本一家大公司眼红，主动要求与"江光"合作；另外，内地的劳动力成本也较低。就凭借镜头、快门及廉价劳动力这三条，"江光"在生产基础相机上就比国外厂家有优势。

综合分析上述的各种利弊之后，"江光"公司毅然决定退出"傻瓜"相机市场，以自己的技术优势来为专业人员和一些具有一定专业知识的摄影爱好者服务。这个目标市场虽然不大，但相对稳定，而且随着人们生活水平提高呈不断扩大之势。他们最为关注的是相机质量（镜头和机械性能）和性能价格比，这也正是"江光"的优势所在，"江光"决定以此为突破口，打入国际专业市场。

市场定位明确、产品策略确定之后，"江光"凭借着自己的技术优势，仅用半年多的时间就研制、生产出了样机，并很快形成批量生产。这种凤凰DC303单镜头反光照相机，采用高精度纵走式钢片快门，最短曝光速度为1/2000秒，闪光同步为1/125秒。采用SPD/TTL中央重点测光，测光精确度高。另外，曝光动态范围大，标准镜头分辨率高，加之体积小巧，外形美观，价格合理，一上市就受到消费者的欢迎，并且很快畅销欧美市场。英国一家推销商自己花钱在报刊上为凤凰DC303相机做广告，称它是"来自东方的一颗星"。德国权威《摄影杂志》也载文，评述凤凰DC303相机与国外同类产品相比，有几项指标更优。世界摄影、照相行业最高水平的科隆博览会对该相机进行了图文并茂的推荐。在国内，从1992年起，凤凰DC303连续3年获得最畅销产品"金桥奖"。

凤凰DC303相机的开发成功，使"江光"迅速走出了困境。经过重新市场定位后，"江光"找准了自己的目标顾客，而且成功地开发了新产品，结果一炮打响，由此走出困境，迅速崛起并成为大型集团有限公司。

任务分析

所谓市场营销战略是指企业在确定总体战略指引下，根据市场等环境及自身条件的动态变化趋势，对企业市场营销工作作出的全局性谋划。企业的市场营销活动一般集中在市场上商业活动领域，营销环境的考虑对形成企业营销战略来讲不可或缺。实际上，在任何给定的环境中，企业的市场营销战略都会涉及三种力量的相互作用。我们称这三种力量为"营销战略3C"：顾客（consumer）、竞争者（competitor）、企业自身（corporation）。企业的市场营销战略应能把自己与竞争者有效区别开来，并能够利用自身独特的能力为顾客创造提供更好、更高的价值，使顾客满意。

◆子任务一　市场营销战略规划概述

一、市场营销战略规划与企业战略规划

企业的市场营销战略规划对于企业的营销活动具有统筹全局的作用。离开了企业的营销战略规划，企业的营销活动将无从谈起。从市场营销战略规划的内涵上看，企业的营销战略规划与企业的总体战略具有复杂的关系。

企业战略规划，是指为保证企业长期的生存和发展，而对企业发展方向和经营领域作出的规划和决策。企业战略规划和市场营销战略规划是两个不同的概念，分属不同层次的战略。企业战略规划属于宏观层次的，而市场营销战略规划属于微观层次的，市场营销战略规划的制定必须以企业战略规划为基础，同时又为实现企业战略规划确定的目标发挥重要作用。

从企业战略构成我们不难看出：市场营销战略是企业战略的一部分，属于企业职能战略。营销战略一方面服从于企业的总体战略，以实现企业的整体战略目标为出发点，同时它又是企业开展营销工作的主线，指导着企业营销部门的各项工作。

二、市场营销战略规划的作用

市场营销战略规划是关系企业长远发展和全局利益的重大决策，其选择正确与否，直接影响到企业营销的成败和经济效益的大小，它是企业全体员工行动的纲领，它的重要性不仅表现在企业管理中的地位上，而且更直接作用于企业最重要的营销活动中。其主要作用表现如下：

1.是有效协调企业内部各种管理功能的基本手段

市场营销战略使企业的资金筹措、资金配置、生产和营销过程得到统筹管理。由于战略规划的制定是以企业的全局为对象,根据营销活动总体发展的需要对企业总体行动的谋划,它要求把企业的各个生产、管理、营销活动有条不紊地组织起来,在对目标确定、方案的选择实施与控制中体现着合理配置、高效使用营销资源,进一步发挥其整体协同功能,提高营销效率,在对企业内部资源和外部环境的科学分析下,在不同业务、不同产品以及不同市场间合理安排并使用其可利用的资源,从而使企业实现其各项目标的可能性更大,使企业能够在稳步的基础上持续有序地向前发展。

2.支持企业的总体战略

市场营销战略使企业最高决策层从全局出发,从企业的长期利益来高瞻远瞩地考虑问题,还有利于企业总体与各战略业务部门横向、纵向的信息沟通,以把企业内部可能出现的问题与矛盾降至最低限度。营销战略规划是企业对未来较长期内营销活动运行与发展的总体谋划,它的着眼点是迎接未来的挑战,通过对市场机会、环境威胁的科学分析与预测,展望未来,为企业谋求长期发展的目标与对策。正如古人云:"人无远虑,必有近忧",没有这种对未来的高瞻远瞩,企业必将永远羁绊于眼前的困扰而不能自拔,失去营销的主动性,从而也就增加了企业经营的风险性。

3.有利于提高企业的竞争能力

市场营销战略使企业对不断变化的宏观与微观环境予以高度重视,对影响未来环境变化趋势的因素给予分析与判断,动态地适应营销环境,这对提高企业适应环境的能力和应变能力意义重大。在 21 世纪的今天,人们的思想意识和价值观念,以及社会、经济环境都在发生日新月异的变化。营销战略规划的制定,使企业的营销活动,在不断变化的营销环境中,内部统一思想,统一目标,不盲目地、被动地滞后。在市场营销战略规划的约束下,有预见地、主动地、方向明确地随时调整营销活动,使企业临变不乱、稳步前进,提高企业经营的稳定性与安全性,提高营销活动的目的性、预见性、整体性、有效性和有序性,增强企业的竞争能力和应变能力。在企业众多的营销工具中,战略规划是最富有科学性、艺术性的。

◆子任务二 市场营销战略任务与目标规划

一、市场营销战略目标的内容

市场营销战略目标是指企业全部营销活动都要达到的总体要求。营销战略目标规定了企业全部营销活动的总任务,决定了企业发展的行动方向。企业的市场营销战略目标是一个多元的体系,包括经济性目标和非经济性目标两大类。具体来说,企业的营销战略目标体系应该至少包括以下六个方面:

(1)获利能力。在一般情况下,企业的决策者通常用利润率、投资收益率、销售利润率、每股平均收益率等来表示企业的获利能力。获利能力是企业的一个基本目标。

(2)生产能力。生产能力通常用投入产出或单位产品成本表示。一般情况下,企业通过改进投入与产出的关系可以获得盈利。因此,有必要建立生产能力方面的目标。

(3)产品开发能力。产品开发能力用产品线的发展和开发新产品的完成期来表示。产品开发能力对于企业的生存和发展具有重要的作用,是企业营销管理的关键指标之一。

(4)市场地位。市场地位常用市场占有率、销售额、销售量来表示。市场占有率可以分为绝对市场占有率和相对市场占有率两种。绝对市场占有率是指一定时空条件下,本企业产品销售量(销售额)在同一市场上的同类产品的销售量(总额)中所占的比重。相对市场占有率是指本企业的某种产品销售总额与行业中最大的竞争对手同种产品销售总额之比。

(5)竞争能力。竞争能力表现企业在行业中所处的地位、产品创新、企业技术水平、产品质量名次及塑造企业在消费者心目中的形象等。这项目标越来越显示出其在企业战略目标体系中的重要性与深远性,它们反映的是企业创新能力和在市场上知名度、美誉度的大小。实现这类目标对于提高企业竞争能力、拓展市场、延长产品市场寿命、扩大销售会长远地发挥作用。

(6)社会责任。社会责任反映企业对社会的贡献程度。如环境保护、节约能源、参与社会活动、支持社会和地区的各项事业等。

二、制定战略目标的要求

企业拥有一个不同层次的营销目标体系。在这些营销目标中常常有一些是不现实的,或是相互冲突的,或是模糊不具体的。而营销目标是要通过行动来实现的,好的营销目标应能指导行动、激励行动。因此,企业在确定其营销目标时就要有所选择、有所遵循,满足一定的要求。

1.层次化

企业的总营销目标多数情况下是不具体的和间接的。因此,企业制定营销目标的程序就是将企业的总营销目标层层分解成分营销目标,直到分营销目标具体直观为止。营销目标的层次化,既要注意使企业的总营销目标与达到这个主要营销目标的过程中所派生出的相应分营销目标间的协调与衔接,又要做到各种营销目标之间的等级分明、环环相扣。具体要注意:分解后的分营销目标与总营销目标要保证一致;分营销目标的集合一定要保证总营销目标的实现;分营销目标之间可能一致,也可能不一致,甚至是矛盾的,但在整体上要达到协调。

2.现金合理性

所谓现金合理性,即所确定的营销目标,一方面要有挑战性,另一方面又要切实可行。企业战略营销目标的确定不能是主观的臆想和希望,而应是建立在对企业内外环境进行周密调查和综合平衡的基础上,经过努力可以达到的。它应略高于企业和个人的能力,同时又要防止高不可攀,起到鼓舞和激励士气的作用。

3.具体化和定量化

企业的总体营销目标应该分解为具体的、可衡量的作业营销目标,具体落实到各层次、各部门以至每个人。同时在具体化过程中应尽可能地数量化,以便于衡量与考核。切忌将战略营销目标变成笼统、空洞的口号。如"增加利润"这个营销目标,就不如"将投资收益率提高10%,利润增加100万"易于把握与检查。

4.协调性

各项战略营销指标之间是相互联系、相互制约的,只有相互协调,平衡衔接,才能保证获得良好的整体效果。战略营销目标之间的平衡协调,包括不同层次、不同职能、不同时期之间的平衡协调与衔接。在平衡协调中,应当分清主次,次要营销目标要服从主要目标,下层营销目标要保证上层营销目标,职能营销目标要保证总体营销目标,短期营销目标要保证长期营销目标的实现。如,一定时期内不可能"既获得最大销售量,又获得最高利润",也不可能"既获得企业规模迅速扩大,又降低企业经营风险"。

◆子任务三 市场营销发展战略规划的过程

市场营销战略规划过程又叫营销战略管理过程,是指企业最高管理层为企业及其各业务单位的生存和发展而制定战略规划所采取的一系列重大步骤,包括确定企业任务、确定企业发展目标、选择企业的发展战略和确定战略业务单位的资源配置。

一、确定企业任务

一个企业之所以能够生存发展,是因为它所做的事情适应了总体环境的某一部分。当企业最高管理者意识到企业变得不景气,在走下坡路时,首先需重新审视企业的目标与任务,即需要对那些至关重要的、根本性的问题进行认真的研究:我们的任务是什么? 顾客是谁? 顾客的价值是什么? 企业为顾客提供了什么价值? 企业对产品的价值是否与顾客对产品的价值发生了背离和偏差? 企业的业务应是什么? 每一个成功的企业都会经常地或阶段性地向自己提出这类问题。

1.确定企业任务时应考虑的要素

(1)企业的历史背景。每个企业的目标、政策、成就都是有一定的历史原因与历史特征的,在调整其任务时,必须尊重其过去的历史。例如,一家有着悠久历史的知名药店,就不宜将其任务改变为像 IBM 公司那样的高科技企业。

(2)所有者和管理者目前的偏好与意图。如巨人集团高层管理者意欲进入房地产与保健品市场,这种意图不能不对企业的任务产生影响。

(3)企业生产经营环境的发展变化。企业经营环境的发展变化会给企业造成一些环境威胁与市场机会,为加强企业的适应性,就要对其任务加以科学调整。

(4)企业可控资源情况。这个因素决定企业可能经营什么业务,经营哪些业务有独特的优势。

(5)企业的核心竞争力。核心竞争力是一种能为企业进入各类市场提供潜在机会,能借助最终产品为所决定的顾客利益作出重大贡献,而且不容易为竞争者所模仿的能力。企业在规定其任务时,要善于利用自己的核心竞争力,方可扬长避短,发挥优势,取得良好的竞争优势。

2.企业任务应具备的条件

企业的任务一般要以任务报告书的形式反映出来,一份有效的任务报告书会使企业职员对企业宗旨、发展方向和机会形成一种共识,如同一只"看不见的手"那样引导着员工分工独立却又目标一致地努力工作。一份行之有效、有着较强导向作用的任务报告书应满足以下条件:

(1)明确企业的经营范围。任务书首先必须明确企业的经营范围,而关于业务范围的表述,大多数企业常常是从产品角度或技术角度来限定的。一些大企业都经营若干业务领域,但未必每个企业都能深刻地理解它们自己的业务范围。现代市场营销导向主张用市场来界定企业的业务范围。用市场界定企业的业务范围的提法是:我们的业务是"满足顾客对交通与舒适的需求""满足顾客对美容化妆的需求"等。总之,企业的业务应被视为一个满足顾客需求的过程,而不是一个制造产品的过程。顾客需求不再是固定的,而是动态的,而且随着科学技术、社会生产力水平的提高而变化。因此,产品也需要随着顾客需求和顾客群体的变化而改变,这些都从根本上为企业的发展提供了机会与潜力。

(2)切实可行。任务报告书要根据企业的内外环境、企业的人才、技术和市场等因素特点来决定其业务范围,既不要把业务范围规定得太窄或太宽,也不要说得太笼统,因为这样既不切合实际,又缺乏可操作性。

(3)富有激励性。通过任务的判定和实施,要使职员感到自己的工作是有价值的、重要的、对人类生活有益的,从而能鼓舞士气,充分调动其工作的积极性,为实现企业的任务而努力。

(4)政策具体、责权明确。政策是指企业员工如何对待顾客、供应商、竞争者以及其他有关营销公众。只有政策具体、责权明确,才能使企业全体员工明确自己的责权范围。在处理一些重大问题时,有一个可以同一遵循的准则,从而保持行为的一致性,提高工作效率。

企业任务报告书一般应提出企业未来一二十年的远景规划和发展方向,由于环境变化而使企业原定的任务与目前形势不再适应,或者不能再为企业确定最优的发展道路时,企业就应重新修改其任务了。

二、确定企业发展目标

企业的营销任务确定后,还要将这些任务具体化为企业各管理层的目标,形成一套完整的目标体系,使每个管理层的人员都有自己明确的目标,并负起实现这些目标的责任。战略目标是企业经营战略的核心,它反映了企业的经营思想,指明了企业今后较长时期内的努力方向,同时也为企业选择战略方案提供了依据。

三、选择企业的发展战略

1. 密集型发展战略

密集型发展战略,即企业在现有业务中寻找或者挖掘进一步发展、增加其销售额的机会。企业首先应分析是否还有机会增进现有业务绩效。根据密集型发展战略的方式不同,该战略又可以分为市场渗透战略、市场开发战略、产品开发战略三种子类型。

2. 一体化发展战略

一体化发展战略,是指一个企业把自己的营销活动扩展到产、供、销、竞争者等不同环节而使自身得到发展的营销机会。如果企业所属行业有较大的吸引力和增长潜力,或实行一体化后可大大提高效率、盈利能力和控制能力,则可采取一体化发展战略。具体有三种方式,即后向一体化、前向一体化和水平一体化。实现一体化的主要方法是兼购和联合。

3. 多角化发展战略

多角化发展战略,又称多元化发展战略,是指企业所在行业缺乏有利的营销机会,而其他行业富有吸引力,公司又具有相应条件与优势,向行业以外发展,实现跨行业经营,以实现业务增长。多角化发展战略具体有同心多角化战略、水平多角化战略、集团多角化战略三种方式。

四、确定战略业务单位的资源配置

为了实现企业目标,制定战略规划时必须对其各项业务或产品进行分析评价,确认哪些应当发展,哪些应当缩减,哪些应当维持,哪些应当放弃,并相应作出投资安排。这是企业内部资源配置问题,其目的是把企业发展中相对短缺的资金分配到那些市场潜力最佳、发展前景最好的战略业务单位及相关的市场领域中。其主要工作有以下几个方面:

1. 战略业务单位划分

许多企业无论大小,都是经营多种产品、多种业务,甚至是跨行业经营的。企业为了从战略上管理业务,优化业务投资组合规划,首先应将企业所有的产品或业务划分成若干个战略业务单位(简称 SBU)。一个 SBU 可以是企业中的一个部门或几个部门,也可以是一类产品或一种产品,甚至可以是一个品牌。SBU 有以下几个特征:

（1）它是一项业务或几项相关业务的组合；

（2）它有自己明确的任务；

（3）它能单独规划、单独考核其营销业绩；

（4）它要面对一组自己的竞争者；

（5）它有一位专门负责的经理；

（6）它掌握一定的资源；

（7）它有自己独立的经营战略，并对战略规划实现的盈亏负责。

2.战略业务单位的评价

（1）BCG 矩阵法。

BCG 矩阵法，又称市场增长率-相对市场份额矩阵方法。该方法是由波士顿咨询集团在20 世纪 70 年代初开发的。BCG 矩阵根据业务的市场增长率和市场相对占有率两大指标，将组织的每一个战略事业单位标在一种二维矩阵图上，从而显示出哪个 SBU 提供高额的潜在收益，以及哪个 SBU 是组织资源的漏斗。BCG 矩阵区分出四种业务组合，具体如图 7-1 所示。

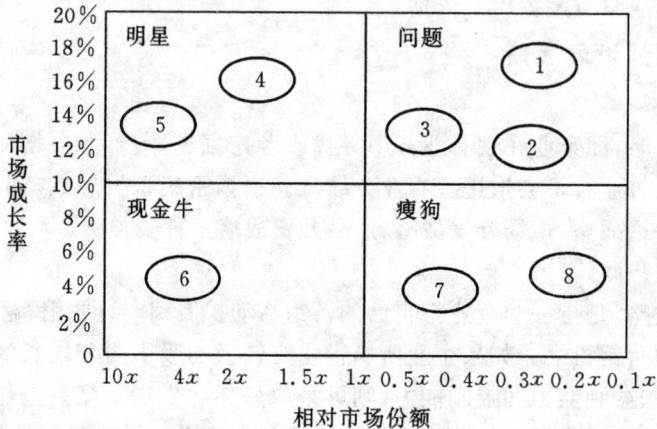

图 7-1 BCG 矩阵法

①问题型业务。问题型业务是指高增长、低市场份额业务。该类业务的产品是一些投机性产品，带有较大的风险。这些产品可能利润率很高，但占有的市场份额很小。这往往是一个公司的新业务，为发展问题业务，公司必须建立工厂，增加设备和人员，以便跟上迅速发展的市场，并超过竞争对手，这些意味着大量的资金投入。"问题"一词非常贴切地描述了公司对待这类业务的态度，因为这时公司必须慎重回答"是否继续投资发展该业务？"这个问题。只有那些符合企业发展长远目标、企业具有资源优势、能够增强企业核心竞争力的业务才能得到肯定的回答。得到肯定回答的问题型业务适合于采用增长战略，目的是扩大 SBU 的市场份额，甚至不惜放弃近期收入来达到这一目标，因为问题型业务要发展成为明星型业务，其市场份额必须有较大的增长。得到否定回答的问题型业务则适合于收缩战略。

如何选择问题型业务是用 BCG 矩阵制定战略的重中之重，也是难点。这关乎企业未来的发展。可以用增长战略中各种业务增长方案来确定优先次序，BCG 也提供了一种简单的方法。

②明星型业务。明星型业务是指高增长、高市场份额业务。该类业务的产品处于快速增

长的市场中并且占有支配地位的市场份额,但能否产生正现金流量,这取决于新工厂、设备和产品开发对投资的需要量。明星型业务是由问题型业务继续投资发展起来的,可以视为高速成长市场中的领导者,它将成为公司未来的现金牛业务。但这并不意味着明星型业务一定可以给企业带来源源不断的现金流,因为市场还在高速成长,企业必须继续投资,以保持与市场同步增长,并击退竞争对手。企业如果没有明星型业务,就失去了希望,但群星闪烁也可能会闪花企业高层管理者的眼睛,导致作出错误的决策。这时必须具备识别"行星"和"恒星"的能力,将企业有限的资源投入到能够发展为现金牛的明星上。同样的,明星型业务要发展成为现金牛业务适合采用增长战略。

③现金牛业务。现金牛业务是指低增长、高市场份额业务。现金牛业务的产品产生大量的现金,但未来的增长前景是有限的。这是成熟市场中的领导者,它是企业现金的来源。由于市场已经成熟,企业不必大量投资来扩展市场规模,同时作为市场中的领导者,该业务享有规模经济和高边际利润的优势,因而给企业带来大量现金流。企业往往用现金牛业务来支付账款并支持其他三种需大量现金的业务。现金牛业务适合采用稳定战略,目的是保持 SBU 的市场份额。

④瘦狗型业务。瘦狗型业务是指低增长、低市场份额业务。该类业务的产品既不能产生大量的现金,也不需要投入大量现金,这些产品没有希望改进其绩效。一般情况下,这类业务常常是微利甚至是亏损的,瘦狗型业务存在的原因更多的是由于感情上的因素,虽然一直微利经营,但像人类养了多年的狗一样恋恋不舍而不忍放弃。其实,瘦狗型业务通常要占用很多资源,如资金、管理部门的时间等,多数时候是得不偿失的。瘦狗型业务适合采用收缩战略,目的在于出售或清算业务,以便把资源转移到更有利的领域。

(2)通用电气公司(GE)法。

GE(General Electric)法,又称战略业务规划网络,是由美国通用电气公司创建的。GE 法较 BCG 矩阵法有所发展,这种方法不仅根据市场占有率和市场增长率两个因素,而且是对多项因素加权考虑的结果。BCG 矩阵法可以看成是 GE 的一个特例。

①分别找出并确定影响市场吸引力和企业竞争能力的诸因素。市场吸引力是对企业发展的市场机会的综合评价。主要因素有:市场增长率、市场规模竞争强度、技术要求、能源要求等决定企业业务单位所处行业潜在盈利水平的因素。企业竞争能力表示企业某项业务在市场中的综合竞争力。主要因素有:产品质量、品牌形象、促销能力、生产能力、开发研究水平、物资供应能力等决定或影响企业竞争能力大小的因素。

②分析业务位置、性质。根据影响行业吸引力的各因素的作用大小,分别给定权数;同样,对影响企业业务实力的各因素也给定权数;对不同业务情况下各影响因素的实际水平分高、中、低三档评分。根据行业吸引力各因素评分值与权数加权平均,计算出各业务的行业吸引力综合指标值。同样加权平均计算出各企业业务实力的综合指标值。以企业业务实力为横坐标,以行业吸引力为纵坐标,分别确定临界值,将横坐标分为强、中、弱三档,将纵坐标分为大、中、小三档。从而形成 9 个不同的战略区域,如图 7-2 所示。

③制定各战略业务单位投资战略。对战略业务单位分析评估后,企业应着手制定业务投资组合计划,可供参考选择的投资战略主要有发展战略、维持战略、收获战略和放弃战略四种。发展战略目的是扩大战略业务单位的市场份额,必要时可以放弃短期利润;维持战略是保持业务单位现有市场份额,表现为不愿意再追加投资或追加部分投资以维持现状;收获战略目的在

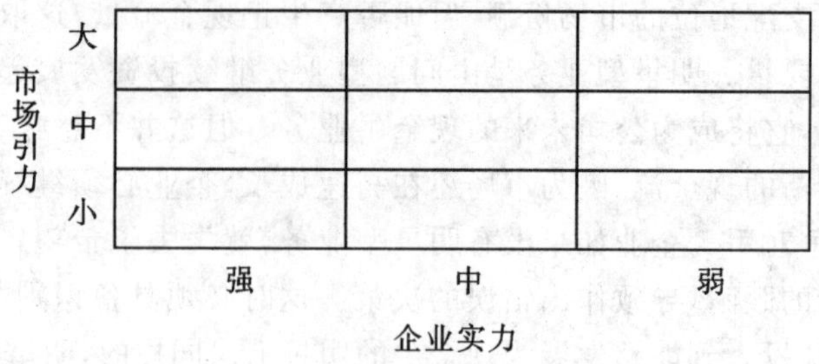

图 7-2　通用电气公司的多因素矩阵

于增加业务单位的短期现金收入,而不考虑长期效果,表现为不再追加投资或缩减投资;放弃战略意指变卖、处理和淘汰某些业务单位,以便把资源转移到盈利的业务单位上来。

案例

捕鼠器

4月的一个早晨,美国查扑·易思公司总经理玛娅·豪斯女士走进她在加利福尼亚的办公室。她停在办公桌前,凝视着她挂在旁边的爱默生(Ralph Waldo Emerson)的警句:"如果一个人……能够比他的邻居制造更好的捕鼠器……世界将向他敞开大门。""也许,"她自言自语道,"爱默森知道一些我不知道的事情。"她已经有更好的捕鼠器——查扑牌捕鼠器,但是世界似乎没有任何反应。

玛娅刚刚从芝加哥全国家用产品博览会回来,由于一直站在展示厅中,解答了几百次同样的问题,她感到有点累。这次博览会令她激动,因为在参展的 300 余件新产品的评比中,查扑牌捕鼠器荣获第一名。对查扑牌捕鼠器来说,这种荣誉并不是第一次。《人物》杂志曾刊登了一篇介绍它的文章;许多人的讲话和商业出版物都赞它。然而,虽然引起了很多注意,但所期望的需求并没有变成现实。玛娅希望这些称赞能够刺激人们对查扑牌捕鼠器的兴趣并增加它的销售。

一群投资者从这种捕鼠器发明人处获得了全世界的经销权。作为回报,他们付给他一笔可观的报酬,并决定每销售一台捕鼠器再给发明人一定的报酬。这群投资者在 1 月份成立了查扑·易思公司,专门经营这种捕鼠器,并聘请了玛娅·豪斯作为总经理来管理它。查扑牌捕鼠器是一种既简单又精巧的装置,公司通过合同请一家塑料公司制造。它由一个 6 英寸长、1.5 英寸宽的矩形塑料管构成,管子中部弯成 30 度角,以便管子前端放在一个平面上时,另一端翘起。翘起的一端有一个活动的帽子,使用者把诱饵放在里边(奶酪、狗食或其他东西)。一个铰链门在管子的前端,当捕鼠器打开的时候,门用两个细棍支起,而细棍则附着在门的两个下脚上。

捕鼠器工作十分有效。当老鼠闻到诱饵时,通过打开的一端进入管子,当它朝着诱饵走到弯角处时,它的重量使管子翘起的一端落下来,这使开口的一端翘起,导致支起的门关闭,老鼠也就被关在里边。在细棍上的小齿钩住捕鼠器底部的槽,从而锁住关上的门。老鼠是活的,但若让它在那里待上几小时,它会窒息而死。玛娅认为,这种捕鼠器同传统的捕鼠器或毒药相比,有很多优点。消费者可以既安全又方便地使用它,在安装时也没有夹住手指的危险。它对孩子或宠物也没有伤害或毒害的威胁。此外,它不需要清洗,不用时扔掉即可。玛娅前期的研究表明,妇女是查扑最好的目标市场,男子则更愿意购买和使用传统的捕鼠器。妇女不喜欢传统的捕鼠器,她们待在家里照顾孩子,因而她们想要一种方法来解决老鼠问题,这种方法应能避免传统捕鼠器可能带来的不愉快和危险。

为了达到目标市场,玛娅决定通过像萨福维、凯马特、荷琴格、CB药业这样的全国性杂货、五金和医药连锁店分销产品。她不通过任何中间商直接把捕鼠器卖给这些大的零售商。捕鼠器按包卖,每包两个,建议的零售价是2.49美元。尽管这种捕鼠器的价格比较小的传统捕鼠器价格高4倍,但消费者似乎不在乎价格的差别。对于查扑捕鼠器来说,包括运输和包装的制造成本是每个31美分,公司额外再付8.2美分给发明人。玛娅卖给零售商的价格是每个99美分。如果考虑了折价和数量折扣之后,估计每个捕鼠器可以从零售商处得到75美分。

为了促销产品,玛娅已经为第一年预算出6万美元,其中的5万美元将用来参加各种展销会和给零售商打电话,其余的1万美元将用来做广告。然而,到目前为止,由于这种捕鼠器已经使很多人了解了,她感到没必要做更多的广告。还有,她已经在《持家能手》和《家庭与环保》杂志上登了广告。现在,玛娅是公司唯一的推销员,她打算尽快再招聘一些推销员。

玛娅最初预测一年将销售500万个捕鼠器。然而,4月份,仅销售了几万个。玛娅想知道是否大多数新产品都有一个缓慢的开端,或者她是否在哪个地方犯了错误。她已经发现了一些问题,尽管不是严重的问题。例如,重复购买率不高。玛娅想知道,消费者买捕鼠器是由于新奇还是为了解决他们的老鼠问题。

玛娅知道,投资者们知道查扑公司的创新型捕鼠器的机遇是很难得的,她感觉到他们已失去耐心。她的头一年管理费和固定成本预算为25万美元,还不包括营销费用。为了让投资者高兴,公司需要卖出足够的捕鼠器以抵消成本并有合理的利润。

前几个月的经验使玛娅认识到,要成功地推出一种新产品并不是容易的事。例如,一家大零售商曾经向查扑公司订了一大批货,但要求在特定的一天的一些时段把货送到其仓库所在的码头上。然而,送货卡车迟到了一点,零售商拒绝收货。这个零售商告诉玛娅,一年以后才可能再次订货。也许,玛娅想,她应送一份爱默生的警句给她的零售商和用户。

任务四　目标市场营销战略

任务情景

当宝洁在中国市场上大举进攻的时候,各方面的工夫已经做足,如果高露洁硬拼出一个属于自己的通道,形成独特的标志,必须全方位赶超宝洁,那确实是一件非常划不来的事。于是,"难得糊涂"的中国审美观,加上"模糊技术"的西方经济学,高露洁索性向宝洁"借光",在广告策略和营销设计上把"模仿宝洁"进行到底。

比附定位是品牌定位的一种形式,意思是以竞争品牌为参照物,依附竞争者定位,使自己的品牌与领先品牌发生一定的比附性关系,提升自身品牌的价值与知名度。高露洁广告和宝洁的一样,最常用"专家法"和"比较法"。"专家法"的运用是:首先他们会指出你面临的一个问题来吸引你的注意;接着,便有一个权威的专家来告诉你,有个解决的方案,那就是用高露洁或宝洁的产品;最后,你听从专家的建议后,你的问题就得到解决。"比较法"的运用是:高露洁与宝洁将自己的产品与竞争者的产品相比,通过电视画面的"效果图",你能很清楚地看出高露洁与宝洁产品的优越性。高露洁模仿宝洁看起来是很自然的,因为它们都来自美国这样一个"证实主义"盛行的国度。然而,比宝洁的循循善诱更略胜一筹的是,高露洁在广告后面附上了一个美国牙科协会声明:"在日常口腔卫生中,经常使用高露洁可以有效防止龋齿。高露洁防垢牙膏可以减少牙龈上牙垢的形成,但对牙周病并无疗效。"貌似公允,给人以科学可信之感,实际上对推销牙膏暗中助力。

模仿宝洁,在近乎于"乱码"的意义上对受众进行传播,这种"超级捆绑"所带来的,是使行业蛋糕做大,是高露洁以逸待劳的杰作,给它带来的效益是空前的。

任务分析

目标市场营销不仅有助于企业明确市场营销组合的目标,而且有利于树立企业及其产品的特色优势。那么,在实际中,企业应该按照一定的标准、采用一定的方法对目标市场进行细分,才能有效地选择并进入目标市场,才能在充分考虑企业资源、市场竞争等多种因素的基础上,确定出自己的市场定位与营销组合策略。

◆子任务一 目标市场营销管理概述

一、目标市场营销管理的内涵

从内容上看,目标市场营销管理主要由三部分工作构成:一是市场细分,即企业根据顾客所需的产品和市场营销组合将市场分为若干个不同的顾客群体。企业运用不同方法来细分市场,勾画出市场细分的整体轮廓,并且评定各个细分市场的吸引力。二是目标市场选择,即企业在细分市场的基础上,根据企业实力和目标,判断和选定要进入一个或多个子市场的行为。三是市场定位。这三个部分内容形成了目标市场战略的全部含义,它们不仅在逻辑思维上关联密切,而且在程序上前后不得颠倒。市场细分是目标市场选择和市场定位的必要前提,而且目标市场定位是市场细分的必然结果。因此,我们可以认为,目标市场营销管理即企业根据不同的标准将市场划分为不同的细分市场,并从中选择自身重点发展或唯一进入的细分市场,并在该细分市场中,通过确定一个富有竞争优势的市场地位,来获得自身的生存和发展的过程。

二、目标市场营销管理的作用

众所周知,目标市场营销管理对企业的生存和发展起着至关重要的作用。具体来说,目标市场营销管理对于企业的生存和发展的作用主要表现在以下两个方面:

1.有助于企业明确市场营销组合的目标

市场营销组合,即产品、价格、渠道和促销等手段以及战略的协调运用,是企业占领目标市场的基本手段,从本质上讲乃是市场定位战略的具体战术。如果一家企业将自身的产品定位于"优质产品",那么其必须为此推出优质产品,制定出与高质量相一致的较高售价,通过高档次的中间分销商,以及通过高档次的广告媒体进行大规模的广告宣传,才能树立持久且令人信服的优质形象。

通过目标市场营销,企业确定了一定的潜在顾客,同时也限定了这个企业的潜在顾客和竞争对手。因此,市场营销的各种营销策略与战略决策,必须只有在目标市场营销管理的指导下,才能得以有效实施,真正地成为有意义、有效益的营销组合。

2.有利于树立企业及其产品的特色优势

随着市场经济的飞速发展,在同一市场上存在同一类产品的众多品牌的现象屡见不鲜,这便为这些产品的生产厂家和经营者造成了严重的威胁。企业为了使自己生产或经营的产品获得稳定的销路，防止被别家企业的产品所替代，唯有从各方面为其产品培养一定的特色，树立一定的市场形象，在顾客的心目中留下良好的深刻印象，以期在顾客心目中形成一种特殊的偏爱。这一切工作，便是进行目标市场营销管理所要完成的任务。

◆子任务二　市场细分战略

一、市场细分的内涵

所谓市场细分，就是指企业通过市场调研，根据顾客对产品不同的需要和欲望、不同的购买行为与购买习惯，把某一产品的整体市场分割成若干个子市场的分类过程，其中任何一个子市场都是一个有相似欲望和需要的顾客群体。不同的子市场的顾客对同一产品的需要和欲望则存在明显的差异性。

需要强调的是这种市场细分并不是通过产品本身的分类来细分市场，而是根据顾客对产品的欲望与需要的不同划分不同的顾客群来进行细分市场的，也就是说，市场细分只能以顾客的特征为依据，出发点是为了辨别和区分不同欲望和需要的购买者群体。

市场细分不同于一般市场分类，因为一般市场分类是从宏观角度识别和把握市场环境，根据产品的分销领域、竞争程度、产品形态、购买目的即其他标志来进行分类的。例如，根据产品的分销领域，市场可分为国际市场和国内市场两大类。国内市场又根据行政区域继续分类，但是这种分类只能用来粗略地认识市场的特点。而市场细分是以顾客为中心，按照顾客需求的差别来进行市场细分的，它更能深刻、更细致地识别某一具体市场顾客的需要，其目的是要在大市场中寻找对企业最有利的细分市场，确定企业自身的市场定位，从微观角度为企业提供市场营销科学决策的依据。顾客需求的异质性和企业资源的有限性决定了企业进行市场细分的必要性。

二、市场细分的标准

1. 消费者市场细分标准

（1）地理因素。地理条件不同，消费者的需要和欲望就会显出明显差异。因此，地理因素就成为消费者市场细分的标准之一。其包括地区、城镇、人口密度、气候条件等。

（2）人文因素。根据地理因素细分消费者市场简单易行，但很粗略，不能说明处于同一地理条件的人们的需求差异，因此，还必须从人文即其他因素进一步分析。其具体包括年龄、性别、家庭人口及生命周期、经济收入、职业、受教育程度、宗教与种族、民族与国籍等。

（3）心理因素。心理因素是影响消费者购买行为的重要因素之一。因此，心理因素也成为了市场细分的标准。具体来说，心理因素作为细分标准，主要包括社会阶层、生活方式、个性三个方面。

（4）行为因素。由于受到地理、人口及心理等因素共同作用，消费者购买商品的反应和行为具有差异，而这种差异性是细分市场至关重要的出发点。具体来说，行为因素作为细分标准，主要包括购买时机、追求利益、使用者情况、使用量、品牌忠诚度、购买态度等。

2. 组织市场细分的标准

组织市场包括生产者市场、中间商市场和非营利性组织市场三大类。由于不同类型的组织市场的购买行为的影响因素的不同，不同类型的组织市场细分的标准也存在着一定的差别。

(1)地理因素。由于地理位置、资源条件、气候及历史发展等不同,有些地区工业集中且发达,有些地区则工业分散、落后,有些地区是原材料供应地,有些地区是工业设备与制成品的产地。这样就产生了不同的投资需求。

(2)用户组织因素。这是生产者市场细分的基本标准和特定因素。用户组织因素主要包括用户规模的大小和最终用户性质。规模大小可从资产额、职工人数、营业额、利润额、产品线类型等指标综合考察。考察用户组织规模大小的目的是了解用户的购买力大小和投资需求的高低。一般而言,大企业户数少,购买力旺盛,购买量大且集中,而小企业则相反。最终用户的性质决定了他对产品质量服务的标准,如农用拖拉机制造商、飞机制造商需要的橡胶轮胎在档次与安全标准上显然不同。

(3)参与购买决策的成员的个人特点。这主要指购买决策中心的各类人员的情况,如决策者、影响者以及使用者的购买行为和关注焦点就有差别。此外,年龄、受教育程度、个性特征、社会经历等因素也会使购买行为发生差异,特别是对高新技术设备的采购与否有很大的不同。

(4)用户的购买状况。用户的购买状况主要是指购买者的购买能力、购买目的、购买方式、购买批量、付款方式、采购制度和手续等。

生产者市场细分的方法与程序,可参考消费者市场细分的方法与程序来进行。

三、市场细分的方法

市场细分的方法通常有单一因素法、综合因素法、系列因素法以及主导因素排列法。企业应根据其经营方向和具体产品来选择市场细分方法。

(1)单一因素法。只选用一个因素来细分市场,如根据年龄层次把儿童玩具市场划分为若干子市场。当然,单一因素选择法并不排斥环境因素的影响作用,要考虑到环境的作用更符合细分市场的科学性要求。

(2)综合因素法。选用两个或两个以上的因素,同时从多个角度进行市场细分。如一家企业依据顾客年龄、家庭规模及收入水平三个因素将家具市场细分为多个明显的子市场。

(3)系列因素法。运用两个以上的因素,由粗到细逐次进行市场细分。

(4)主导因素排列法。它是指一个细分市场的选择存在多因素时,可以从消费者的特征中寻找和确定主导因素,然后与其他因素有机结合,确定细分的目标市场。例如,职业与收入一般是影响青年女性选择服装的主导因素,文化、婚姻、气候则居于从属地位,因此,应以职业与收入作为细分青年女性服装市场的主要依据。

四、有效市场细分的条件

为了实现企业市场营销战略目标,企业在进行市场细分时,必须保证使细分市场具备以下四个方面的有效条件:

1.可衡量性

这主要有以下几方面内容:一是市场细分的顾客特征信息不仅能通过市场调研及时获得,而且还具有可衡量性。如男女性别人数、各个年龄层次人数、各个收入组家庭户数等都是可测量的。然而,也有些因素是不易测量的,如消费者购买动机因素。二是细分出来的各子市场不仅范围界定明晰,而且各个子市场的规模大小以及购买力能够被测量;否则,各子市场将会无法界定和衡量,难以描述与说明,也就失去了市场细分的意义。

2.可进入性

可进入性是指企业的资源条件与市场营销能力必须足以影响所选定的子市场,并有所作为,而不是可望而不可即的。如一家旅游公司市场细分出月球旅游市场,而旅游公司就其实力难以对顾客发生影响,产品项目不能够展现在顾客面前,难以提出有效计划和有效市场营销活动的可行性,这样的市场细分既无必要也无意义。

3.可盈利性

细分后的子市场的规模与购买力潜量足以使企业实现盈利目标。有效的市场细分必须具有足够的需求规模与潜量,保证企业可盈利,使企业的市场经营不断发展和壮大。

4.反应差异

市场细分后的范围界定明晰,各子市场对企业市场营销组合中的任何一项因素的变动应能迅速作出差异性的反应。例如,有的子市场对价格较敏感,有的子市场对质量要求较敏感,有的子市场对包装作出更大的反应,有的市场对服务有特殊要求等,这就要求企业对不同的子市场制定不同的相适应的市场营销组合。只有这样,市场细分才具有有效性,否则,如果各个子市场对企业市场营销组合因素变化作出相似的反应,那么各子市场的差异性的特点就消失了,市场细分的意义也就没有了。

◆子任务三　目标市场战略选择

市场细分的目的在于有效地选择并进入目标市场。一个成功有效的目标市场除了有一定规模,发展前景有足够大的市场吸引力以外,还应具备的条件是:它必须与企业的战略目标相一致;它必须与企业资源相适应;它必须能使本企业在竞争中取得绝对或相对优势;它必须能给企业带来较高的利润。目标市场的选择是否恰当、有效,是关系到企业目标与任务是否能完成,企业市场营销战略能否制定与实现的首要问题。

一、目标市场的选择

1.目标市场选择的内涵

目标市场选择,是指企业从渴望成为自己的几个目标市场中,根据一定的要求和标准,选择其中某个或某几个目标市场作为可行的经营目标的决策和决策过程。任何企业拓展市场,都应在细分市场的基础上发现可能的目标市场并对其进行选择。因为,首先,对企业来说,并非所有的细分市场和可能的目标市场都是企业所愿意进入和能够进入的。其次,作为一个企业,无论规模多大,实力多强,都无法满足所有买主的需求。由于资源的限制,企业不可能有足够的人力、财力、物力来满足整体市场的需求,因此,为保证企业的营销效率,避免资源的浪费,必须把企业的营销活动局限在一定的有限市场范围内。否则,势必会分散企业的力量,达不到预期的营销目标。鉴于上述原因,企业必须在细分市场的基础上,根据自身的资源优势,权衡利弊,选择合适的目标市场。

市场细分与目标市场及目标市场选择是三个既有区别又密切联系的概念。市场细分,是按不同的购买欲望和需求划分消费者群体的过程;而确定可能的目标市场,是企业选择某几个市场的过程;目标市场选择,则是在几个可能的目标市场中选择最有价值的目标市场。所以,发现目标市场和进行目标市场的选择,都有赖于市场细分。市场细分是发现可能目标市场和进行目标市场选择的前提和条件,发现可能目标市场和目标市场选择则是目标市场细分的目的和归宿。

2.目标市场选择的条件

(1)有足够的市场需求。选择的目标市场一定要有尚未满足的现实需求和潜在需求。理想的目标市场应该是有利可图的市场,没有需求且不能获利的市场谁也不会去选择。

(2)市场上有一定的购买力。一定的购买力是指有足够的销售额。市场仅存在未满足的需求,不等于有购买力和销售额。如果没有购买力或购买力很低,就不可能构成现实市场。因此,选择目标市场必须对目标市场的人口的购买力、购买欲望进行分析和评价。

(3)企业必须有能力满足目标市场的需求。在市场细分的子市场中,可以发现有利可图的子市场有很多,但是不一定都能成为企业自己的目标市场,必须选择企业有能力去占领的市场作为自己的目标市场。同时,开发任何市场都必须花费一定的费用,将花费的一定费用和带来的企业利润相比较,只有带来的企业利润大于所支付的费用的目标市场,才是有效的目标市场。

(4)企业具有竞争优势。竞争优势主要表现为:该市场上没有或者很少有竞争;如有竞争也不激烈并有足够的能力击败对手;该企业可望取得较大的市场占有率。

二、目标市场战略的类型

1. 无差异市场营销

无差异市场营销,是指在市场细分步骤之后,将所有子市场重新看成一完整市场来对待的营销战略。这一战略的选择,通常是由于各子市场的共性特征极为明显,从而使企业忽略了各特性差异。

实行无差异市场营销战略的优点在于:①它能比较有效地适用于广泛需求的品种、规格和款式简单并能够标准化大量生产、大量分销的产品。②它可大大降低成本费用。③它简单易行,便于管理。其主要缺陷有:①它对大多数产品不合适,它只适合于那些具有同质性的产品。②它忽视了顾客需求在各子市场的差异性。③实行无差异市场营销战略的企业一般针对细分市场中最大子市场开发单一产品和制定单一市场营销组合。然而无差异市场营销战略可能导致市场竞争过度,从而导致市场效率低下。

2. 差异市场营销

差异市场营销是指企业在市场细分的基础上,同时为几个子市场服务,针对各个目标市场的不同特点,分别设计不同的产品,并在定价、分销和促销等方面都加以相应地改变,以适应不同子市场的需求。

差异营销的优点有:①它可以通过不同的市场营销组合服务于不同子市场,更好地满足不同顾客群的需要。②企业的产品种类如果同时在几个子市场都具有优势,就会大大增强消费者对企业的信任感,进而提高重复购买率,争取到更多的品牌忠诚者。③它对企业市场营销风险的降低具有重要意义。④它可通过多样化的渠道和多样化的产品线进行销售,通常会有利于扩大企业的销售总额。其主要缺陷有:①实施差异化市场营销战略会大大增加企业的经营成本,因为差异化的市场营销组合大大提高了产品的改进成本、生产成本、管理费用、存货成本和促销成本。②实施这种战略必然会受到企业资源条件的限制,那些人、财、物、信息等资源缺乏的中小型企业难以采取此战略。

3. 集中市场营销

集中市场营销又称"密集型营销策略",是指企业集中全部力量,选择一个或少数几个性质相似的子市场作为目标市场,开发一种理想产品,实行高度专业化生产与营销,试图在较少的子市场上占有较大的市场份额。

集中市场营销战略的优点有:①它特别适合于那些资源有限的中小型企业,或初次进入新市场的大企业。②由于生产与市场营销的专业化,再加上子市场选择得当,企业能获得较高的投资收益率。③信息灵敏度强。集中市场营销战略在实施过程中遇到的最大问题是潜伏着很大的危险。因为该战略把企业生存、发展的希望全部集中在一个或几个特定市场上,一旦目标市场情况恶化,如顾客需求和偏好发生突变或者出现了更大的强有力的竞争对手,企业就可能会陷入困境,甚至会面临破产的危险。正因如此,很多企业宁愿选择多个子市场作为其目标市场来分散风险。

三、目标市场战略选择的影响因素

1.企业资源

对于实力雄厚,管理能力强,拥有充足的人力、物力、财力及信息等各方面资源条件的大型企业,可根据其经营的产品的不同特性采取无差异或差异市场营销战略涵盖整个市场,集中市场营销战略也可根据需要加以采用。而对那些实力不强、资源不足、能力有限的中小型企业,就不能把整个市场作为目标市场,而采取集中市场营销战略最能奏效。

2.产品的同质性

对于满足消费者需求差异不大的同质产品,如钢铁、大米、食盐等,比较适合用无差异市场营销战略。对那些满足消费者需要存在较大差异的异质产品,如服装、照相机、食品、汽车、家用电器等,则宜采用差异市场营销战略或集中市场营销战略。

3.市场的同质性

市场的同质性是指各子市场间的需求与偏好的相似程度。当市场同质性高、购买者爱好相似、一个时期的购买数量相近、对市场营销刺激的反应也相同时,企业可采用无差异市场营销战略;反之,企业应选择差异市场营销战略或集中市场营销战略。

4.产品的市场生命周期

企业目标市场涵盖战略的选择应随产品所处市场生命周期阶段的变化而变化。如果产品处于导入期,企业往往先介绍单一款式来推出新产品,那么企业采用无差异市场营销战略最能奏效。当产品进入成长期和成熟期时,采用差异市场营销战略就显得非常重要。当产品进入衰退期时,为保存原有市场、延长产品的市场生命、全力对付竞争者,宜采取集中市场营销战略。

5.竞争对手的策略

当竞争对手进行市场细分,实施差异市场营销战略或集中市场营销战略时,企业应当立即进行更为有效的市场细分,寻找新的良机与突破口,并且同时采取差异市场营销战略或集中市场营销战略。相反的,当竞争对手都实行无差异市场营销战略时,企业推行差异市场营销战略或集中市场营销战略必将大获其利。另外,如果竞争对手数目较少、实力较弱,则企业也可采用无差异市场营销战略或集中市场营销战略。

◆子任务四 市场定位与营销组合策略

一、市场定位的内涵

在企业选定的目标市场上,往往还有其他企业的同类产品出现,竞争者已在这目标市场上捷足先登,甚至已占据了市场有利地位。因此,企业为了出奇制胜,就必须了解现有竞争者的实力、经营特点和市场地位等,然后确定本企业进入目标市场的相应的市场定位。

所谓市场定位,就是根据所选定目标市场上的竞争者现有产品所处的位置和企业自身的条件,从各方面为企业和产品创造一定的特色,塑造并树立一定的市场形象,以求在目标顾客心目中形成一种特殊的偏爱。这种特色和形象可以从产品实体方面体现出来,如形状、构造、成分等;也可以从消费者心理上反映出来,如舒适、典雅、豪华、朴素、时髦等,或者由两方面共同作用而表现出来,如价廉、优质、服务周到、技术先进等。

二、市场定位的基本流程

1. 潜在优势识别

潜在优势识别步骤具体包括竞争对手产品定位分析、目标市场需求确认和潜在需求识别三大环节。在这一过程中,企业必须通过一定的调研活动,利用收集资料和信息分析等手段,完成这一阶段的基本任务。潜在识别优势是市场营销定位的基础。

2. 相对竞争优势选择

相对竞争优势是指企业相对于竞争对手,所拥有的特定的、难以模仿的、可识别的能力。相对竞争优势是企业能力的核心组成部分。具体来说,企业的相对竞争优势通常包括经营管理水平、技术开发能力、谈判与采购能力、生产能力、市场营销能力、融资能力和产品特性七个方面。

3. 显示独特竞争优势

企业通过一系列的营销活动,将企业的竞争优势或者潜在竞争优势,更好地显示在消费者面前。独特竞争优势的显示通常需要企业对消费者需求偏好进行必要的了解,并通过树立良好的企业形象来完成。

三、目标市场定位策略的类型

1. 对峙定位策略

对峙定位策略是指将本企业的产品定位确定在目标市场上现有竞争者产品相似或相近的位置上。一些实力不太雄厚的中小企业大都采用此策略。其优点是:企业通过仿制竞争者的产品,向市场销售自己品牌的产品,节省大量研究开发费用;由于竞争者已为产品进行推广宣传,既可节省推广费用,又可减少不适销的风险。

企业决定采用对峙市场定位策略的前提:首先是该市场的需求潜力还很大,还有很大的未被满足的需求,并足以吸纳新进入的产品;其次是企业推出的产品要有自己的特色,能与竞争产品媲美,才能立足于该市场。

2. 空位填补策略

空位填补策略是指将企业产品定位在目标市场的空白处,它不仅避开了市场竞争,不与目标市场上的竞争者直接对抗,而且在目标市场的空隙或空白领域开拓新的市场,生产销售目标市场上尚没有的某种特色产品,以更好地发挥企业的竞争优势,获取较好的经济效益。

这种定位策略能够使企业迅速地在市场上站稳脚跟,并能在消费者或用户心目中迅速树立起一种形象。由于这种定位方式市场风险较小,成功率较高,常常为多数企业所采用。

3. 取代策略

取代策略是指将竞争者赶出原有位置,并取而代之。一些实力雄厚的大企业,为扩大自己的市场范围,通常会采取这种取而代之的策略。企业要实施这种定位策略,必须比竞争者有明显的优势,提供比竞争者更加优越和有特色的产品,并做好大量的推广宣传工作,提高本企业产品的形象和知名度,冲淡顾客对竞争者产品的印象和好感。

四、市场营销组合策略

1.市场营销组合的内涵

市场营销组合是指企业为满足目标顾客需要,实现企业的经营目标,针对目标市场的特点而加以组合的可控制的变量。1960年,美国的麦卡锡教授首次正式将市场营销可控的变量简要概括为4P,并在此后的营销学中广泛应用。在理论方面,市场营销组合的产生给市场营销学注入了强烈的"管理导向",成为整个营销学理论体系的中坚和重要内容。营销学从此有了明确任务,即促使市场营销学着重于研究企业市场营销管理工作中的各项战略和决策。在方法方面,市场营销组合是企业市场营销不可缺少的工具。为了实现战略目标,企业通常将各种策略和方法有机地配合使用,以适应企业内部条件和外部环境因素的变化,从而求得最佳的市场营销整体效益。在实践方面,市场营销组合为企业营销在战略上的结合起着"桥梁"作用。在传统的营销观念导向下,企业的营销活动时常处于无序状态,各环节协调性差,各单位各自为政,无法发挥整体效用。若以市场营销组合的策略来安排企业整体营销活动,就能使企业形成一个高度统一的有机整体,使各单位各司其职、相互配合、有效协作,最大限度地满足目标市场的需要,从而实现企业的战略目标。

2.市场营销组合的构成

市场营销组合的因素较多,麦卡锡将其概括为产品、价格、渠道、促销四方面的策略,简称为4P。这些年来,根据市场营销实践发展的需要,美国的菲利普·科特勒教授又提出政治权力和公共关系两方面策略。与前面的4P一起,构成6P理论。我们将4P理论称为传统的市场营销组合,将6P理论称为现代市场营销组合,又叫大市场营销。

(1)产品策略。企业根据目标市场的需要作出与产品开发有关的计划和决策。它包括产品的效用、质量、外观、式样、品牌包装、规格、服务和保证等。

(2)价格策略。价格策略是企业出售商品和提供服务所实施的定价策略。它包括基本价格、折扣、付款方式、信贷条件等。

(3)分销策略。分销策略又称渠道策略,是企业使其产品进入和达到目标市场所进行的各种活动,包括商品流通的途径、环节、场所、储存和运输等。

(4)促销策略。促销策略是企业为了实现产品从生产者向消费者的转移,扩大产品销量,提高市场占有率所采取的各种促进销售活动的措施。它包括人员推销、广告、营业推广、公共关系等。

以上四方面策略彼此配合,共同为企业在目标市场的经营而服务。产品、价格、分销、促销是企业市场营销可以控制的四个因素,它们不是彼此分离的,而是相互依存、相互影响、相互制约的。在开展营销活动时,不能孤立地考虑某一因素,而要对各种因素进行综合考虑、整体规划、合理配置、优化组合,使他们密切配合,发挥出系统功能,实现最佳的市场营销效果。

(5)权力。在开展大市场营销时,为了进入特定市场,必须找到有权打开市场之门的人,这些人可能是具有影响力的企业高级管理人员、立法部门、政府部门的官员等。营销人员要有高超的游说本领和谈判技巧,以便能使这些"守门人"采取积极合作的态度,达到预期的目的。

(6)公共关系。权力是一个推的策略,而公共关系则是一个拉的策略。通过有效的公共关系活动,可以逐渐在公众中树立起良好的企业形象和产品形象,并保持一种更持久、广泛的效果。

市场营销组合是系统观念在市场营销活动中的具体体现和运用,它涉及企业对市场营销手段和方法的基本认识。在激烈竞争的市场条件下,企业要满足顾客需要,完成经营目标,必须从目标市场的需要和市场环境的特点出发,根据企业资源条件和优势,综合运用各种营销手段,形成统一的、配套的营销策略,通过企业上下各部门的协调努力,密切配合才能实现。

五、市场营销组合的特点

1. 可控性

营销组合的各因素是企业可以控制的。企业可以依据目标市场的需要,决定生产经营什么产品,给产品选择分销渠道,决定产品的销售价格,选择广告宣传手段等。营销组合的可控性决定了营销组合的可能性。但是,营销组合也并非企业随意决定的,它受到诸如政治因素、经济因素、文化因素、技术因素等市场环境的制约和影响。企业的营销组合只有与它们的变化发展相适应,才能收到预期的效果。

2. 动态性

市场营销组合不是固定不变的静态组合,而是变化无穷的动态组合。企业必须适应市场环境和消费需求的变化,随时调整营销组合因素,使之与市场环境保持一种动态的适应关系。

3. 符合性

营销组合不仅包括了四大因素,而且每一因素又包括了多个次一级乃至更次一级的因素。这些因素相互配合,协调发展,共同为实现企业营销目标发挥作用。

4. 整体性

营销组合是根据营销目标制定的整体策略,它要求企业市场营销的各个因素协调配合,一致行动,发挥整体功能。如果各因素单独发挥作用,难免缺乏整体的协调,有些功能就会相互抵消;而在组合条件下,各因素相互补充,协调配合,目标统一,其整体功能必然大于局部功能之和。因此,在制定营销组合时,要追求整体最优,而不能要求各个因素最优,各个亚层次的营销组合也必须服从整体组合的目标和要求,维护营销组合的整体性。

六、市场营销组合的作用

1. 是制定企业市场营销战略的基础

企业营销战略通常由营销目标与营销组合诸因素组成。企业往往根据其发展战略制定营销目标,在营销目标指引下确定营销组合。在制定营销战略时,企业既要强调营销诸因素的协调配合,又要根据产品和市场的特点,充分发挥企业优势,重点运用某一个或某两个营销组合因素,形成企业的最佳营销组合。营销组合是营销战略的基础,是保证企业营销目标得以实现的条件。

2. 是企业市场营销的基本手段

为更好地满足顾客需要,企业必须根据顾客需要的特点,确定适当的营销组合,使企业市场营销组合的各个因素符合目标顾客的需要,从而有效地达到企业营销目标。如果没有市场营销组合,满足顾客需要就将受阻,企业的经营目标也很难实现。

3. 是企业应付竞争的有力武器

一般来说,竞争对手之间都各有自己的优势和劣势。竞争的取胜之道在善于分析自己和别人的长处和短处,扬长避短,发挥优势。市场营销组合策略正是强调企业发挥自己的优势,根据自身的资源条件、市场环境的变化、市场竞争的格局及产品和市场的特点,巧妙灵活地运用营销组合的各个因素,既突出重点,又有整体配合,从而获得竞争中的有利地位。

4.是协调企业内部力量的纽带

市场营销组合就是整体营销,它不但要求营销组合诸因素的协调配合,还要求企业内部各部门要以顾客为中心,协调行动,共同为满足顾客的需要而努力。

总结与回顾

1.市场调研分为探测性调研、描述性调研、因果性调研三种。市场调研的基本流程包括调研方案的总体设计、抽样设计和问卷设计、正式问卷、调研实施、分析调研资料、撰写调研报告等一系列步骤。市场调研的方法主要有访问法、观察法、实验调查法三种。

2.市场预测的内容主要有市场需求预测、市场占有率预测、产品发展预测和产品价格变动趋势预测四个方面。市场预测方法可以分为定性预测方法和定量预测法两大类。市场预测的基本流程包含确定预测目标、收集整理资料、选择预测方法、实施预测和撰写预测报告五大步骤。

3.市场营销策划也叫营销策划,是针对企业将要发生的营销行为的超前决策。市场营销策划活动具有超前性、主观性、系统性、复杂性和权变性五个方面的特点。市场营销策划应遵循战略性原则、信息性原则、公众性原则、系统性原则以及操作性原则。

4.市场营销组织大体上有五种组织结构形式,即职能型组织、产品型组织、市场型组织、地理型组织以及产品经理与市场经理组织等五种形式。

5.市场营销控制是指市场营销管理者通过计划与实绩的比照,测量和评价企业营销计划的执行情况,并对测评结果提出改进措施和建议,以保证企业营销目标实现而采取的一系列活动。市场营销控制有三种主要类型,即年度计划控制、盈利能力控制和战略控制。

6.企业战略规划是指为保证企业长期的生存和发展,而对企业发展方向和经营领域作出的规划和决策。企业战略规划和市场营销战略规划是两个不同的概念,分属不同层次的战略。

7.企业的营销战略目标体系包括获利能力、生产能力、产品开发能力、市场地位、竞争能力、社会责任等六个方面。

8.密集型发展战略,即企业在现有业务中寻找或者挖掘进一步发展、增加其销售额的机会。一体化发展战略,是指一个企业把自己的营销活动扩展到产、供、销、竞争者等不同环节而使自身得到发展的营销机会。多角化发展战略,又称多元化发展战略,是指企业所在行业缺乏有利的营销机会,而其他行业富有吸引力,公司又具有相应条件与优势,向行业外发展,实现跨行业经营,以实现业务增长。

9.目标市场营销管理即企业根据不同的标准将市场划分为不同的细分市场,并从中选择自身重点发展或唯一进入的细分市场,并在该细分市场中,通过确定一个富有竞争优势的市场地位,来获得自身的生存和发展的过程。目标市场选择,是指企业从渴望成为自己的几个目标市场中,根据一定的要求和标准,选择其中某个或某几个目标市场作为可行的经营目标的决策和决策过程。目标市场战略包括无差异市场营销、差异市场营销和集中市场营销三种。目标市场战略选择的影响因素有企业资源、产品同质性、市场同质性、产品的生命周期以及竞争对手的营销战略等。

10.市场定位,就是根据所选定目标市场上的竞争者现有产品所处的位置和企业自身的条件,从各方面为企业和产品创造一定的特色,塑造并树立一定的市场形象,以求在目标顾客心目中形成一种特殊的偏爱。

复习思考

1.简述市场预测的基本流程。

2.简述市场营销控制的三种主要类型。

3.简述市场营销策划的原则。

4.简述市场定位的基本流程。

实训练习

【实训项目】

企业营销战略设计

【实训目标】

(1)培养学生进行企业市场调查的访谈能力。

(2)培养学生对资料信息的归纳总结能力。

(3)掌握 BCG 矩阵法和 GE 法的应用。

(4)进一步加深对企业营销战略规划的理解。

【实施过程】

(1)将全班学生分为 4～6 个学习小组,以小组为单位组织引导学生讨论学习。

(2)收集某一家企业的战略业务信息。

(3)运用 BCG 矩阵法和 GE 法对该企业所经营的业务进行分析。

(4)对企业的营销战略规划提出书面改进意见。

【实训考核】

(1)小组成员的协作性(10%)。

(2)收集资料信息的能力(10%)。

(3)运用 BCG 矩阵法和 GE 法的能力(40%)。

(4)书面意见的见解性、观点性、合理性、创新性(30%)。

(5)小组成员讨论、发言的参与性(10%)。

项目八　市场营销策略与运用

知识目标

1. 熟悉产品含义及产品生命周期理论
2. 掌握产品的市场营销组合策略
3. 熟悉产品定价的目标及影响因素
4. 掌握产品定价的方法、策略及价格调整手段
5. 熟悉分销渠道的含义、结构及发展趋势
6. 掌握分销渠道的策略与管理
7. 熟悉促销的含义与作用
8. 掌握促销组合策略的运用

技能目标

1. 能够初步具备一定的运用产品组合策略的能力
2. 能够初步具备一定的运用定价方法和市场价格调整的能力
3. 能够初步具备分销渠道策略运用和分销渠道管理的能力
4. 能够初步具备促销组合策略的运用能力
5. 能够初步具备个人推销、公共关系的素质和能力

任务一　产品策略

任务情景

大白兔奶糖的前身——"ABC 米老鼠"奶糖,新中国成立前就已经在国内畅销一时了。20世纪 50 年代,由于批判外来文化的风气盛行,再加之当时的爱国卫生运动提出了"除四害"口号。于是,"ABC 米老鼠"奶糖开始采用了"大白兔奶糖"作为部分产品的商品名。但是,由于没有产品整体观念,没有品牌意识,冠生园一直没有把"大白兔"和"米老鼠"进行商标注册。因此,假冒产品甚多。

1983 年,一家来自广州的只会生产硬糖的糖果厂到上海冠生园来取经,善良的老师傅们手把手地把生产奶糖的技术教给他们。2 年后,当冠生园想到要去注册"米老鼠奶糖"时,却意外地收到一张驳回通知书,原来南方的"徒弟"已经抢先一步,在几个月前把师傅的商标注册了。没过多久,又传来一个消息,美国的沃特·迪斯尼公司为了夺得"米老鼠"形象在中国的垄断权,以 4 万美元从广州那家小厂买下了"米老鼠"商标。冠生园这时才痛惜万分,区区 4 万美元,按当时的汇率只值十几万人民币,可是从此 ABC 糖果厂失去了"米老鼠"这个著名的中国

糖果品牌。美国的沃特·迪斯尼公司在买到"米老鼠"商标控制权后,又找到上海冠生园,表示允许冠生园继续使用该商标,但要求每年坐享利润的 8% 作为商标特许使用费。值得庆幸的是,当年的"除四害"使冠生园诞生了一只"大白兔",而不至于倾家荡产。更幸运的是,当时的国家工商行政管理局出于深远考虑,为获得质量奖的国优产品保留了注册商标的权利,才使"大白兔"商标幸运地得到了注册。但是,"大白兔"品牌的影响力也在不断降低。从知名度来看,"大白兔"在 30 岁以上消费群体中知名度相当高,但在 30 岁以下尤其是 20 岁以下的消费群体中,知名度并不高。孩子们都知道"娃哈哈""乐百氏",但很多却不知道"大白兔"。品牌知名度的降低意味着品牌资产的贬值,这当然是"大白兔"不愿看到的。从品牌的忠诚度来看,毫无疑问,"大白兔"在多年的发展过程中,培养了一大批忠诚消费者,这是十分珍贵的品牌资产。值得注意的是,这部分忠诚消费者主要是 30 岁以上的成年人,而随着年龄的增长,他们对糖果的消费也越来越少了,取而代之的是他们的子女,即新一代的青少年。因此,"大白兔"需要在新一代的消费群体中培养其忠诚消费者,在新的品牌形象的传播方面,一定不要把眼光仅仅放在新一代消费群上而忽视了老一代消费群的感受。最好的办法是充分借助"大白兔"原来忠诚消费群的影响,完成品牌忠诚从父母到儿女的转移。让爸爸妈妈把自己的"大白兔"安全"交接"给下一代,用"大白兔"代表的是爸爸妈妈对儿女健康、活力、朝气的期望。从消费者对"大白兔"品质的认可方面看,"大白兔"以奶味浓郁、甜度适中、柔软润滑、富有弹性而著称,得到消费者的充分肯定。

任务分析

产品是企业开展市场营销活动的出发点,企业提供的产品或服务适应了消费者的需要,价格策略、分销策略、促销策略也就有了可靠的物质基础。现在,人们往往将"糖"字与肥胖、不健康等负面信息联系在一起。现代人似乎越来越不喜欢糖,因此在新的品牌塑造中,必须经由品质的认可上升至对产品营养、健康的认可。因此,"大白兔"健康食品的品牌形象,就是要将消费者对品质的认可上升至对产品营养、健康的认可。市场营销要紧跟消费需求走,人们越来越喜欢健康、活泼、充满朝气的"大白兔"了,那么品牌管理者也必须根据这种情感需求的变化调整品牌形象。"大白兔"由静到动,反映的是整个消费群体观念的变化。

◆子任务一 产品和产品生命周期

企业市场营销活动的中心是满足消费者的需要,而消费者需要的满足只能由企业通过提供某种产品或服务来实现。因此,产品是企业开展市场营销活动的出发点,在市场营销组合中处于关键地位,是市场营销组合中最主要的决定性因素,它直接影响和决定着其他市场营销组合的决策制定。企业提供的产品或服务适应了消费者的需要,价格策略、分销策略、促销策略也就有了可靠的物质基础。否则,就失去了企业在营销活动中安身立足的根本。

一、产品的概念

现代市场营销学认为,产品是指能提供给市场,用于满足人们某种欲望和需要的任何事物,包括实物、服务、场所、组织、思想、主意或计策等。可见,现代营销意义上的产品概念不仅包括传统的有形实物,还包括无形的服务。有形产品主要包括产品实体及其品质、特色、式样、品牌和包装等;无形服务包括可以给买主带来附加利益和心理上的满足感及信任感的售后服务、保证、品牌形象、声誉等。因此,市场营销学所指的产品是一种复杂的综合体,是整体产品。

产品概念包括三个基本层次,即核心产品、形式产品、附加产品。

1. 核心产品

核心产品是指消费者购买某种产品时所追求的最基本的效用和利益,是消费者真正要购买的东西,因而也是产品整体概念中最基本、最主要的部分。消费者或用户购买某种产品不是为了获得构成某种产品的各种材料,而是为了满足某种特定的需要。例如,人们购买化妆品是为了满足使自己变得更漂亮的愿望。企业在向市场提供产品时要首先考虑消费者购买时所追求的核心利益。

2. 形式产品

形式产品是核心产品的载体,是核心产品借以实现的载体,主要指向市场提供的产品的外观形态及其主要特征,是消费者得以识别和选择的主要依据。一般来讲,形式产品包括产品的质量水平、外观特色、式样、品牌、包装等几个方面。平常人们对实体产品的形式产品容易理解,而对无形产品(服务)所具有的产品整体特点不甚了解。如果企业提供的不是实体产品,而是服务、信息、计策等无形产品,如律师事务所提供的服务是一种产品,其形式产品包括服务的品质、服务水准、服务人员的专业资格等;服务的特征,即是有偿的或免费的、是否需要花费时间等;服务的形态,即简略的、草率的或详尽的、周到的等;服务的品牌即"某律师事务所";服务包装即服务中心办公楼。企业在把核心产品转化为形式产品的过程中要对其进行合理的设计,以满足不同消费者的需求,如提高质量、改变包装、创立品牌、改良款式等。

3. 附加产品

附加产品是指人们在购买产品时所获得的全部附加服务和利益总和。如提供信贷、免费送货、质量保证、安装维修、销售服务、技术咨询和说明书等。附加产品是企业根据市场需求的整体化、多样化和消费水平的逐步提高,附加到产品上的东西,能给消费者带来更多的利益和更大的满足。在未来市场竞争中,企业仅靠价格竞争、核心产品竞争、形式产品竞争是远远不够的。正如美国市场营销学者西奥多·里维特所言:"新的竞争不是发生在各个公司的工厂生产什么产品,而是发生在其产品能提供何种附加利益(如包装、服务、广告、顾客咨询、融资、送货、仓储及具有其他价值的形式)。"只有能够正确发展附加产品的企业才能在激烈的竞争中获胜。附加产品有别于无形产品,无形产品是产品的一个类别,而附加产品属于产品整体,具有依附的特点,主要是为了鼓励和方便消费者购买。

以上产品整体概念的三个层次,十分清晰地体现了以消费者为中心的现代市场营销观念。产品的构思、设计、开发和商业化,都必须考虑是否符合消费者的需求与愿望,是否能为消费者带来最大效用和利益。因此,产品整体概念对企业开展市场营销活动具有重要指导意义。现代企业必须对产品整体概念有充分的认识和正确的理解,树立正确的营销观念,制定正确的产品策略,才能在竞争中立于不败之地。

二、产品生命周期与营销对策

产品生命周期,是现代市场营销学中的一个重要概念,是企业研究产品策略的重要根据。研究产品生命周期的发展变化,可以使企业掌握各个产品的市场地位和竞争动态,为企业制订战略计划和营销策略提供依据,对增强企业的竞争能力和应变能力有重要意义。

1. 产品生命周期的概念

产品市场生命周期是指产品从投放市场到最终被淘汰的全过程。它一般经历四个发展阶段:导入期、成长期、成熟期和衰退期。其划分一般以产品销售量和利润额的变化为依据。在导入期,产品刚刚进入市场,销售量缓慢上升,利润多为负数;当销售量迅速上升,利润由负变正并迅速增长时,产品进入成长期;随着时间的推移,产品销售量达到最高水平,但利润增长缓慢甚至处于停滞状态,此时为产品的成熟期;当销售量加快下滑,利润也较快降低时,产品进入衰退期。具体如图8-1所示。

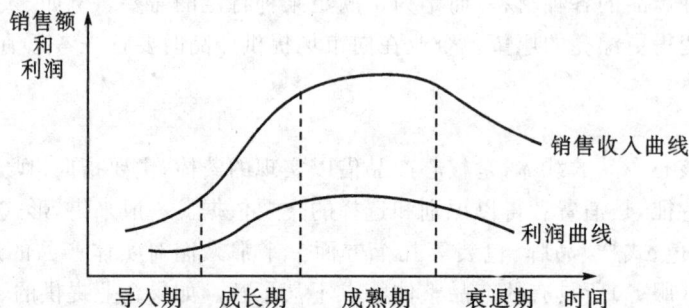

图8-1 产品生命周期曲线

在理解产品市场生命周期的含义时,应注意以下几个问题:

(1)产品的市场寿命与产品的使用寿命是两个不同的概念。前者指的是产品在市场上存在的时间,是无形的、抽象的,其长短主要受消费者需求与偏好、科技进步等社会因素的影响。后者是指产品的自然使用时间,是有形的、具体的,其长短受产品的自然属性、使用方式、维修保养等因素的影响。

(2)产品市场生命周期是就整个市场或整个行业而言的。一个企业的资料不能确切地反映某种产品的市场生命周期。即使是同一行业,产品的市场生命周期在不同的国家也可能是不同的。

(3)产品市场生命周期曲线是一条理论上的曲线。在现实生活中,由于市场营销环境的变化以及公司营销策略的改变,并不是所有产品的生命周期都完全符合这一典型曲线。有的产品可能一上市就进入成长期;有的产品可能没进入成长期就夭折了;还有的产品在经过成熟期后又进入快速增长阶段,呈现再循环曲线。但对于大多数产品来说,产品市场生命周期曲线是完全适用的。

2.产品市场生命周期各阶段的策略

产品在生命周期的不同阶段具有各自不同的特点,这在客观上要求企业制定不同的营销策略与之相对应,以取得更理想的效果。

(1)导入期策略。在这个阶段,新产品刚刚投放市场,其主要特点是:销量小,市场占有率低且不稳定;生产成本高,损耗较大;销售渠道不畅,销售增长缓慢;利润较小甚至亏损,企业承担风险较大;竞争不激烈等。根据不同的情况,企业可以采取以下几种策略:

①快速夺取策略。它是指企业采取高价格、高促销投入的方式推出新产品。高价是为了尽快收回投资;高促销投入是为了迅速扩大产品影响,提高产品市场占有率。这一策略比较适合潜在市场需求量大、消费者急于购买新产品且能接受此价格、企业正面临潜在竞争对手威胁的情况。

②缓慢夺取策略。它是指企业采用高价格、低促销投入的方式推出新产品。低促销投入可以使企业获取更多的利润。这一策略比较适合市场容量不大、消费者已对新产品有所了解

且愿意高价购买、潜在竞争威胁不大的情况。

③快速渗透策略。它是指企业采用低价格、高促销投入的方式推出新产品。实施这一策略是为了迅速占领市场,获取较高的市场占有率。它比较适合市场容量大、潜在消费者对该产品不了解且对价格很敏感、潜在竞争较激烈的情况。

④缓慢渗透策略。它是指企业采取低价格、低促销投入的方式推出新产品。这一策略比较适合市场容量大、消费者对新产品有一定的了解且对价格很敏感、潜在竞争威胁大的情况。

(2)成长期策略。成长期的市场特征包括:产品已被消费者所熟悉和接受,分销渠道已经建立,产品销量迅速上升;已实现大批量生产,单位产品生产成本下降,利润增长较快;竞争者相继加入,市场竞争加剧。针对这些特点,企业可以采取以下策略:

①不断提高产品质量,增加产品新的型号、款式和种类,开发产品新的功能和用途。

②改变广告宣传重点,在这一阶段应以树立产品形象为中心,争创名牌产品,在赢得老顾客的基础上,进一步吸引和发展新顾客。

③开拓新的产品细分市场,进一步扩大销售。

④适时降价。选择适当时机降低产品价格,以吸引那些对价格敏感的消费者。

(3)成熟期策略。成熟期的市场特征是:销量逐步达到顶峰后缓慢下降,利润也呈下降趋势;生产成本逐渐降到最低点,但销售费用增加;生产同类产品的企业较多,竞争十分激烈。在这个阶段,企业应采取积极的对策,尽量延长成熟期。主要有以下几种策略可供选择:

①市场改良策略,即通过开发产品的新用途来寻求新的客户以扩大产品销售。其主要方式包括挖掘产品的新用途,开辟新的目标市场;刺激消费者,提高使用频率;为产品重新定位,寻求新的顾客三种。

②产品改良策略,指通过产品自身的改变来扩大销售量。具体包括:提高产品质量、增加产品功能;改变产品的外观、式样、包装;提供新的服务;等等。

③市场营销组合改良策略,指通过营销组合中的一个或几个因素来延长产品的市场成熟阶段。一般采用降价、促销、增加销售网点、提高服务质量等方法刺激消费。

(4)衰退期策略。这一阶段的主要特征是:产品的销售量由缓慢下滑变为迅速下降;利润降低甚至为零,很多企业因无利可图而退出市场;留下的企业被迫减少销售网点、削减促销预算、降低服务水平以维持经营。对于处在衰退期的产品,企业通常采取以下几种策略:

①维持经营策略,指企业继续采用以前的营销组合策略,保留原有的细分市场,直到产品从市场完全退出为止。

②集中力量策略,指企业将资源集中使用在最有利的细分市场和最畅销的产品上,从而缩短战线,获得最大的利益。

③榨取利润策略,指企业通过减少销售费用,降低促销水平来增加当前利润。这一策略常作为完全退出市场的过渡措施。

④转移经营策略,指企业停止产品的经营和生产,将资源转向开发新的产品和经营项目。

3.延长产品生命周期的措施

为了延长产品生命周期,除了以上各阶段的策略外,在整个产品生命周期还可采取如下措施:

(1)通过宣传和广告促使现有顾客对产品多使用多购买。

(2)提高对产品的改革,增加产品的功能,广泛发展产品的各种不同用途,扩大市场面。产品的改革,可从质量、特性、外观三个方面着手。

(3)通过市场调查和研究,开拓新市场,发展新顾客。

(4)改变市场营销组合策略,即将产品、价格、分销渠道和促销等四个影响市场经营的主要因素,有针对性地加以组合变化,以使产品销售量上升。

(5)利用国家(地区)之间风俗、传统习惯、生活方式和社会制度等的差异挖掘潜在的市场。

◆子任务二　产品组合策略

产品组合策略运用的好坏直接关系到企业营销目标的实现。合理地扩大产品组合广度有利于更好地挖掘企业营销潜力,分散投资风险;适当地加深产品组合深度有利于满足不同的需求与爱好,吸引更多的消费者购买;恰当地加深产品组合关联性,有利于提高企业在某一地区或某一行业的声誉。

一、产品组合策略的相关概念

产品组合策略是指企业根据市场情况和企业营销实力使产品组合的广度、深度和关联度实行有机结合的策略。为了更好地理解产品组合策略的内涵,我们必须首先弄清楚以下七个相关概念:

(1)产品组合。产品组合是企业生产或销售的全部产品的结构或花色品种的配备,通常由若干产品线和产品项目构成。

(2)产品线。产品线是指产品组合中一组密切相关的产品,这些产品可以具有相同的使用功能,或消费上有连带性,或供给相同的顾客群,或有相同的分销渠道,或同属于一个价格幅度等。如一家电企业,既生产洗衣机、电视机,又生产电冰箱和空调,则洗衣机、电视机、电冰箱及空调组成了这家企业的四条产品线。

(3)产品项目。产品项目是指产品线中在品牌、规格、款式、档次及价格等方面有所区别的具体产品。企业的产品组合有一定的宽度、长度、深度和关联度。

(4)产品组合的宽度。产品组合的宽度也即产品组合的广度,是指一个企业所拥有产品线的总量。产品线越多,说明企业的产品组合越宽;反之就越窄。产品组合的宽度表明了一个企业经营的产品种类的多少及经营范围的大小。

(5)产品组合的长度。产品组合的长度是指一个企业的产品组合中所包含的产品项目的总和,也即企业所有产品线中产品项目相加之和。

(6)产品组合的深度。产品组合的深度是指在某一产品线中产品项目的多少,它表示在某类产品中产品开发的深度。

(7)产品组合的关联度。产品组合的关联度是指一个企业的各条产品线在最终用途、生产条件、分销渠道以及其他方面的相互关联程度。一般来讲,实行多角化经营的企业,其各类产品线间的关联性较小,或毫无关联性。产品组合的宽度、长度和关联度的不同,就构成不同的产品组合。

二、产品组合策略的类型

产品组合策略是企业根据自己的目标和市场的需要,对产品组合的宽度、长度、深度和关联度进行最佳组合的决策。企业在确定或调整和优化产品组合时,依据情况的不同,可以作以下选择。

1. 扩展策略

扩展策略包括三个方面的内容：

(1)扩展产品组合的宽度，即在企业原产品组合中加一条或几条产品线，扩大产品经营范围，甚至跨行业经营，实行多角化经营。扩展产品组合宽度可以充分发挥企业的特长，使企业尤其是大企业的资源、技术得到充分利用，提高经济效益；此外，多角化经营还可以减少风险。

(2)增加产品组合的长度和深度，即增加单条或多条产品线的产品项目，增加产品的花色品种规格等。产品组合的长度和深度的拓展可以使企业占领同类产品更多的细分市场，满足更多消费者的不同需求，提高竞争能力。

(3)增加产品组合的关联度，即是使各条产品线在最终用途、生产条件、分销渠道等各方面密切关联。关联度的增加有利于企业的经营管理，可以提高企业在某一地区、某一行业的声誉，以取得好的经济效益。

2. 缩减策略

缩减策略指从企业原产品组合中剔除那些获利很小甚至不获利的产品线或产品项目。缩减产品组合策略，主要是在经营状况不景气或市场环境不佳，能源、原料供应紧张时，某些产品线或产品项目利润很少甚至亏损，没有发展前途，为节约成本、集中优势发展获利多且占利润比重高的产品线或产品项目而采取的对产品线的调整措施。缩减策略可以提高企业总利润，避免企业无益的投入。

3. 产品延伸策略

每一个企业的产品都有其特定的市场定位，高中低档有所不同。产品延伸策略指全部或部分地改变企业原有产品的市场定位，具体做法有向下延伸、向上延伸和双向延伸三种。

(1)向下延伸。

向下延伸是指原来生产高档产品的企业决定增加生产中低档产品项目的策略。企业采取此种策略的原因有以下几种：①企业发现其高档产品销售增长缓慢，不得不将其产品线向下延伸；②企业的高档产品在市场遭受到攻击，必须侵入低档产品市场反击竞争者；③企业为了建立其质量形象在最初进入高档产品市场，然后再向下延伸；④企业为了填补空隙，使其竞争者无隙可乘而增加低档产品。此种策略可以使企业利用高档产品的声誉吸引消费者购买低档产品，促进产品销售。但也会遇到一些风险，如低档产品的生产有可能损害原高档产品的形象；可能激怒一些生产低档产品的企业，导致其向高档产品市场发起反攻；或经销商因所得利润较少而不愿经营低档产品等。

(2)向上延伸。

向上延伸是指原定位于低档产品市场的企业，在原有的产品线内增加高档产品项目。采用此策略的主要原因有：①高档产品畅销，利润率高；②企业预计高档产品市场上竞争者较弱，易于进入；③企业想利用高档产品项目来提高整条产品线的地位；④企业想使自己成为生产种类齐全的企业。采用此种策略同样要承担一定的风险，诸如未来顾客可能会对企业生产高档产品的能力缺乏信任；企业的销售代理商缺乏推销高档产品的足够技能和经验；可能引起生产高档产品的竞争者进入低档产品市场进行反攻等。

(3)双向延伸。

双向延伸是指原定位于中档产品市场的企业掌握了市场优势之后，决定向产品线的上下两个方向延伸，一方面增加高档产品，另一方面增加低档产品，扩大市场阵容。采用该策略可充分利用企业的生产能力,满足不同消费者的需要,但很难在消费者心目中树立自己的企业形象。

4. 产品线现代化策略

在某些情况下,虽然产品组合的宽度、长度都很恰当,但产品线的生产形式却可能已经过时,这就必须对产品线实施现代化改造,以跟上市场前进的步伐。如果企业决定对现有产品线进行改造,首先要解决这样一个问题,即是逐步实现技术改造,还是以最快的速度用全新设备更换原有产品线。逐步现代化可使企业先调查顾客与经销商的反应,了解市场动向后逐步确定新产品线,并且可节省资金耗费,但缺点是竞争者很快就会察觉,并有充足的时间重新设定他们的产品线;而快速现代化策略虽然在短期内耗费资金较多,却可以避免上述缺点,出其不意,击败竞争对手。市场是不断变化的,企业要经常对产品组合进行分析、评估和调整,通过产品组合策略力求使产品组合最优化。

■ 案例

农夫果园:差异化摇动果汁市场

农夫果园的上市策略中,充满了差异性,正是这些差异性的整合,形成了农夫果园的核心竞争力,使其成为 2003 年果汁市场上最具锋芒的新星。

2003 年是饮料行业的果汁年。在碳酸饮料、瓶装饮用水、茶饮料三大饮品几年来相继掀起市场热潮以后,果汁饮料以健康时尚的形象成为饮品市场上的新宠。2002 年以来,市场空间进一步扩大,各大饮料巨头纷纷挺近果汁市场,行业门槛也进一步提高。新进入者想要有所突破,除了比拼资金、设备、原料等因素外,营销策略的水准成为胜败的关键。

饮用水行业擅长营销创意的农夫山泉 2003 年也推出了果汁产品——农夫果园,并在激烈的市场竞争中打赢了第一战,获得可观的市场份额,其运用的差异化策略值得进入果汁领域的企业学习和借鉴。

就整个行业分析,缺少强势的领导品牌。领导品牌的暂缺意味着各品牌的发展空间很大,而且一旦在果汁行业胜出,即可获得绝对多数的市场份额,这也是新的企业为什么纷至沓来的原因所在。2002 年以来,可口可乐、康师傅、娃哈哈、健力宝等饮料巨头纷纷挺进果汁行业,一时间,果汁市场硝烟四起、群雄逐鹿。在这样的形势下,行业竞争门槛相应抬高,新进入者要想有所突破,光考虑资金、设备、原材料等硬件设施已经不够,还需要对营销策略作出完整的规划,步步为营,获取一定的竞争优势。

农夫果园作为一个后进的品牌,在产品设计上没有像一般的厂家那样依照现有的口味跟进,而是独辟蹊径选择了"混合口味"作为突破口,凭此屹立于强手如林的果汁市场。混合口味作为差异化营销的基础,作出这样的选择显示了农夫的勇气,因为在国际市场上"混合口味"还没有成功的先例。虽然果汁饮料中"牵手"是混合果汁,但其主要是果汁含量为 100% 的不同果蔬混合,而且没有提出混合果汁的概念,采用的也主要是利乐包,不利于即饮渠道的推广。

农夫果园走混合果汁路线,一来可以避开与先入为主的几大品牌正面冲突,二来可以确立在混合果汁品牌中的领导地位。这样的差异化营销手法,我们在农夫山泉的天然水之争中也可以找到身影。当初的农夫就是凭借其水源优势,树立了天然水品牌的行业老大地位,一次迅速闯入水业三甲。

与天然水的概念一样,混合果汁应该有它的"混合优势"。第一是营养互补的概念。一般人们都会认为，多种水果营养更全面、更符合人体对各类营养元素的需求。第二就是口味。对于 PET 包装的果汁饮料来说，口味是消费者最为注重的一个指标，混合果汁能够做到各类水果风味互补，调制出独特的口感。混合口味的差异化策略奠定了农夫果园成功的第一步。

产品设计的差异化也直接获得产品命名的差异化。在果汁饮料行业，更多的是以水果类别命名，如"鲜橙多""蜜桃多""葡萄多"等，而农夫山泉公司针对混合果汁的特点，将果汁系列命名为"农夫果园"，这一品牌给人的联想是和谐淳朴的果园风情，宁静悠远的天然环境增加了果汁来源的真实性；这一名称也注重结合农夫山泉，延续"农夫"的品牌优势。这一与众不同的命名，还具有很好的延伸性，以后出台新的果汁饮料可以统一在"农夫果园"的旗下，品牌的推广可以为以后的新品积累影响力。

2003 年，农夫果园的宣传诉求充分运用了差异化策略，广告上不仅摆脱了美女路线，而且与"酷儿"的角色营销也不一样。农夫果园彻底扬弃所谓的形象代言人，而以一个动作作为其独特的品牌识别——那就是"摇一摇"。把"摇"作为宣传诉求的差异性，是农夫果园差异化营销成功的第二步。"农夫果园，喝前摇一摇"这样的广告语不免让人联想到"农夫山泉有点甜"这句流传甚广的广告词。"有点甜"在今天已经成为农夫山泉天然水品牌的传播标志，当初农夫山泉公司确定这一宣传诉求的时候，饮用水市场正在集体以"品质如何纯净"作为卖点。"有点甜"以口感承诺作为诉求差异化，借以暗示水源的优质，使农夫山泉形成了感性偏好、理性认同的整体策略，在比娃哈哈、乐百氏等企业后进入，以及市场环境更困难的情况下获得快速的成功。

"摇一摇"在理论上也具有异曲同工的效果。在感性偏好上，农夫果园以消费者可以亲身体验的动作"摇"加强产品与人的互动性，"摇一摇"也使得宣传诉求与同类果汁产品迥然不同。以其独有的趣味性、娱乐性增添消费者的记忆度。理性认同上，"摇"这一动作也暗示了果汁中有"货"。这是基于农夫果园的产品特性：第一，浓度高；第二，含有丰富的果肉纤维。

但在农夫果园之前，果肉纤维的沉淀几乎是所有果汁厂家恐避不及的问题。许多产品在包装上会无奈地打上一排小得不能再小的文字"如有沉淀，为有效成分果肉，请摇匀后放心饮用"，这排文字往往是为消除一种误会：果肉沉淀并不意味着产品质量有问题。而农夫果园勇敢地把"喝前摇一摇"凝聚成一句广告口号，并把"摇"的动作上升为宣传诉求。把果肉纤维暗示为产品销售的一个卖点，把过去摇一摇的推辞口吻换成了推荐语气，农夫果园这样的宣传诉求立足于理性，不失为绝妙的差异化策略。

此外，农夫果园的包装瓶签是 3 种水果横剖面的组合图，色彩艳丽；LOGO 为一个果农怀抱一大筐水果，洋溢着丰收的气氛。包装上最吸引人的还有农夫果园超大口径的瓶口，市场上 PET 包装瓶口一般为 28mm，而农夫果园的瓶口直径达到了 38mm，这多少显得有些异类，在终端的果汁货架上能够吸引更多的关注。

包装上还有一个创意是农夫果园的运动盖。农夫果园的包装和农夫山泉一样，分为普通盖和运动盖两种。农夫果园的运动盖从设计上来说，比农夫山泉有过之而无不及，其特点是当瓶子打翻时，盖子会自动关闭，保证饮料不溢出。这样可以增添饮用的乐趣，既吸引目标消费者购买，也在一定程度上培养他们对品牌的忠诚度。

在容量上，农夫果园也显得别出心裁。农夫果园目前有两种规格：600mL 和 380mL。而市场上的 PET 果汁饮料，如统一、康师傅、健力宝、汇源、酷儿等，都为 500mL 或 350mL，农夫果园在容量上比同类产品多 100mL 和 30mL。这样有利于其在终端店头的陈列和促销员的口碑推荐,也为其价格策略做好了铺垫。

在浓度上,农夫果园独树一帜,在 PET 果汁饮料中率先向高浓度靠拢。包装标签上,"果汁含量≥30%"的字样显得异常醒目,这正是农夫果园与众不同的地方。对于果汁产品来说,浓度与口味往往存在着矛盾。100%的果汁营养价值高,但不易储存,而且口感普遍不是太好。例如,橙汁含量为 100%,就增加了水果本身的酸涩味。统一鲜橙多 PET 包装面市时迎合了大众的口味,把浓度降低到 10%。随后,10%左右的浓度便一统 PET 果汁市场的江湖,酷儿在日本的果汁含量为 20%,引进到国内时也把含量降低到 10%。而农夫果园采取差异化,将果汁浓度调整到 30%。充分利用混合优势,突破了果汁含量与口味之间的矛盾,农夫果园既保留了清爽不粘口的优势,又从营养成分方面留下日后发挥的空间。当然,这也为其价格策略做好了铺垫。

一系列差异化营销的整合,使农夫果园成为 2003 年果汁市场上最具锋芒的新产品。在其产品手册上,有这样一段文字:"在这个行业里我们所做的不仅仅是增加一个新的品牌,而是一个新的产品,一个不为现有行规束缚的产品,它的出现一定会改变这个行业的游戏规则。"可以看出,农夫山泉公司进入果汁行业是有备而来的,混合果汁系列的农夫果园,也将沿着差异化的道路继续前行。

任务二　定价策略

🎩 任务情景

某市振兴酒厂生产的"鹤寿"牌 39 度、44 度曲香白酒在当地有很好的信誉,酒厂的效益也不错。该市相邻的几个县相机涌现出四家小型酒厂,也酿造市场销路看好的 39 度、44 度曲香白酒在当地销售。由于这些厂家都靠近原料来源地,生产成本相对较低;加之新办厂家设备较好,员工积极性也较高,同时包装精美、富于创意,产品售价也低于振兴酒厂的同类产品价格,因此这些小型酒厂迅速为当地消费者所接受,在销售市场上占领了振兴酒厂原有的市场份额,致使振兴酒厂决定在该市以低于成本的价格销售"鹤寿"牌曲香白酒。振兴酒厂的压价措施给前述四家小型酒厂以沉重打击。振兴酒厂的降价,致使这些小酒厂的产品严重滞销,无奈之余,这些小厂只得以降价相应。但由于这些小酒厂刚刚成立,资金紧张,实力远不如振兴酒厂,于是亏损随之而来,不到五个月,这四家小型酒厂都被迫停产、倒闭。

👓 任务分析

价格营销是企业整体营销的重要组成部分,价格的制定与调整是否具有策略性,直接关系到企业战略目标的实现与否。商品的价格是生产者和消费者关注的焦点,价格过高,消费者无法接受;价格过低,生产者无法接受。因此为商品制定一个能为消费者接受,符合企业利益的价格,并非是一件容易的事。因此,企业必须站在整体的角度,考虑许多影响因素才能拟定一个有竞争力、为各方所接受的价格。企业应根据不同产品、市场需求和竞争情况,采取各种灵活多变的定价策略和调价手段,使价格与市场营销组合中的其他因素更好地结合,促进和扩大销售,提高企业的整体效益。

◆子任务一 影响定价的因素

一、企业定价的内部因素

企业的内部因素是影响企业定价行为最基本的因素。具体来说,企业定价行为的内部影响因素包括成本、产品特征、营销能力和企业定价目标四个方面。

1.成本

成本是产品在生产与流通过程中所耗费的物化劳动和活劳动。任何企业都不能随心所欲地制定价格。某种产品的最高价格取决于市场需求,最低价格取决于这种产品的成本费用。从长远看,任何产品的销售价格都必须高于成本费用,只有这样,才能以销售收入来抵偿生产成本和经营费用,否则就无法经营。因此,企业制定价格时必须估算成本。成本的构成及其表现形态,一般包括以下几种:

(1)固定成本。固定成本是指在既定生产经营规模范围内,不随产品种类及数量变化而变动的成本费用。如固定资产折旧、房地租、办公费用,这些费用不论企业产量的多少都必须支出。但随着时间的推移,生产经营规模的扩大,这种成本也将发生变化。所以长期成本中没有固定成本。从长期看,一切成本都是可变成本。

(2)变动成本。变动成本是指随着产品种类及数量的变化而相应变动的成本费用。如原材料、生产经营工人的工资及部分分销费用。一般来说,变动成本与产量是正比例关系变化的,即成本随产量而增加。

(3)总成本。总成本是指固定成本和变动成本之和。当产量为零时,总成本等于固定成本。

(4)平均固定成本。平均固定成本是指总固定成本除以产量的商。虽然固定成本不随产量的变动而变动,但平均固定成本却随产量的增加而减少,这里就有一个规模效益的潜在因素,从长期来看,平均固定成本是企业定价不可忽视的因素之一。

(5)平均变动成本。平均变动成本是指变动成本除以产量的商。在一定的技术熟练程度和生产设备条件下,平均变动成本不会随产量的增加而变动。但当生产发展到一定规模,工人熟练程度提高,批量采购原材料价格优惠,变动成本则呈递减趋势,但若超过某一极限,则平均变动成本又有可能上升。

(6)平均成本。平均成本是指总成本与总产量之比。因为,固定成本和变动成本随着生产率的提高,规模经济效益的逐步形成而下降,单位产品成本呈递减趋势,使总成本得到补偿的定价意味着价格至少不能低于平均成本,否则不可能获得任何盈利。

(7)边际成本。边际成本是指企业每增加或减少1个单位而引起总成本变动的数值。在一定的产量上,最后增加的那个产品所花费的成本,引起总成本的增量,这个增量即边际成本。企业可根据边际成本等于边际收益的原则,以寻求最大利润的均衡量;同时,按边际成本制定产品的价格,使社会的资源得到合理利用。

(8)长期成本。长期成本是指企业调用全部生产要素,生产一定数量的产品所消耗的成本。这里的长期是指足以使企业能够根据它所要达到的产量而调整一切生产要素的时间。从长期来看,一切生产要素都可以变动。这样,在长期成本中,只有总成本、边际成本与平均成本之别,而没有固定成本和变动成本之分。企业制定一个较长期的价格就应有别于周期短的产品价格。

(9)机会成本。机会成本是指企业从事某项经营活动而放弃另一项经营活动的机会,或利用一定资源获得某种收入时所放弃的另一种收入。这样,另一种收入或另一种经营活动所取得的收益即为机会成本。企业定价中的预期利润所参照的成本就是机会成本,这也就从客观上制约了企业行为,使有限资源得到最佳配置。

2. 产品特征

产品特征是产品自身构造形成的特色,它可以指产品造型、质量、功能、服务、商标和包装中的一部分或全部,它能反映产品对消费者的吸引力。消费者所希望的物美产品就是产品特征。一种产品一旦有了某方面的特征,就能满足消费者某方面的需要,从而有可能成为名牌产品、时尚产品、高档产品,吸引消费者的购买兴趣,获得理想效益。这类商品往往供不应求,因而在定价中处于有利地位,其价格可高于同类产品。

3. 营销能力

营销能力包括选择分销渠道与开展促销活动。企业在定价时,企业自身的营销能力也极为重要,营销能力强的企业,可在高价位完成推销任务,也就是说该企业具有使价值增值的手段。因此,企业更具有定价的主动权。

4. 定价目标

定价目标规定了企业定价的目的与水平。它既反映了企业营销的战略性,又有应付竞争的策略性,因而对企业定价具有极大制约性。

二、企业定价的外部因素

企业的外部因素是指企业本身不可能控制的因素。在外部因素中,对企业定价起主要或直接影响的因素主要有以下几个方面:

1. 消费需求状况

如果说决定价格的下限是产品成本,那么决定企业产品价格上限的则是消费者需求程度。用现代市场营销观念看,市场中消费者需求是企业定价最主要的影响因素。因为企业所确定的任何价格,最终都由消费者判别是否合理。消费者需求是指有货币支付能力的需求,因此,需求自然受到价格和收入变动的影响。在经济学中,把因价格和收入等因素而引起的需求的相应变动率叫做需求弹性。需求弹性分为需求的收入弹性、价格弹性和交叉弹性。

(1)需求的收入弹性。需求的收入弹性是指由于收入变动而引起的需求量的相应变动率。它反映需求量的变动对收入变动的敏感程度。它随消费者对产品的需求迫切程度、需求能力和需求层次而有差异。不同需求的收入弹性,其强弱程度主要取决于各项商品支出在既定收入水平当中的重要性及构成。从支出结构分析:一是固定支出,即消费者维持正常生理需要的开支;二是可支配支出,即用于改善日常生活的经常性开支;三是可自由支配支出,即用于享受或满足更高层次的消费需要的开支。上述三种支出,从重要性角度看是依次递减的,我们还可以发现,重要性越强,其收入弹性越弱,反之,则收入弹性越强。企业在进行商品定价时,必须充分考虑需求的收入弹性,一方面,企业应选择不同水平的价格,力求使价格的变化与收入变化对需求量的影响相适应,达到销售量随收入增加而扩大的目的。另一方面,利用价格对实际收入的反面影响,适时调整价格,刺激高收入弹性对商品的需求,以实现更多盈利。

(2)需求的价格弹性。需求的价格弹性,是指价格的单位变动所引起的商品需求变化的程度。对于正常商品,市场需求会随着价格变动做相反运动。我们通常把这一规律称为供求规律。正因为价格会影响市场需求,所以企业制定的价格高低会影响企业产品的销售,因而会影响企业市场目标的实现。因此,企业的市场营销人员定价时必须知道需求的价格弹性,即了解市场需求对价格变动的反应。换言之,需求的价格弹性反映需求量对价格的敏感程度,以需求变动的百分比与价格变动的百分比之比值来计算。

(3)需求的交叉弹性。需求的交叉弹性是指一种商品价格变动引起其他相关商品的需求量的相应变动率。在为产品线定价时还必须考虑各产品项目之间相互影响的程度。产品线中的某一个产品项目很可能是其他产品的替代品或互补品,同时,一项产品的价格变动往往会影响其他产品项目销售量的变动,两者之间存在着需求的交叉价格弹性。交叉弹性可以是正值也可以是负值。

2.市场竞争

产品的最高价格取决于该产品的市场需求,最低价格取决于该产品的成本费用。在这种最高价格和最低价格幅度内,企业能把这种产品价格定多高,在很大程度上是由市场竞争所决定的。市场竞争依其竞争程度不同,分为完全竞争、垄断竞争、寡头垄断、完全垄断等几种形式。

(1)完全竞争市场。完全竞争市场,又称为自由竞争市场。在完全竞争市场上,买卖双方对于商品的价格均不能产生任何影响力。在此种市场上,买卖双方都只是价格的接收者,而不是价格的决定者,价格的确定完全由供求关系决定。在完全竞争的市场上,生产企业不可能采取提价的办法多获利润。这种不受任何干扰而只受供求关系影响的市场,在现实生活中是不存在的。

(2)垄断竞争市场。垄断竞争市场指既有垄断倾向又有竞争成分的市场。在现代市场经济中,完全竞争和完全垄断的情况均属少见,而比较符合现实情况的是垄断竞争市场。在垄断竞争市场中,少数竞争者由于拥有较优越的条件,可以对市场价格起较大的影响。在这种情况下,企业已不是一个消极的价格接受者,而是一个对价格有较大影响的决策者。

(3)寡头垄断市场。寡头垄断市场是指某种商品的绝大部分由少数几家企业垄断的市场。这是介于完全垄断与垄断竞争之间的一种市场形式,在现实生活中,这种形式比较普遍。在这种市场中,商品的市场价格不是通过市场供求关系决定,而是由几家大企业通过协议或默契规定的。这种价格一旦确定,一般不会轻易改变,因为其中一家厂商私自降低价格,会立刻遭到竞争对手更激烈的降价报复,其结果是两败俱伤;如果其中一家企业单独提高价格,竞争对手会乘机夺取市场,降低价格,扩大企业市场份额。

(4)完全垄断市场。完全垄断市场是指一种商品市场完全被某个厂商所垄断和控制。从理论上讲,在这种市场上,垄断企业有完全自由的定价权利,可以通过垄断价格,获得高额利润,在现实生活中,完全垄断市场也属少见,只见于某些国家特许的独占企业,如公用事业(邮政、电话、自来水等企业),但这类企业的商品价格也受种种情况的限制。

3.国家政策法律的影响

由于企业价格的高低直接影响到行业之间和企业之间的比价关系,关系到广大人民的生活和国家的安宁,为了维护国家与消费者的利益,维护正常的市场秩序,每个国家都制定了有关的经济法规,约束企业的定价行为,我国政府也在不同程度上加强对物价的管理。但市场经济的最基本特征是自由企业制度,国家不应直接干预企业应有的定价自主权,而是通过行政的、法律的、经济的手段间接地进行调控。

(1)行政手段。行政手段主要是指在某些特殊时期,国家对某些特殊产品采取限价措施,及时调节市场供求的手段。但是供求有其自身的运动规律,限价只能少用、短用、慎用。与最低限价相比,另一种行政手段是财政补贴,其则具有很大的灵活性,这为许多国家广为采用,尤其是对农副产品的财政补贴。

(2)法律手段。法律手段主要是用法律及市场物价管理条例等管理价格,主要目的是为了保护竞争,限制垄断,处置市场出现的不正当竞争和哄抬物价、乱收费、宰客现象,维护良好的市场秩序。

(3)经济手段。在经济增长过热的情况下,国家通常会利用各类经济政策抑制通货膨胀。这些经济政策,我们也称为经济手段。国家抑制经济增长的手段不外乎抑制投资增长和抑制需求两种。

(4)货币价值和货币流通量的影响。货币是衡量价值的尺度,商品价格一方面取决于商品价值的高低,另一方面取决于单位纸币所代表的价值量的大小。市场上纸币的流通量与商品流通量保持一定比例,市场商品价格才能保持稳定。为了保持市场的物价稳定,国家中央银行应根据国家经济发展的需要,有计划地发行和投放货币。企业必须正确研究国家的财政收支状况和货币流通量情况,才能相应制定出有利于拓宽市场的正确价格策略来。

4. 中间商力量

中间商是销售渠道中独立的经营者,有实现独立的物质利益的要求,它制约着价格的制定。

5. 消费者心理因素

无论哪一种消费者,在消费过程中,必然会产生种种复杂的心理活动,并支配消费者的消费过程。因此,企业制定商品价格,必须注意分析消费者心理,使企业定价符合其需求和变化规律,才能恰到好处地制定出企业的价格策略。

◆子任务二 产品定价的目标

一、利润导向定价目标

利润是考核和判定企业营销工作好坏的一项综合性指标,是企业最主要的资金来源。许多企业都把利润作为重要的定价目标,这样的目标主要有三种。

1. 获取预期收益目标

企业之所以投入资金,是期望在预期内收回投资并取得利润。所谓获取预期收益目标,是指企业以预期利润(包括预交税金)为定价基点,并以利润加上商品的完全成本(生产成本+销售费用)构成价格,出售商品,从而实现预期收益的定价目标。确定预期利润高低时,应当考虑商品的质量与功能、同期的银行利息、消费者对价格的反应程度及市场竞争状况等因素。一般情况下,预期利润适中,才可能获得长期稳定的效益。

2. 获取最大利润目标

实现最大利润是企业的最大愿望,最大利润是指企业在一定时期内可能并准备实现的最大利润总额,而不是单位商品的最高价格。最高价格不一定能获取最大利润。在一定时期内,企业综合考虑市场竞争、消费需求量、销售管理开支等因素后,以总收入减去总成本的最大差额为基点,确定单位商品的价格,以便取得最大利润。此种定价目标称为获取最大利润目标。

3. 获取合理利润目标

它是指企业在补偿正常情况下的社会平均成本基础上,适当地加上一定量的利润作为商品价格,以获取正常情况下合理利润的一种定价目标。它以稳定市场价格,避免不必要竞争,获取长期利润为前提。此种目标下,商品价格适中,顾客乐于接受,政府积极鼓励。因此,企业通常愿意采取这种定价目标。

二、销量导向定价目标

这种定价目标是指企业为获得某种水平的销售量或市场占有率而确定的目标。

1.保持或扩大市场占有率

市场占有率是企业经营状况和企业产品在市场上的竞争能力的直接反映,对于企业的生存和发展具有重要意义。所以有时企业把保持或扩大市场占有率看得非常重要。因为,市场占有率一般比最大利润容易测定,也更能体现企业的努力方向。一个企业在一定时期的盈利水平高,可能是由于过去拥有较高的市场占有率的结果,如果市场占有率下降,盈利水平也会随之下降。因此,许多资金雄厚的大企业,喜欢以低价渗透的方式建立一定的市场占有率。一些中小企业为了在某一细分市场获得一定优势,也十分注重扩大市场占有率。

2.增加销售量

增加销售量目标定价指以增加或扩大现有销售量为目标的定价行为。这种定价目标一般适用于企业产品的价格弹性较大、企业开工不足、生产能力过剩时,只要降低价格,就能扩大销售,使单位固定成本降低,企业总利润增加的情况。

三、竞争导向定价目标

这一目标是指企业主要着眼于在竞争激烈的市场上以应付或避免竞争为导向的定价目标。在市场竞争中,大多数竞争对手对价格都很敏感,在定价以前,一般要广泛收集信息,把自己产品的质量、特点和成本与竞争者的产品进行比较,然后制定本企业的产品价格。

四、产品质量导向定价目标

产品质量导向目标是指企业要在市场上树立产品质量领先地位的目标,而在价格上作出的反应。优质、优价是一般的市场供求准则,研究和开发优质产品必然要支付较高的成本,自然要求以高的价格得到回报。从完善的市场体系来看,高价格的商品自然代表着或反映着商品的质量以及相关的服务质量。

五、生存导向定价目标

当企业遇到生产能力过剩或激烈的市场竞争或者要求改变消费需求时,它要把维持生存作为自己的主要目标。为了保持工厂继续开工和使存货减少,企业必然要制定一个低的价格,并希望市场是价格敏感型的。生存比利润更重要,不稳定的企业一般都求助于大规模的价格折扣,为的是保持企业的活力。对于这类企业来讲,只要它们的价格能弥补变动成本和一部分固定成本,即单价大于单位变动成本,它们就能够维持住企业。

六、分销渠道导向定价目标

对于那些需经中间商推销的企业来说,保持分销渠道的畅通无阻,是保证企业获得良好经营效果的重要条件之一。为了使得分销渠道畅通,企业必须研究价格对中间商的影响,充分考虑中间商的利益,保证中间商有合理的利润,促使中间商有充分的积极性去推销商品,在现代市场经济中,中间商是现代企业营销活动的延伸,对宣传产品、提高企业知名度有十分重要的作用。企业在激烈的市场竞争中,有时为了保住完整的销售渠道、促进销售,不得不让利于中间商。

◆子任务三　产品定价的主要方法

一、成本导向定价法

成本导向定价法是以成本为中心,按卖方意图定价的方法。其主要理论依据是,在定价时,首先要考虑收回企业在生产经营中投入的全部成本,然后再考虑获得一定的利润。成本导向定价法是一个总概念,由于成本构成的复杂性,其定价方法也有很多种,但主要的定价方法有以下三种:

1.成本加成定价法

成本加成定价法是一种最简单的定价方法,就是在单位产品成本的基础上,加上一定比例的预期利润作为产品售价。售价与成本之间的差额即为利润(这里的成本中,包含了税金)。由于利润的多少是按一定比例反映的,这种比例习惯上称为“几成”,所以这种方法被称为成本加成定价法。

2.目标收益定价法

目标收益定价法又称目标利润定价法,或投资收益率定价法。它是在成本的基础上,按照目标收益率的高低计算价格的方法。

3.售价加成定价法

售价加成定价法是一种以产品的最后销售价格为基数,按销售价格的一定百分率来计算加成率,最后得出产品的售价。这种定价方法,多为商业部门,尤其是零售部门采用。

以上几种定价方法的共同特点是:以产品的成本为基础,在成本的基础上加上一定的利润来定价。所不同的只是对利润的确定方法略有差异。它们的共同缺点是没有考虑市场需求和市场竞争情况。

二、需求导向定价法

这是一种以顾客需求为中心,以顾客对商品价值的认识为依据的定价方法。

1.认识价值定价法

认识价值定价法是在“决定商品价格的关键因素是顾客对商品价值的认知水平,而不是卖方的成本”这一思想的指导下,根据消费者对产品的认知价值来制定价格的一种方法。企业在应用认知价值定价法进行定价时,必须首先估量出营销组合中的非价格变量在顾客心目中建立起来的认知价值,然后根据这一认知价值,制定出商品的相应价格。认知价值定价法的关键是准确地确定消费者对所提供商品价值的认知程度。目前采用的办法主要直接评议法、相对评分法、诊断评议法三种。

2.差别定价法

这种方法又称为区分需求定价法,是指在给产品定价时可根据不同需求强度、不同购买力、不同购买地点和不同购买时间等因素,采取不同的价格。

(1)以顾客为基础的差别定价。以顾客为基础的差别定价是指对不同的消费者,可以采用不同的价格。例如,对老顾客和新客户,采用不同的价格,对老顾客给予一定的优惠;同一产品卖给批发商、零售商或消费者采用不同的价格;等等。

(2)以产品式样为基础的差别定价。以产品式样为基础的差别定价是指根据产品式样的不同进行差别定价。例如,同等质量和规格,因花色和式样的新旧程度,采用不同价格,花色或式样新颖的可以定高价,而花色或式样陈旧的可以定低价。

(3)以地区为基础的差别定价。以地区为基础的差别定价是指在不同的地区,企业产品价格各不一样的定价方法。这一方法的应用前提是必须有效割断各个市场之间的联系。

(4)以时间为基础的差别定价。不同季节、不同日期,甚至在不同时点的商品或劳务可以制定不同的价格。例如,旅游宾馆、饭店在旅游旺季和淡季的收费标准不同;公用事业如电话、电报等在不同时间(白天、夜晚,节假日、平时等)的收费标准不同;出租汽车在白天和夜晚的收费标准不同。

三、竞争导向定价法

竞争导向定价法是一种企业为了应付市场竞争的需要而采取的特殊的定价方法。

1.随行就市定价法

随行就市定价法是根据同行业企业的现行价格水平定价的,是一种比较常见的定价方法。一般是基于产品的成本测算比较困难,竞争对手不确定,以及希望企业得到一种公平的报酬和不愿打乱现有市场秩序的情况下,采用的一种行之有效的方法。

2.倾销定价法

倾销定价法是指一国企业为了进入或占领某国市场排斥竞争对手,以低于国内市场价格,甚至低于生产成本的价格向国外市场抛售商品而制定的价格。

3.垄断定价法

这是指垄断企业为了控制某项产品的生产和销售,在价格上作出的一种反应。垄断定价法分为垄断高价定价法和垄断低价定价法。垄断高价定价法是指几家大的垄断企业,通过垄断协议或默契方式,使商品的价格大大高于商品的实际价值,获得高额垄断利润。垄断低价定价法,是指垄断企业在向非垄断企业及其他小企业购买原料或配件时,把产品价格定得很低。

4.保本定价法

保本定价法是指企业在市场不景气和特殊竞争阶段,或者在新产品试销阶段所采用的一种定价方法。它是在保本产销量的基础上制定的价格,即保本价格。

5.变动成本定价法

变动成本定价法又称边际贡献定价法,是一种以变动成本为基础的定价方法。企业在市场竞争中,产品供过于求、订货不足时,为了增强企业竞争和生存能力,采用变动成本定价法是非常灵活和有效的。

6.密封投标定价法

这也是一种依据竞争情况而定价的方法,是招标人通过引导卖方竞争的方法来寻找最佳合作者的一种有效途径。它主要用于建筑包工、产品设计和政府采购等方面。其基本原理是,招标者(买方)在规定期间内密封报价和其他有关内容,参与竞争。其中,密封价格就是招标者愿意承担的价格。这个价格主要考虑竞争者的报价研究决定,而不能只看本企业的成本,在投标中,企业报价的目的是中标,所以报价要力求低于竞争者。

7.拍卖定价法

这是指卖方委托拍卖行,以公开叫卖方式引导买方报价,利用买卖竞争求购的心理,从中选择最高价格成交的一种定价方法。这种方法历史悠久,常见于出售古董、珍品、高级艺术品或大宗商品的交易中。

◆子任务四　产品定价策略与价格调整手段

价格营销是企业整体营销的重要组成部分,价格的制定与调整是否具有策略性,直接关系到企业战略目标的实现与否。因此,企业应根据不同产品、市场需求和竞争情况,采取各种灵活多变的定价策略和调价手段,使价格与市场营销组合中的其他因素更好地结合,促进和扩大销售,提高企业的整体效益。

一、产品定价策略的选择

产品定价策略是营销中一个十分重要的问题。它关系到产品能否顺利地进入市场,能否站稳脚跟,以及能否使企业达到最初的定价目标。目前,国内外比较常用的定价策略,主要有以下三种:

1. 市场撇脂定价策略

市场撇脂定价策略是指将产品的价格定得很高,以赚取最大利润的策略。这是一种以高价投放新产品的策略,特别适用于没有竞争对手的新产品,可以带来高额的短期利润。以后随着竞争产品的投入市场和市场大规模的开发,产品的价格会逐渐降低。在市场拥有足够的购买者,而且需求缺乏弹性时,企业可以采用撇脂定价策略。但是,这一策略会使企业难以维持长期的垄断局面。

2. 市场渗透定价策略

这种策略表现为企业将它的新产品的价格定得相对较低,以吸引大量购买者,提高市场占有率;或者将新产品价格定得低于竞争者的价格,积极竞销,以促进销售,控制市场。当市场需求显得对价格较为敏感时,企业通常可以采取市场渗透定价策略。

3. 满意定价策略

满意定价策略又称温和式定价策略或君子定价策略,是指企业为了建立企业与产品的良好形象,把价格定在适中水平上的策略。撇脂定价以高价推出产品,对消费者不利,易引起消费者的不满和抵制以及激烈的市场竞争,具有一定的风险;而渗透定价以低价推出,虽对消费者有利,但企业在新产品上市之初收入甚微,投资回收期长。满意定价居于两者之间,既可避免撇脂定价因高价而具有的市场风险,又可避免渗透定价因低价带来的困难,因而对买卖双方都较为有利。这一策略具有风险小、能为各方所接受和简便易行的优点,有利于企业扩大市场,招揽顾客。不足之处主要是因其特点不突出,不易打开销路。因而其多用于一些生产、生活必需品的定价,是一种普遍使用的定价策略。

二、价格调整手段的选择

企业为产品定出基本价后,还要根据市场的供求状况、服务对象和交易条件等因素的变化,随时调整价格,以掌握营销的主动权,取得更大的经济效益和社会效益。调整价格的策略主要有以下几种:

1. 折扣定价策略

企业为了调动各类中间商和其他用户购买商品的积极性,对某些产品销售作出减价、降价,以鼓励购买者的积极性,或争取顾客长期购买。折扣价格策略的具体形式很多,常用的有以下几种:

(1)现金折扣。现金折扣也称付款期限折扣,是指企业对现金交易的顾客或按约定日期提前以现金支付货款的顾客给予一定折扣。在分期供货的交易中常用这种折扣方式,目的在于鼓励顾客提前付款,以加速企业资金周转。现金折扣的大小,一般应比银行存款利率稍高一些,比贷款利率稍低一些,这样对企业和顾客双方都有好处。

(2)数量折扣。数量折扣是指在消费者购买数量巨大的条件下,厂商所给予的一定限额的折扣优惠。数量折扣提供了一种诱发因素,促使顾客向特定的卖主购买,而不是向多个供应来源购买。它是一种常见的价格调整策略。

(3)交易折扣。交易折扣定价策略也称功能定价策略,是指生产企业根据交易中介在产品分销过程中所承担的功能、责任和风险的不同给予其不同的折扣优惠。一般地,交易中介在完成产品分销的过程中承担的功能、责任和风险越大,则所获得的折扣也越高;反之则获得的折扣越小。

(4)推广折扣。推广折扣是指生产者对中间商为其产品提供各种促销工作而支付的费用给予减价或津贴作为报酬的一种策略。它鼓励批发企业和零售企业对生产者生产的产品扩大广告宣传,如刊登广告、布置新产品橱窗等,以增加产品销售量。

2.心理定价策略

心理定价策略是利用消费者的心理因素或心理障碍,根据不同类型消费者购买商品或服务的心理动机来调整企业商品或服务价格的定价策略。商品的社会需求是千差万别的个别需求汇集而成的,而消费者的个别需求往往是不同类型的消费者心理差异的结果。同样的产品或服务,不同的消费者因其需求动机和需求偏好的不同,会有不同价格要求。同样的事物由于心理感受不一样,就会有截然不同的判断。因此,把握消费者的心理特点,灵活制定产品价格,以满足消费者生理的和心理的、物质的和精神的多方面需求,培养消费者对企业产品的偏爱和忠诚,是企业扩大产品销售,获取最大利益的不可或缺的重要手段。常用的心理定价策略主要有以下几种:

(1)整数策略。价格不仅是商品的价格符号,也是商品质量的"指示器"。对价格较高的产品,如高档商品、耐用品和礼品,或者消费者不太了解的商品,则可采用整数定价策略,以迎合消费者"一分钱一分货""便宜无好货""高价钱是好货"的心理,以商品的高价格来标榜产品的高质量,鼓励消费者购买。例如,对古董或艺术品等高档商品,宁标1000元,不标996元,以提高商品的档次。

(2)尾数策略。尾数策略是指在对商品定价时,以零头结尾,而不是整数。例如,把某种商品的价格定为4.99元,而不是5元。这是一种适应消费者对价格较为敏感的心理而采用的价格策略。通过市场调查表明,对于日用消费商品采用零头价格策略,会使消费者对价格产生便宜感,从而可能迅速作出购买决定。

(3)特价品策略。特价品策略又称招徕定价,指企业为了迎合消费者对生活便利品的求廉心理,特意将集中商品削价出售,来吸引顾客进店,并促使顾客进行连带消费,扩大其他正常定价商品的销售,从而实现增加企业总利润的目标。采用这种策略应具备如下条件:①商品应属于消费者经常使用的,具有明显的吸引力;②特价品的价格必须是低价,接近于成本或低于成本,特价品的数量应有一定的限度,以免因数量过大影响企业利润,过少致使顾客因买不到而失望,造成负面的影响。

任务三 分销渠道策略

任务情景

20世纪80年代初期,沃尔玛的创始人山姆·沃尔顿一直想搞清楚索尔·普赖斯在西海岸地区都在做什么。那时候,普赖斯以普赖斯俱乐部为名已经开了几家非常大的商店。这些商店销售几种产品系列,那里的商品常常是堆放在一起并以很高的折扣出售。为了弄清楚这种经营方式是如何发挥作用的,沃尔顿在俄克拉荷马城开了一家类似的商店。他很快就掌握了这种经营方法。1993年财政年度末,山姆公司已经成为美国最大的仓储俱乐部。公司名下44多家商店的总销售额为147亿美元,占沃尔玛总收入的22%。尽管取得了不小的成功,但是20世纪90年代初期市场上残酷的竞争、物价紧缩和经济滑坡都使仓储俱乐部行业出现了衰退的现象。在年销售额为390亿美元的这一行业的历史上,1993年第一次出现了行业总销售额下降一个百分点的现象,同时该行业中有12%的成员选择了退出。

一、仓储俱乐部

仓储俱乐部大批购进商品,再以较低的价格卖给顾客。由于它们的目标顾客以小型商店为主,这些商店为了进行再出售或补给生产经营用品而购买商品,仓储俱乐部因此成批地销售商品,比如整箱地或超大规模地销售商品。

大多数仓储俱乐部向顾客征收会员费,通常是25美元左右。这种会费为俱乐部提供收入,并形成仓储俱乐部的主要利润。一开始,仓储俱乐部就是管理驱动型的企业,必须压低成本以吸引来自小型商店的顾客。因此,俱乐部很少装潢店面,它那类似仓库的设施占地有几个足球场的面积并多分布于城市边缘。仓储俱乐部只收现金,它关心存货的高周转率却为顾客提供极少的服务。顾客只能自己把大量商品拉到收款出口处。很多人之所以能忍受这么多不方便就是为了得到能低于零售价20%~40%的折扣。

二、顾客

1992年巴布森大学的零售业研究小组对2150名仓储俱乐部的顾客进行了一次调查。该小组发现仓储俱乐部典型的顾客,大多是有35个月会龄的消费者。所有的顾客中,每4人中就有一人是和熟人一起购物的。仓储俱乐部的顾客多数为高消费阶层,他们中40%的人拥有超过5万美元的家庭收入。仓储俱乐部主要的销售额都是老主顾的功劳。

巴布森小组在研究普通消费者的购买习惯时,发现92%持会员证的消费者是为家庭成员选购食品。这些研究还发现,大多数小型商店既购买食品也购买包括办公用品和文具在内的其他商品。当被问及他们如何评价在仓储俱乐部购物的感受时,这些顾客都会抱怨结账速度太慢,抱怨安全程度,抱怨包装太大,抱怨拥挤的人群以及时常出现的产品缺货现象。

三、山姆公司面临的挑战

为了吸引零售业的顾客,山姆公司于1994年创办了直接俱乐部,它为顾客提供每月一次的发票、传真、电话预订以及远送服务。同时它还改变商品的商品结构。在1993—1994年期间,公司削减了15.5%的食品类存货单位,添加了5.6%的非食品类存货单位。此外,山姆公司的销售代理还采取电话营销和个人销售电话的方式吸引单个用户,连锁店还通过将材料直接邮寄给潜在顾客并采用SIC代码法促销。公司采用发送邮件的方法吸引便利商店来采购,还推出了幸运卡,持有幸运卡的顾客只需出半价即可买到商品。为了方便顾客,所有的分店都配备了扫描器。

竞争在不断加剧。十多年前,一个镇上也只有一家仓储俱乐部。现在的情形完全不一样了。而且越来越多的超级市场安装了"动力走廊",专门出售类似仓储俱乐部内部经营的商品。尽管诸多挑战令前路崎岖不平,但是该行业在未来5年内的销售预测还是充满希望的。

因此,山姆公司和普赖斯公司都选择在国外市场谋求进一步的发展。山姆公司在墨西哥开了10家分店,在香港开了3家,在巴西也开了1家。目前,公司还计划在阿根廷和智利拓展业务。

任务分析

一个企业的分销系统是一项关键性的外部资源。建立起一个适合于今天乃至明天的销售环境的有效分销系统,是分销渠道决策的重要内容。而从企业营销实践活动的角度看,一般在产品开发与改进、定价研究、促销宣传等方面考虑得比较多,而对分销渠道的研究与实践一直是一个相对薄弱的环节。目前,分销系统已经逐步向直销、多渠道系统营销和网络营销等趋势发展。

◆子任务一　分销渠道概述

一、分销渠道的定义

所谓分销渠道,是指某种商品和劳务从生产者向消费者转移过程中,取得这种商品和劳务的所有权或帮助所有权转移的所有企业和个人。因此,分销渠道包括商人中间商(他们取得所有权)和代理中间商(他们未取得所有权)以及处于渠道起点和终点的生产者和最终消费者用户。

从渠道概念中可以看出,分销渠道是由参与商品流通的各类机构组成,主要由中间商组成。中间商是独立于厂商之外的经济组织,生产者也能把产品直接销售给最终顾客,但为何愿意把部分销售工作委托给中间商呢?这种委托意味着放弃对于如何推销产品和销售给谁等方面工作的某些控制权,之所以这样做的原因是厂商感到利用中间商的作用是有利的。

从经济系统的角度看,营销中介的基本功能就是将生产者生产的商品与服务的分类与消费者需求分类之间的差距弥合起来。因此,营销渠道所执行的主要工作就是把商品从生产者那里转移到消费者手里,它弥合了产品、服务和其使用者之间的缺口,创造了时间效用、空间效用(地点效用)和所有权效用。

(1)创造了时间效用,有利于解决产销之间在时间上的矛盾。许多商品生产是有其季节性的,时间上的要求不可能保证常年供应,而中间商为使商品供应不至于中断,就应保持必要的储备,通过其吞吐业务把商品均衡。连续稳定地供应市场才能使商品流通正常进行。

(2)创造了空间效用,有利于解决产销之间在空间上的矛盾。商品的生产和消费客观上存在地区上的矛盾,生产有时分散而消费集中,生产有时集中一地而消费是分散的,这就需要一个中间环节组织地区间的商品平衡供应,调剂品种,调运商品,这样,商品在产销地区的流通才能继续进行,才有利于商品的集散。

(3)创造了所有权效用,有利于所有权的转移。一方面,通过专业化的渠道成员的工作,如信息、谈判、筹资、促销、实体转移等,使产品在渠道成员中转换,最终高效地送达到消费者手中。从中间商地位看,这种中介作用可以促进商品流通,调节产销之间在专业性与综合性、相对稳定性与灵活性方面的矛盾。另一方面,中间商的中介地位可以降低交易次数,减少厂家直接销售的流通费用,同时也降低了消费者的购货成本。

二、分销渠道的结构

商品的分销渠道有长短和宽窄之分。一般来说,商品销售范围越广,商品从生产领域向消费领域移动的途径越长,它所需要经过的流通环节越多。

1. 渠道的长短

我们用渠道级数来划分渠道的长短,每一个中间商,只要在推动商品向最终买主转移的过程中承担工作的,就是一个渠道级。分销渠道中包含中间商的级数决定了渠道的长度。①零级渠道(直销型),即企业把产品直接卖给消费者。它的具体形式有人员上门推销、邮购和建立门店三种形式。②一级渠道(零售店直销型),即产品不经过批发商,企业把产品卖给零售商。具体形式有企业把产品直接卖给大型百货商店、企业把产品卖给专营商店和企业把产品卖给一般商店三种。③多级渠道,也就是企业把产品卖给批发商,最后到达消费者手中。产品中的大多数采用这种形式完成从生产者到消费者的转移过程。

2. 渠道的宽窄

商品分销渠道的宽窄,一般是指某一环节中,使用同类中间商的多少,是以一定时期内可能流入消费领域商品的数量多少为标志的,而这种流量的大小则取决于从事组织商品销售的企业与人员的多少,以及他们工作效率的高低。如果某种商品经营它的企业和人力较多,而他们的组织能力强,效率高,那么这种商品会流向更广阔的市场,这表明该商品有较宽的销售渠道,商品辐射面广。

从商品流通的整个过程看,这些长短不等、宽窄不一的分销渠道,构成一个时期的商品分销渠道体系。各种不同的结构体系,使商品不停地从生产领域向销售领域运动,并担负着商品从生产领域进入流通领域再到消费领域全过程的重大使命。

在一般情况下,各种商品的销售渠道越多,中间环节越少,相互配合越密切,整个社会有合乎比例的从事组织商品流通的人力和物力,而且有较高的工作效率,那么,这一分销渠道体系就能够把更多的商品迅速地从生产领域送达到消费领域。当销售渠道的长度与宽度同商品销售数量与商品销售半径相适应时,商品的整个运行过程就较合理,就会畅通,从而有力地促进商品生产的发展。任何一个商品生产企业或经营企业,都是在这样的销售渠道体系中从事经济活动。因此,选择适合本企业经营的销售渠道是企业一项重要的营销决策。

三、分销渠道的发展趋势

1. 直销的发展

在当前,尽管大多数产品和服务要通过中间商出售,但是从事直销活动的生产者也在不断增加。直销的发展,是因为它具有:①减少了流通环节,有利于控制价格;②与消费者直接接触,有利于改进产品和服务;③能更好地满足人们的特殊需要。因此,直销近年来获得了快速的发展。

2. 垂直市场营销系统的发展

近几十年来,特别是第二次世界大战结束以来,在西方国家,由于商业区域集中和垄断,竞争激烈,垂直市场营销系统或垂直渠道系统有了新的发展。垂直市场营销系统则是一个实行专业化管理和集中计划的网络组织,在此网络系统中,各个成员为了提高经济效益,都采用不同程度的一体化经营或联合经营。由于这种系统的经营规模、交换能力和避免重复经营的特性,使得它有可能实现规模经济,并与传统渠道系统展开有效竞争。具体来说垂直营销系统主要包括公司系统、契约系统和管理系统三种主要类型。

3. 水平营销系统的发展

在发达国家,工商企业为了扩大销售,获得更多的利润,在激烈竞争中求得生存和发展,不仅在渠道系统内采取垂直一体化经营或联合经营的方式,而且在同一层次的若干制造商之间、若干批发商之间、若干零售商之间采取横向联合经营的方式,即水平市场营销系统。所谓水平市场营销系统,是指两个或两个以上的企业自愿组成短期或长期联合关系。这种联营主要是由于单个企业无力单独积聚进行经营所必需的巨额资金、先进技术、生产设备及市场营销设施,或是由于营销风险太大不愿意单独冒险,或是由于期望能带来更大的协同效益等。

4. 多渠道营销系统的发展

在发达国家,由于市场商品供过于求,卖主之间竞争激烈,制造商往往通过多条渠道将相同的产品送到不同的市场和相同的市场。这就是说,同一种产品由于既卖给消费者用于生活消费,又卖给产业用户用于生产消费,制造商通常通过若干不同的渠道将同一种产品送到不同的市场(消费者市场和生产者市场),有些制造商还要通过多条渠道将同一产品送达到同一顾客手里。这种多渠道结构也叫双重分销。

◆子任务二 分销渠道的基本策略

企业的分销渠道系统必须时常变化,以便适应当地的机会和情况。但是,为了取得最好的结果,应该有目的地选择分销渠道的基本策略。设计一个渠道系统需要分析消费者在服务方面的需求,确定渠道目标和限制条件,确认主要渠道选择,并对所有这些进行评估。

一、渠道选择的原则

1. 以满足目标市场的需求为出发点

以满足目标市场的需求为出发点要求企业在进行分销渠道选择时,必须选择能让目标顾客在购物的时间、地点、方式和有关购物的其他要求上满意的渠道。例如,日常消费品消费者希望能随时、方便、就近购买,厂商就要选择顾客容易接近的渠道。

2. 确保企业的竞争优势

厂商在选择渠道时要考虑该渠道是否既有利于产品销售又有利于形成竞争优势。一般来讲,同类产品可采取相同的销售渠道,但作为每个企业来讲,在设计渠道时,都应考虑是否有及时的产品销售渠道来替代现有的渠道或形成竞争优势的渠道。例如,在北京冰激凌市场上,新大陆食品公司以往采取的是通过批发商分销产品,而和路雪公司则采取了自行分销的方式,由企业把产品直接分配到零售终端,更好地控制了市场。另一个例子是戴尔公司,采取了网上销售的方式,直接接触用户,了解顾客需要的第一手资料,使其产品更加符合需要而成为行业中成长最快的企业。

3. 有利于实现营销目标

企业在选择分销渠道时,必须保证渠道的选择能够与产品策略、价格策略、促销策略相互协调,从而有利于营销目标的达成。例如,海尔公司为了树立产品质量、信誉、品牌的良好形象,对渠道成员进行了慎重选择。它们的产品在进入北京市场的初期阶段,只选择了与产品定位相吻合,在顾客心目中知名度高、信誉好的四大商场作为销售渠道,使渠道有力地配合了企业营销目标的实现。

4. 节约成本

渠道选择还要考虑流通成本,在保证有利产品销售的前提下,尽量选择成本低的渠道。成本的因素也是制约企业选择分销渠道的关键之一。

二、分销渠道选择的主要影响因素

1. 产品的因素

产品的不同是影响销售渠道选择的一个重要因素。它包括产品的单价、产品的体积和重量、产品的款式、产品的易毁性、产品的技术复杂程度和服务程度、定制品和标准产品、新产品以及政府的规定等,都是直接影响到销售渠道的选择。

2. 市场的因素

市场情况也是影响销售渠道选择的重要因素。如市场范围的大小、顾客的集中与分散程度、一次销售量的多少、市场的季节性以及竞争者产品的销售途径等,都会影响企业销售渠道的选择。具体地说,市场因素对销售渠道的影响有以下方面:

(1)市场范围大小对渠道选择的影响。产品销售的市场范围越大则销售渠道越长。

(2)顾客的集中程度对渠道选择的影响。如果消费者比较集中在某一个地区,或者说某一地方购买力比较集中、比较强则可由企业自己派销售组织或人员进行销售;反之,顾客比较分散,就需用批发商或当地零售网点进行销售。

(3)消费者购买习惯和产品一次销售量。对于各类不同的消费品,顾客的购买习惯和一次购买量是不同的。若是习惯性一次少量购买,但重购率较高,则要求多设零售网点;反之,对一些耐用和半耐用消费品消费者购买次数较少,可少设网点。

(4)市场需求的周期变化。市场需求周期的变化在一定程度上也决定了企业分销渠道的选择。企业的分销渠道必须与市场的需求在周期上相适应。

(5)竞争者产品的销售渠道。对于制造商来说,同类产品应采取相同的销售渠道,但是,有时更明智的做法是采取回避策略,即避开竞争者使用的渠道。

3. 企业自身的条件

除产品和市场因素外,企业自身的声誉和财力、销售的能力和经验、为顾客提供服务的程度以及要求对销售渠道控制的程度等,均影响到销售渠道的选择。具体来说,企业自身的条件对于分销渠道选择的影响主要体现在以下几个方面:

(1)声誉和资金条件。企业的声誉和资金对渠道选择的影响表现为企业的声誉越大,资金越雄厚,越有条件自由选择各种销售渠道。

(2)销售力量和销售经验。企业销售力量的大小和销售经验的多少对渠道的影响表现为企业自身有足够的销售力量,或者有丰富的销售经验,就可以少用或不用中间商;反之,如果企业自身销售能力弱,力量不足,缺乏经验,则要依赖批发商和零售商为之推销产品。

(3)愿意提供的服务量。如果制造商愿意为最终消费者或工业用户提供更多的服务,则可用直接销售渠道;如果制造商原意为零售商提供更多的服务,就会吸引许多零售企业购买这种产品;如果制造商原意为批发商提供各种服务,则会有更多的批发商对销售其产品感兴趣,渠道会变得宽些。

(4)企业对销售渠道控制的不同。如果企业的市场营销策略要求严格地控制产品的零售价或产品的新鲜程度,则要选择单一的或尽可能短的渠道;如果企业的市场营销策略不要求控制产品的零售价与新鲜程度,则可选择较广泛的销售渠道。

三、渠道方案的确定

1. 商业中介机构的类型

企业应该先明确可以承担其渠道工作的中介机构的类型。应该说,当一个企业的产品面对不同的市场时,为了有效地影响和渗透各种市场领域,企业必须设计几个渠道方案,通过各种渠道完成交易。企业针对某一市场设计渠道方案时,可以考虑几种交替方案进行选择。每一渠道交替方案都是企业产品送达顾客的可能路线,企业所要解决的问题,就是从这些看来似乎合理而又相互排斥的交替方案中选择最能满足企业长期目标的一种。因此,企业必须对各种可能的渠道交替方案进行评估。评估标准有三个,即经济性、控制性和适应性。

2. 中介机构的数量

企业需要决定每个渠道层次使用多少中间商。在通常情况下,根据中介机构数量的多寡,可以将分销分为三种方式。

(1)密集性分销。实行密集性分销,是将产品分配到每一个合适的分销处,使渠道尽可能加宽。消费品中的日用品——价格低廉和差别不大的商品,以及与日用品相类似的工业品,适用采取这种分销方式。

(2)选择性分销。选择性分销是指制造商在某一地区仅仅通过少数几个精挑细选的、最合适的中间商销售其产品。选择性分销方式可用于各种商品,但对消费者选择性较强的产品,这种方式更适用。尽管这种方式对产品的市场渗透力有所削弱,但有许多可取之处。与密集性分销相比,选择性分销接触的中间商少了,节省一些费用,并有条件地选择中间商,择优劣汰,所选择的高水平的中间商更有利于销售更多的产品,还易于对中间商加强控制。这些优点是采用选择性分销的主要原因。

(3)独家分销。在一定地区只选定一家中间商和代销,实行独家经营。独家分销是最窄的分销渠道,通常对某些技术性强的商品或名牌商品适用。独家分销的优点是,与中间商可保持紧密的经营关系,有利于控制中间商,也有利于加强产品的形象。有时还可得到中间商对厂家提供的额外服务,如承揽一些库存,提供产品维修服务。实行这种方式时,通常产销双方有一定协议,如不允许经销商代售其他竞争产品,生产方不得在同一地区另找其他中间商。这种协议须双方自觉遵守,否则会发生法律纠纷。

3. 渠道成员的条件和义务

生产者必须确定渠道成员的条件,以此为标准选择渠道成员,并通过"贸易关系组合"来规定双方的义务。"贸易关系组合"的主要因素有价格政策、销售条件、地区权利以及双方提供的具体服务。其中,价格政策要求生产者制定价目表和折扣细目表;销售条件是指付款条件和生产者的担保;分销商的地区权利也即分销商希望厂商给予的在特定地区有关产品经营和销售的某种特权;双方的权利和义务是指生产者和经销商就双方承担的责任和义务达成共识。

◆子任务三　分销渠道管理

一、激励渠道成员

生产者不仅要选择中间商,而且还要经常激励中间商使之尽职。促使中间商进入渠道的因素和条件已构成部分的激励因素,但仍需生产者不断地监督、指导与鼓励。生产者不仅利用中间商销售商品,而且还要把产品出售给中间商,这就使得激励中间商这一工作不仅十分必要而且非常复杂。激励渠道成员,使其具有良好表现,必须从了解各个中间商的心理状态与行为特征入手。

一般来讲,对中间商的基本激励水平应以交易关系组合为基础。如果对中间商仍激励不足,则生产者可采取两条措施:一是提高中间商可得的毛利率,放宽信用条件,或改变交易关系组合,使之更有利于中间商;二是采取人为的方法来刺激中间商,使其付出更大努力,例如,可以挑剔他们,迫使他们创造有效的销售机会,举办中间商销售竞赛,加强对最后顾客与中间商的广告活动等。不论上述方法是否与真正交易关系组合有直接或间接的关系,生产者都必须小心观察中间商如何从自身利益出发来看待、理解这些措施,因为,在渠道关系中存在着许多潜伏的矛盾点,拥有控制权的制造商很容易无意识地伤害到中间商的商誉。生产者在处理其与经销商的关系时,常依不同情况而采取三种方法:合作、合伙和分销规划。

不少生产者认为,激励的目的不过是设法取得独立中间商、不忠诚的中间商或懈怠懒惰的中间商的合作,他们多利用高利润、奖赏、销售竞赛等积极手段激励中间商。如果这些不能奏效,他们就采取一些消极的惩罚手段,例如,减少中间商的利润,减少对他们提供的服务,甚至终止双方关系等。这些方法存在的根本问题是生产者从未认真研究过经销商的需要、困难及优缺点,相反,他们只依靠草率的刺激—反应式的思考,不过是把很多复杂的手段拼凑起来而已。经验证明,了解如何与中间商一起成功地销售商品的生产者太少了。

生产者在同中间商合作时,应建立和体现一种思想,生产者与中间商之间是伙伴关系,应一起工作,为共同的客户服务。因而企业一开始就有必要为这种长期的伙伴关系建立一个坚实的基础。

二、评估渠道成员

评估渠道成员也是分销渠道管理的关键步骤之一。渠道成员评估工作主要包括以下两个方面的内容:

1.绩效测评

绩效测评,也即将中间商的绩效与上期的绩效进行比较,并以整个群体的升降百分比作为评估的标准。绩效测评是渠道成员评估工作的基础。

2.销售潜量配比

将各中间商的绩效与该地区的销售潜量分析所设立的配额相比较,即在销售期过后,根据中间商的实际销售额与其潜在销售额的比率,将各中间商按先后名次进行排列。这样,企业的调查与激励措施就可以集中于那些未达到既定比率的中间商。

三、渠道调整

分销渠道系统是一个动态的适应系统,企业必须不断对分销渠道系统适时进行调整,以保证销售的畅通。具体来说,渠道调整主要包括以下四种类型:

1.增加或减少某些渠道成员

在考虑渠道改进时,通常会涉及增加或减少某些中间商的问题。这种决策通常需要进行直接增量分析,通过分析,要弄清这样一个问题,即增加或减少某些渠道成员后,企业利润将如何变化。但是,当个别渠道成员对同一个系统其他成员有间接影响时,直接增量分析方法就不再适用了。

2. 增加或减少某些市场营销渠道

生产者也会常常考虑这样一个问题,即他所使用的所有市场营销渠道是否仍能有效地将产品送达到某一地区或某些顾客那里。这是因为,企业市场营销渠道静止不变时,某一地区的购买类型、市场形势往往正处于迅速变化中。企业可针对这种情况,借助损益平衡分析与投资收益率分析,确定增加或减少某些市场营销渠道。

3. 改进整个市场营销系统

对生产者来讲,最困难的渠道变化决策是改进和修正整个市场营销系统。例如,软性饮料制造商想用直接销售取代各地的特许瓶装商,这些决策通常由企业最高管理当局制定。这些决策不仅会改变渠道系统,而且还将迫使生产者改变其市场营销组合和市场营销政策。这类决策比较复杂,任何与其有关的数学模型都只能帮助管理人员求出最佳估计值而已,而不能提供精确的决策结果。

4. 渠道改进的概念性探讨

在分析是否应该变渠道时,生产者首先须确定其渠道是否处于均衡状态。所谓渠道均衡状态,是指渠道不会因其任何结构上或功能上的变化而使企业利润增加的状态。所谓结构上的改变,是指渠道上某些中间商层次的增加或减少。所谓功能上的改变,是指渠道成员间某项或几项任务的重新分派。当某一渠道处于非均衡状态时,也正是到了应予以改进和修正的时候。

◆子任务四 产品实体分销和网络分销渠道

一、实体分销的概念与职能

市场营销不仅意味着发掘并刺激消费者或用户的需求和欲望,而且还意味着适时、适地、适量地提供商品给消费者或用户,从而满足其需求和欲望,为此,要进行商品的仓储和转移,即进行实体分销管理。企业制定正确的物流决策,对于降低成本费用、增强竞争实力、提供优质服务、促进和便利顾客购买、提高企业效益具有重要的意义。

实体分销,又称物流,是指通过有效地安排商品的仓储、管理和转移,使商品在需要的时间到达需要的地点的经营活动。物流的任务,包括原料及最终产品从起点到最终使用点或消费点的实体移动的规划与执行,并在取得一定利润的前提下,满足顾客的需求。

物流的职能,就是将产品由其生产地转移到消费地,从而创造地点效用。物流作为市场营销的一部分,不仅包括产品的运输、保管、装卸、包装,而且还包括在开展这些活动的过程中所伴随的信息和传播。它以企业销售预测为开端,以此为基础来规划生产水平和存货水平。

二、实体分销系统

每一个特定的物流系统都包括仓储数目、区位、规模、运输政策以及存货政策等构成的一组决策,因此,每一个可能的分销系统都隐含着一套总成本。在选择和设计物流系统时,要对各种系统的总成本加以检验,最后选择成本最小的物流系统。一般来讲,企业有以下几种实体分销系统类型可以采用:

1. 单一工厂/单一市场

在众多的制造商中,有些是单一工厂的企业,并且仅在一个市场上进行市场营销活动。这个市场可能是一个小城市,也可能仅限于一个地区。这些单一工厂通常是设在所服务的市场中央,以节省运输费用;但有时必须设在离市场较远的地方,由此导致的高额费用可通过低廉的土地、劳动力、能源和材料成本来抵消。从另一个角度看,假如工厂位置已确定,企业为了更好地开展市场营销活动,还需要对其所服务的市场范围进行界定。

2.单一工厂/多个市场

当一家工厂在几个市场内进行市场营销活动时,企业有好几种物流方案可供选择。例如,在中国东南沿海地区有一家制造厂,起初,在广州、深圳开展经营活动,现拟开拓西北市场,便可从以下四种方案中进行选择:从东南沿海工厂将产品直接运送至西北地区市场;运用整车货运方式将产品运送至西北地区仓库;将制成的零件运送至西北地区装配厂;在西北地区另建一个制造厂。

3.多个工厂/多个市场

企业还可通过多个工厂及仓库所组成的分销系统(而不依靠大规模的工厂)来节省生产成本费用。这些企业面临两个最佳化的任务:一是短期最佳化,即在既定工厂和仓库位置上,制订一系列由工厂到仓库的运输方案,使运输成本最低;二是长期最佳化,即决定设备的数量和区位,使总分销成本最低。根据不少现代企业的管理经验,线性规划技术在短期最佳化方案的制订过程中具有重要的应用价值。

三、实体分销决策

1.运输决策

企业进行运输决策时必须考虑服务水平与成本这两项重要因素。直接运送似乎在服务及成本上都处于不利地位,因为,直接运送比由当地的仓库送货至顾客要慢,另外,通常顾客的订购量都很小,运送成本也较高。不过,直接运送是否真有这些缺点,还取决于其他因素。在某些情况下,远地的工厂可能比附近的仓库在运送方面效率更高或效益更好。再者,零担订货的直接运送成本虽高,但不一定高于当地存货的费用。因此,企业在决定是否采取直接运送时,还必须考虑产品特性、运送的速度与成本、订货数量与重量和地理位置与方向等因素。

毫无疑问,企业不能用抽象的直接运送方式与在边远地区设有存货的仓储作比较,而必须用特定的具体的直接运送方式与之比较。直接运送的成本将随着运输方式的不同而不同。目前主要的运输方式有以下五种:

(1)铁路运输。铁路运输是最重要的货运方式之一。铁路可以用整车装运大宗散装产品,如长途运输煤、沙、矿物和农林产品等。铁路运输的收费标准比较复杂。一般来说,整车运输收费标准最低,而零担货运收费则较高。因此,生产商可将发往相同目的地的货物合并配载运输,以利用整车费用低的优势。

(2)水运。水运主要包括轮船运输及沿海驳船和内陆水路驳船运输。水运适合运输体积大、价值低、不易腐败的产品,如沙、煤、粮食、石油和金属矿等。水运的成本很低,但这一运输方式的速度慢,另外容易受到气候条件的影响。

(3)卡车运输。卡车在运输业中所占比重一直在稳步上升。与城市间的运输不同,卡车在市内运输中所占比重最大。卡车在运输路线的时间安排上有很大的灵活性,它们可以挨家挨户上门送货,这样发货人就不必将货物由卡车转装上火车,再由火车卸货装上卡车,因此节约了时间,也避免了货物被偷盗或损坏的风险。对于价值高的商品的短途运输来说,卡车是一种有效的运输方式。在许多情况下,卡车运费与铁路运输相比较,具有较强的竞争力,而且卡车上所提供的服务一般更为迅速。

(4)管道运输。管道运输是一种专门由生产地向市场输送石油、天然气和化学产品的运输方式。管道运输石油产品比水运费用高,但仍然比铁路运输便宜。大部分管道都是被其所有者用来运输自由产品的。

(5)空运。空运在运输业中所占比重比较低,但其重要性越来越明显。虽然空运费用比铁路和卡车运输高,但是如果要求迅速交货,或者要将货物运送到遥远的市场时,空运仍是理想的运输方式。经常空运的产品有易腐蚀品(如鲜虾、鲜花)和价值高、体积小的产品(如科技仪器、珠宝等)。

企业在发货给仓库、经销商和顾客时,可从上述的五种运输方式中进行选择。发货人员在为某种产品选择运输方式时,要考虑速度、频率、可靠性、运载能力、可用性和成本等因素。如果发货人要求快速,空运和卡车是主要选择对象。如果目的是要谋求低成本,那么水运和管道运输就是主要考虑对象。

2.仓储决策

在上文提到的例子中,由于整车运送与零担运送的费用率不同,将产品大批运送到西北地区的仓库,再从那里根据每一订单运送给顾客的方式,要比直接从东南沿海运送给顾客所花的费用要少。除了节省费用,在市场地点设立仓库,还具有其他优势。有了地区仓库,企业就可以较及时地向顾客提供供货服务,因此,可以提高顾客的惠顾率。一般来说,增加地区仓储的最佳准则很简单,即增加新地区仓储所节约的运费与所能增加的顾客惠顾利益如果大于建立仓储所增加的成本,那么,就应在这一地区增设仓储。

企业面临的另一个决策问题是仓库应租赁还是自建,租赁的弹性较大,风险较小,因此,在多数情况下比较有利。只有在市场规模很大而且市场需求稳定时,自建仓储才有意义。假设租赁成本与每年存货量成正比例关系,总租赁成本是始于原点的一条直线。如果自建仓库,则企业必须负担在土地、房屋、设备等方面投资的各种固定成本。如果平均存货量多数时间都超过均衡点,则自建仓库较为有利,换言之,市场需要量必须大而且稳定,以保证存货水平高于均衡点。但对于那些规模小且产品的市场需求变化较大的企业来说,如果自建仓库所冒风险大,就不合算。这类企业在经营环境不利时,可能被迫参与仓储业的竞争,但它有可能因没有必要的资源与技术而居于劣势。因此,在市场需求具有较大波动时,一个折中的解决方法是既自建仓库,同时又租赁一部分仓库,而自建仓库只用于市场需求最小的季节。

广泛的仓库系统(或范围广大的仓库系统)也引出了不少问题。一是企业是否已建立了最佳数目的仓储点。二是仓储点的最佳地理位置是何处。这一问题与第一个问题有联系。三是不同地点所应保持的最佳存货量是多少。尤其当企业采用多仓储点系统时,自然比仅有一个仓储点的企业要保持较多的存货,并且每一个仓库必然有许多产品,有存货周转快的,也有存货周转慢的。此外,除经常的(不变的)需要量外,仓库还需要有一个安全存货量,结果这一系统所累计的存货数量将比集中存货系统多。

3.存货决策

大多数企业的市场营销部门并未担负存货决策的全部责任,但是,在企业制定存货决策时,市场营销人员都极力争取发言权,因为他们对提高服务水平负有责任,他们把存货决策看成是一种创造需求过程的工具。顾客选择供应商考虑的主要因素之一,就是供应商是否备有充足的存货,使他的订单很快得到妥善处理。因此,企业的市场营销人员有可能答应顾客立即处理订单,并以最快速度运送给顾客。存货决策主要有两大步骤,一是决定何时订购;二是决定订购多少。

四、网络分销的发展

1.网络分销渠道的定义

所谓的网络分销渠道是指某种产品和服务通过网络在从生产者向消费者转移过程中,取得这种产品和服务的所有权和帮助转移的所有网上企业及个人。作为分销渠道的网络是将产品和信息从供应商手中传递到消费者手中的独立的协同工作的一组企业。

2.网络分销渠道中介的类型

网络渠道中介的类型包括批发商、网络零售商、经纪人和代理商。批发商是从生产商购买产品再销售给零售商的中间商。网络零售商是从批发商手中购买产品,然后通过网络将产品直接销售给消费者的中间商。

3.网络分销渠道的类型

相对于传统的营销渠道,网络营销渠道也可分为以下两类:一种是直接出售;另一种是间接出售,通过信息中介商沟通买卖双方的信息,但不存在多个批发商和零售商的状况,因而也就不存在多级分销渠道。下面具体介绍这两种渠道。

(1)网络直销。网络直销是指生产厂商通过网络直接分销渠道直接销售产品。目前常见的做法有两种:一种做法是企业在互联网上建立自己独立的站点,申请域名,制作主页和销售网页,由网络管理员专门处理有关产品的销售事宜;另一种做法是企业委托信息服务商在其网站上发布信息,企业利用有关信息与客户联系,直接销售产品,虽然在这一过程中有信息服务商参加,但主要的销售活动仍然是在买卖双方之间完成的。

(2)网络间接销售。为了克服网络直销的一些缺点,如设计不好、访问量少等的缺点,网络商品交易中介机构应运而生。这类机构成为连接买卖双方的枢纽,使得网络间接销售成为可能。

目前,在众多企业的网络营销活动中,许多企业同时使用网络直接分销渠道和网络间接分销渠道,以达到最大销售量。在买方市场的现实下,通过两条渠道推销产品比通过单一渠道更容易实现"市场渗透"。在现代化的大生产中,企业除了建立自己的网站外,应积极寻找网络宣传覆盖面广、讲信用、有特色的大规模中介商,通过中介商的信息服务、广告服务,扩大企业知名度,开拓销售领域。

任务四　促销策略

任务情景

美国 P&G 公司是全世界闻名的跨国公司,它的成绩就缘于一块小小的象牙肥皂,而使这一块象牙肥皂走遍全美的功臣是哈莱·普洛斯特。早期的肥皂,通体是黑黝黝的颜色,除实用外,一无是处,也无香味。在普洛斯特建议下,一种崭新的纯白、味香、形美的肥皂被研制出来了,普洛斯特还为它起了好听的名字"象牙肥皂"。接下来普洛斯特开始了他推销象牙肥皂的计划,普洛斯特推销象牙肥皂的成功,实质上为 P&G 的今日打下了坚实的基础。

在那时,广告还未被重视,而普洛斯特却在广告上花费了大量的心血。他首先冲破重重阻力,借钱作广告宣传,在两家最畅销的杂志封底刊登象牙肥皂广告。接下来,普洛斯特又借助专家证明,加强消费者对象牙肥皂的信任。他聘请的专家全是耶鲁、密歇根、普林斯顿等名牌大学的化学教授。他请专家们化验肥皂的化学成分并作出权威的报告,然后他把报告中最关键的数字插到商业广告中去,让人们看了不得不信服象牙肥皂的优点。他开了在商业广告中引用专家意见之先河,这一招在当时产生了很好的效果。然后,他又根据当时市场的肥皂不适宜用来洗澡的情况,制作了一位年轻母亲用象牙肥皂为小宝宝洗澡的广告,满身脏乎乎的小宝宝经过用象牙肥皂洗澡立即露出白嫩的皮肤,这种鲜明对比的广告,给人留下了深刻的印象。

普洛斯特还使用了有奖销售的方法:凡能集 15 张象牙肥皂包装纸的人,可以用它们换一本图画本和一个写字垫板,这对儿童特别有吸引力。普洛斯特为此做了广告,还配上一段精彩的对话。小男孩:"请把你的象牙肥皂包装纸给我好吗?我正收集 15 张寄往 P&G 公司,他们会送给我一本图画本和一个写字垫板。"女士:"对不起,我不能送给你,我的孩子和你一样,正在收集这种包装纸。"这种有奖销售方式及其广告有效地推动了家庭主妇购买象牙肥皂。

普洛斯特还组织了推销团赴各地销售。不到 3 年时间,象牙肥皂就行销全美,成为人们普遍喜爱的基本日用品。

任务分析

企业通过促销活动,不仅可以传递商品信息,扩大企业及其产品的知名度,而且有利于协调企业与各方关系,消除偏见与误解,赢得支持和信任,从而树立企业良好形象,稳定企业的市场占有率,巩固其产品的市场地位。

◆子任务一 促销策略概述

一、促销的含义

促销,又叫销售促进或销售推广,是指通过人员或非人员的方法将企业的产品或服务信息进行传播,帮助消费者认识商品或服务带给购买者的利益,从而达到引起消费者的兴趣,激发其购买欲望,促使其采取购买行为的活动的总称。这个概念包括以下几个方面的含义:

1.促销的主要任务是沟通和传递信息

现代市场营销活动是以满足消费者的需要为前提的,其关键在于生产者和经营者与消费者之间互相沟通信息。促销是个沟通过程,工商企业通过信息的沟通和传递,将商品或服务的存在、性能和特征等信息传递给消费者,使买卖双方的认识趋于一致并保持良好关系,进而激发消费者的购买欲望和购买行为,同时,企业还可以通过市场调研活动,根据信息反馈和消费者需要,制订相应的营销计划,保证企业营销活动的顺利进行。

在促销的信息沟通过程中,各类企业的市场营销管理机构是促销推广的主体,即信息发出者。其基本职能是对促销活动进行计划、组织和控制,如制订促销计划、确保促销信息、选择促销媒体、评价促销效果等。信息的接收者是促销推广的对象,即消费者和社会公众,企业的所有促销推广活动都必须围绕推广对象进行。在信息沟通过程中,信息接收者对媒体传递的信息作出反应并回传给推广主体,是信息的反馈过程。促销主体通过反馈检验推广的效果,并依此为依据改进或调整企业的营销计划和实施方案,以取得更好的效果。

2.促销的目的是促进销售

促销能够引起消费者对企业的形象或产品产生注意和兴趣,激发其购买欲望,促使其采取购买行为。在一般情况下,消费者的态度直接影响和决定着消费者的行为。所以,要促进消费者的购买行为的产生,就必须充分利用各种方式,通过信息的传播和沟通,影响或转变消费者的态度,使其对本企业的产品产生兴趣和偏爱,进而作出购买决策。

3. 促销的方式分为人员促销和非人员促销

人员促销是指推销人员通过与消费者面对面的口头洽谈说明、帮助、说服消费者产生购买的促销活动。人员促销是一种传统的推广方式,也是一种最普遍、最基本的促销方法。它的针对性强,但影响面较窄。非人员促销是指企业借助一定的媒介,传递企业或产品信息,促使消费者产生购买欲望和购买行为的一系列活动,包括广告、公共关系和营业推广。非人员促销是一种间接的促销途径,它的针对性较差,但影响面较宽。企业在促销活动过程中,通常将人员促销和非人员促销两种方式结合运用,使其发挥理想的作用。

二、促销的作用

1. 沟通信息

这是促销最基本的作用。企业的营销活动过程,是商流、物流和信息流的有机结合过程,而信息是商流和物流的前导。促销的实质就是通过信息传递,在企业和消费者之间架起沟通的桥梁。一方面通过宣传将企业的形象、产品的性质、特点、作用等信息传递给消费者,调动其购买的积极性。另一方面,通过信息反馈可及时了解中间商与消费者对产品的看法和意见,迅速解决营销活动中的存在的问题,以适应市场需求,达到促进销售的目的。

2. 扩大销售

消费需求具有可诱导性。企业通过人员促销、广告、公共关系和营业推广等方式激发消费者的购买欲望,引导需求,创造需求,从而变潜在需求为现实需求,扩大产品销售。多数企业的经验表明,当某一产品销量下降或出现滞销时,适当的促销活动,可以使销量达到某种程度的恢复。

3. 强化优势

随着科技的进步,同类产品的差别缩小,加上个人市场非专家购买的特点,消费者对产品的了解有较多局限。因此,在同类产品竞争激烈的情况下,通过促销活动,能突出宣传本企业的优势和产品特点,强调其带给购买者的独特利益,使消费者对本企业的产品产生偏爱,提高企业的竞争能力。

4. 巩固市场

企业的形象和声誉是企业无形的财富,直接影响企业的竞争能力。良好的形象和声誉可以使企业争取更多消费者的信赖和支持,为企业的生存和发展创造必要条件。

三、促销组合

1. 促销组合的内容

促销组合是指把人员推销、广告、营业推广和公共关系四种促销方式有机结合起来,综合运用。在企业的营销实践中,人员推销必须借助企业良好的形象和广告宣传等才能吸引更多的消费,非人员促销最终也要通过人员的推销活动实现销售,二者必须相互配合,才能更好地促进销售。

人员促销和非人员促销虽然目的一致,但两者的形式和作用是不同的。人员促销活动是采取直接的、主动的方式,采用推的策略把产品推向消费者;非人员促销是采取间接的方式,采用拉的策略吸引消费者,通过广告、公共关系、营业推广等方式使消费者认识产品,从而产生购买欲望和行动。两种方法起的作用不同,但目的都是为了促进产品销售,满足消费需求。人员促销直接、灵活、针对性强,成功率高;非人员促销影响面广。

2.促销组合的选择

促销组合的选择是指在各种不同的促销组合中确定最佳组合策略。企业在进行促销活动时,应在全面考虑促销的目的、费用、产品的性质和生命周期、企业实力等因素的基础上,有针对性地选择灵活多样的促销方式及促销组合策略。一般情况下,企业在选择最佳促销组合时,应综合考虑如下因素:

(1)促销目的。促销目的是指企业为实现整体营销战略目标而进行促销活动所要达到的目的。企业通过促销活动以影响消费者的购买行为,这是促销的一般性目的。

企业在某一时期内,进行某项具体促销活动时还必须服从于企业营销战略目标的特定目的,如品牌认知、市场占有率等,否则,就无法衡量促销的效果。因此,企业各种促销方式的具体组合必须与总目标一致。

(2)不同性质的产品在促销活动中要采用不同的促销方式与组合策略。一般情况下,生活消费品由于购买者人多、面广、频率高等特点,广告宣传被认为是最重要的促销方式。而生产消费品由于具有技术性较强、用户少而集中等特点,人员推销是最重要的工具。随着市场经济的发展和竞争的加剧,无论是生活消费品还是生产消费品,公共关系和营业推广都是同等重要的策略,将逐步成为重要的促销方式。

(3)产品生命周期。在产品生命周期的各个阶段,消费者对产品的了解和熟悉程度不同,因此企业的促销目标和重点也不一样,企业要根据产品生命周期的阶段适当地选择相应的促销方式和促销组合策略。

(4)市场状况。制定促销组合要考虑目标市场的性质。如市场规模小且集中,应以人员推销为主,这样既能发挥人员推销的优势,又能节约广告费用;市场范围广,潜在消费者数量多且较分散的市场,则应以广告、公共关系为主辅以其他促销方式。此外,企业还应考虑市场竞争状况,分析同类产品促销方式,结合自身的特点制定最佳促销策略。

(5)企业的实力。企业的实力,既包括资金实力,同时还包括企业运用促销方式的经验和能力。如果企业规模较小,实力有限,则应以人员推销为主;如企业规模大,产品数量多,实力雄厚,则应以广告促销为主,以适应扩大市场的要求。在运用促销组合时,企业应根据自身的实力和需要,全面衡量,综合比较,采用经济有效的促销组合方式。

◆子任务二 人员推销策略

人员推销是一种传统的直接促销方式,在现代企业市场营销活动中,人员推销起着十分重要的作用。

一、人员推销的含义

所谓人员推销,是指生产企业或经营企业的销售人员,运用各种推销技巧和手段面对面地与可能购买商品的人作口头洽谈说明,以推销产品,促进和扩大销售。由此看出,人员推销是销售人员帮助和说服购买者购买某种产品的过程。在这一活动中,销售人员要确认、激活和满足消费者的需求和欲望,并达到双方互惠互利的目标。现代推销活动有以下几个含义:

1. 现代推销不等于"出售产品"

传统意义上的推销是一种简单的"出售产品",是一种被动的行为;而现代推销意味着推销人员有责任和义务帮助消费者发现问题、解决问题、挖掘潜在需求,提供相关信息及产品和服务,充分发挥其主观能动性,所以人员推销的核心是激活和说服,使用户接受其所推销的产品或劳务。

2. 要充分满足顾客需要,提供良好的销售服务

推销人员是开拓市场的先锋,推销人员队伍素质水平的高低直接影响着销售效果。在人员推销过程中,销售人员不仅要提供信息、咨询、指导等售前服务,还要提供热情、耐心、周到、迅速的售中服务和完善的售后服务,充分满需顾客的需要,通过消费需求的满足获得自身利益。

3. 要与消费者建立良好关系,积极培养忠诚顾客

在现代竞争激烈的市场经济条件下,建立顾客忠诚是企业整个营销活动中非常重要的一部分,它关系到企业的生存和发展。有统计资料表明,一个老客户的推荐至少会影响25个人的购买意愿,而且保持老顾客所花的成本仅是争夺新顾客的六分之一。纵观国内外企业,有这样一个规律,企业80%的营业额来自20%经常惠顾的顾客。这条规律足以表明建立忠诚顾客和客户重复购买的重要性。在所有的促销方式中,人员促销相比广告、营业推广等有更大的灵活性和针对性,有利于培养买卖双方的友谊,建立良好的伙伴关系。因此,推销人员必须树立的一个准则是:全心全意为顾客服务,使第一次购买你产品的顾客成为你的长期顾客。

二、人员推销的任务

在当今商品经济高度发展和技术飞速进步的条件下,大量的生产必须依靠强有力的销售去联结大量的消费。从这一角度来讲,企业营销的重点就是产品销售。在产品销售过程中,推销人员的任务是传递商品信息、探寻市场、销售产品、开展销售服务和收集信息反馈,在生产者和消费者之间穿针引线,沟通供需,是一种很重要的媒体。概括起来,推销人员有三大任务。

1. 沟通

人员推销是企业和消费者之间的一种人际传播活动,属于信息的双向沟通。一方面把企业及其产品的优势及各种信息及时而准确地传递给消费者,增进消费者对企业及产品的了解,激发其购买欲望;另一方面要经常向企业报告推销活动情况,将消费者对接受信息的反应与通过市场调查收集的竞争者情况、消费新动向等市场情况及时反馈给企业,以便完善营销计划。

2. 服务

为顾客提供各种服务,是推销人员的重要职责。包括提供各种咨询服务、技术服务、帮助选购、安排融资、办理交货、售后服务等。

3. 开拓市场

推销人员通过自己的促销活动,不但要能完成既定的促销任务,巩固企业与产品已有的市场地位,而且要积极主动地寻找和发现潜在需求,开拓新市场,运用恰当的推销技巧和方法,变潜在需求为现实需求,更好地实现企业的营销计划。

三、人员推销的特点

人员推销与其他促销方式相比,有其自身的优势,也有其局限性。

(1)人员推销注重人际关系,有利于加强买卖双方的联系。在推销活动过程中,满足顾客

需要是保证销售达成的关键。因此,销售人员愿意在许多方面为顾客提供服务,帮助他们解决问题,争取顾客信任。同时,在双方面对面的洽谈过程中,可谈及工作、生活等买卖以外的中性话题,从而更容易接近和取悦顾客,与之形成良好的友谊伙伴关系。

(2)人员推销机动灵活。推销人员与用户当面洽谈,可以亲眼观察到顾客对推销活动的反应和态度,从而采用相应的推销策略。

(3)针对性强,成功率高。人员推销与广告相比,其针对性强,无效劳动较少。广告受众十分广泛,且广告促销虽能激发购买欲望,却不能实现立即销售。而人员推销总是带有一定的倾向性,目标较为明确,用户会倾听销售人员的宣传并作出反应,成交机会大。

(4)有利于企业提高决策水平。推销人员是推销工作的第一线战士,直接与用户打交道,因而能收集到及时可靠的市场信息,为企业营销决策提供良好的建议和意见。

(5)人员推销面窄,推销费用高。由于人员推销受人数和素质的限制,其活动范围有限,接触用户的面不如广告宣传传播广泛。同时,人员推销耗费时间多,支出费用大,并且良好的推销人员非常难得。

四、人员推销的基本流程

1. 寻找顾客

寻找潜在的目标消费者是人员推销的第一步,也是最具基础性和关键性的第一步。作为可能购买本企业产品的目标消费者,必须具备五个条件:对推销客体有需求;有购买能力;有购买决策权;有接近的可能性;有使用的能力。寻找潜在顾客的方法很多,既可通过推销人员个人观察、访问、查阅资料等方法直接寻找,也可通过广告开拓,或利用朋友介绍、推销人员之间的协作等方法间接寻找。推销人员要善于挖掘与识别不同的潜在顾客,并采取相应的应对措施,提高人员推销的成功率。

2. 接洽准备

接洽准备是指推销人员在接触目标消费者之前进一步了解该顾客情况的过程,它有助于推销人员制订面谈计划并开展积极主动的推销活动。这一阶段的工作有收集相关资料、制定访问计划、准备有关样品和物品等。

3. 接近顾客

接近顾客是指推销人员直接与目标消费者发生接触,以便成功地转入推销面谈。推销人员要善于巧妙地接近顾客,制造良好的推销开端。接近的方法有自我介绍、亲朋引见、利益接近、提问接近等。推销人员在接近顾客的过程中,应注重礼仪、稳重自信、不卑不亢、选好话题,把握消费心理,引导、启发、刺激消费者的注意和兴趣。

4. 推销面谈

推销面谈是指推销人员运用各种技巧和方法说服顾客购买的过程,是整个推销活动的关键环节。推销人员要通过提示、演示来激发顾客的购买欲望,通过换位思考、站在顾客的角度和立场来说服顾客。

5. 处理异议

异议是顾客对推销人员的说服提出问题、反面意见和看法。推销人员只有处理好顾客异议,克服顾客为推销设置的障碍,才能取得推销成功。常见的异议有需求异议、产品异议、价格异议、权力异议、信用异议、财力异议、服务异议、购买时间异议等。推销人员必须首先认真分析顾客异议的类型及根源,然后有针对性地加以处理。处理消费者的异议常用的有直接否定法、迂回否定法、转化处理法、询问处理法、回避法及预防处理法。

6. 达成交易

达成交易是消费者接受推销人员的建议，作出购买决定和行动的过程。在买卖双方的洽谈过程中，当顾客产生较强的购买欲望时，会或明或暗地通过语言信息或非语言信息表露出购买的意向。这时，推销人员要善于捕捉这些信息，抓住时机，促成交易。达成交易的主要方法有优点汇集法、假定法、优惠法和保证法。

7. 跟踪服务

达成交易并不意味着整个推销活动的结束，推销人员还必须为顾客提供各种售后服务，如安装、维修、退换货、定期访问等，以消除消费者的后顾之忧，树立信誉。因此，跟踪服务既是人员推销的最后一个环节，也是新一轮工作的起点，它能加深顾客对企业和产品的信赖，促成重复购买。同时，通过跟踪服务可获得各种信息，从而积累经验并为企业营销决策提供参考。

五、推销人员应具备的基本条件

人员推销的关键在于推销人员。推销人员素质和能力的高低直接关系着推销绩效的好坏，以及企业的优良形象，因此许多企业致力于推销人员的选拔和培训工作，加强对推销人员的管理。推销人员应具备以下基本条件：

(1)有较高的思想政治水平。推销人员首先要热爱销售工作，树立社会服务型的职业动机，讲究职业道德，具有坚定的事业心和责任感，遵纪守法，依法开展营销活动。

(2)知识面广且有熟练的业务知识。作为一名推销人员，既要熟悉有关的方针政策，同时要有宽广的知识面，具备经济学、社会学、市场学、心理学、美学等知识。同时，要有熟练的业务知识，包括产品知识，如质量、效用、性能、价格、使用方法等；企业知识，如企业的历史、声誉、经营方针、交货方式等；用户知识，如用户分布情况、需求特点、购买时间及方式等；市场知识，如同类产品市场分布情况、发展趋势等。

(3)有较强的业务能力。业务能力是推销人员业务素质的体现。销售人员除了具备销售服务所需的观察能力、综合判断能力、应变能力、记忆能力、思维能力和良好的语言表达能力外，还要具备全面的操作技术能力，如商品陈列、展示、称量、计算、包装、收款等。

(4)健康的身体和端庄的仪表。健康的体魄，是仪表美的一个重要因素，销售工作本身的性质也要求销售人员有健康的身体。除了保持身体健康外，销售人员还要注重容貌修饰，服饰整洁，保持举止文雅的行为风度，使自己有良好健康的精神面貌。

(5)良好的心理状态。推销人员面对的销售对象是极其复杂多变的，因此，要具有良好的心理素质。对消费者不仅要热诚、亲切、友善，而且要有较强的意志品质，有较强的自制力，长期保持工作的积极性和主动性。

六、销售人员的培训

在选聘工作结束之后和新销售人员上岗之前，必须进行系统的培训，使其具备本企业产品销售的基本知识和技能，尽快熟悉和掌握推销工作。对于原有推销人员，为了使他们能够适应新形势的需要和不断提高他们的业务素质，也应定期加以培训。对于销售人员的培训，要有周密的培训计划和明确的培训目标，安排好训练内容，组织好师资力量，准备必要的设备和资料。销售人员的总体培训目标是：提高销售人员的政治素质和业务素质，使之树立全心全意为顾客服务的思想，具有顺利完成推销工作的知识和能力，能够主动、热情、耐心、周到地为顾客服务，建立企业与用户联系紧密的新型关系。培训内容要根据企业市场营销策略的特点和学员实际来确定。一般来说,培训包括以下几个方面内容:

(1)政治素质培训。学习党和国家的方针政策、法律及时事政治,进行职业道德的培训等,以提高政治思想觉悟,树立远大的理想和坚定的信念,增强使命感和责任感。

(2)企业状况介绍。企业状况介绍的内容应该包括企业的发展历史、经营方针和各项策略,组织机构和人事制度、经营现状和利润目标及长远发展规划等,使销售人员了解企业面貌,以激励他们更好地为企业发展服务。

(3)产品知识培训。讲解产品的制造过程、质量、技术性能和主要特点,以及产品的用途和使用方法等。只有全面掌握这些知识,才能向顾客准确地宣传本企业的产品,回答顾客疑问,有说服力地劝说客户购买。产品知识介绍还包括竞争者的产品分析。只有熟悉竞争者产品的优缺点,才能在摊销中实事求是地比较、介绍本企业产品的优点和长处。

(4)市场情况介绍。企业必须向销售人员介绍本企业各种类型的客户及其需要、购买动机和购买习惯,客户的地区分布和经济收入情况及市场竞争状况,只有让他们掌握这些情况,才能保持同老客户的关系,并积极寻找新客户,提高推销效率。

(5)推销技巧培训。对新的销售人员要进行推销理论和推销技巧的培训,使其懂得如何做有效的推销工作。学会制订销售计划和分配时间,如何分析顾客心理,访问可能的顾客,如何运用语言艺术和人际交往技巧,处理顾客异议,听取顾客意见和收集市场信息等,此外还要学习有关的礼节和礼仪。对于销售人员的培训既要重视理论教学,又要重视实践性环节,特别是要由有经验的优秀销售员带领和指导进行现场实习,以便他们很快成熟起来。

七、销售人员的激励与评价

1.销售人员的激励

激励在管理学中被解释为一种精神力量,起加强、激发和推动作用,并指导和引导行为指向目标。它是企业对销售人员进行管理的有效手段,企业应当建立相应的激励制度来促使销售人员提高工作积极性和工作水平。激励的方式有如下几种:

(1)奖励。奖励主要有经济报酬和精神鼓励两种方式。经济报酬是指根据推销人员完成和超额完成计划的情况,给予相应的经济待遇,以此激发起推销的积极性。除物质激励外,企业还要运用精神鼓励,如表扬、晋升、授予荣誉称号、处处关心他们及其家庭等,以增强推销人员的荣誉感和责任心。

(2)监督。销售人员的积极性还可以通过有效的监督去调动。监督的手段有制定严格的规章制度、推销计划,制定推销定额,上报工作报告等,使管理者能及时了解推销情况,以利指导和帮助。

2.推销人员的评价

评价即考核,是对推销人员管理的重要一环,是企业对销售人员工作业绩考核与评估的反馈过程。评价内容包括绩效评定、绩效对比、素质评估三个方面。

◆子任务三 广告策略

广告是促销组合的一项重要内容,是一种很流行的促销方式,特别对于包装的消费商品和服务更是如此。

一、广告的概念和功能

1.广告的概念

广告,又称为商业广告,是指各类企业、组织有计划地借助各种媒体传导方式,向消费者传播商品或服务信息的付费促销方式。广告是由广告主、广告信息、广告媒体和广告费用四个要素构成的。

2.广告的特点

(1)情报性。情报是关于企业、产品或服务等多种信息的统称,是广告的主要内容。商业广告的基本功能是通过信息传递沟通产需,因此广告即是信息、情报。

(2)渗透性。广告是一种覆盖面广、渗透力强的促销方式,但广告信息的传播是一个动态过程,侧重于长期沟通。由此,尽管一些广告反馈收效快,能起到立竿见影的促销效果,但更多的广告效益是一种隐形效益,它以一种潜在的形式留在广告受众的记忆里,长期积累形成沉淀意识,久而久之树立企业、产品形象,影响消费者购买愿望,达到促销的目的。

(3)表现性。广告的表现手法多种多样,它可以把感情、兴趣、知识、信息等感性因素和理性因素结合起来融为一起,非常富有表现力和说服力。

3.广告的功能

(1)传递信息,沟通产需。广告的基本任务是通过各种媒体向公众广为传播产品或服务的有关信息,沟通产需,这是广告最基本的功能。

(2)刺激需求,促进销售。广告能吸引消费者的注意力,使其对产品发生兴趣,甚至是偏爱,激发购买欲望,从而刺激需求,扩大购买。

(3)介绍知识,指导消费。随着现代科技的迅猛发展,新产品层出不穷,消费者要及时、方便、准确地购买适合自己需要的商品,常常以各类广告为向导。通过广告宣传,可使消费者了解企业和产品知识,引导其正确及时地进行选购。

(4)提高信誉,争创名牌。传统营销观念认为"酒香不怕巷子深",只注重产品的内在质量而不注重广告宣传;现代营销观念则认为"货好尚需巧吆喝",既注重产品品质,同时注重产品的宣传,介绍它的优点,使消费者对某个企业或品牌熟悉和认可,可提高产品信誉,树立企业形象。因此,好的广告是企业争创名牌的一种手段,并能为推销人员的工作开展扫除障碍。

二、广告媒体及其选择

广告媒体种类繁多,一般把它分为印刷媒体、电子媒体、户外媒体、交通媒体和实物媒体五大类。不同的广告媒体有着不同的特点和作用,企业要根据商品的特点和自身的需要,有计划地选择适当的广告媒体,以期达到预期的效果。

1.各种媒体的特征

在众多的媒体形式中,报纸、杂志、广播、电视被誉为四大传统媒体,也是我国当前主要的广告载体;另外,随着科技的进步和社会的发展,网络媒体成为越来越重要的现代化媒体。

报纸的优点是:覆盖面广,影响广泛;传播迅速,反应及时;易于保存和查找;制作设计简单灵活,广告费用低廉;可信度高。适用于详细介绍产品性能、特点、使用方法以及企业经营范围等内容。其缺点是:时效性短;内容复杂,容易分散注意力;制作和印刷不够精细,创新形式受到限制。

杂志的优点是:宣传对象明确,针对性强,宣传效率高;保存和阅读期长,便于扩大和深化宣传效果;印刷精致,图文并茂,吸引力强。其缺点是:定期发刊,及时性差;受专业限制,传播范围较窄。

广播的优点是:传播的空间范围广泛,次数多,传递迅速及时;形式多样,通俗易懂,富有吸引力;制作简便,价格比较低廉,经济实惠。广播适用于各类产品的广告。其缺点是:有声无形,印象不深,转瞬即逝,难以保存;盲目性大,选择性差。

电视是最具影响力的一种广告媒体,它将声响、动作、图像、色彩、文字到听觉和视觉效果融为一体,是信息传播中重要的现代化工具。它的优点是:覆盖面广,收视率高;直观、生动形象,感染性强;娱乐性强,宣传效果好;重复使用方便,可信度高。其缺点是:播放时间短,信息易消失;制作复杂,费用昂贵;广告对象缺乏选择性,目标不明确。

网络媒体作为一种新兴的广告媒体,有其自身的优势:覆盖地域宽广;不受时间、地域限制;费用低;内容更换容易;图文并茂,视觉和浏览效果好等。

2.广告媒体的选择

广告媒体的种类很多,各有缺点,除了要分析各种广告媒体的特点外,还要研究如何正确地选择广告媒体,才能把商品或服务信息及时、有效地传递给消费者。企业在合理选择广告媒体时应当综合考虑以下因素:

(1)按商品的性能和特点选择媒体。不同的商品,其性能、特点各不相同,这种差别影响着广告媒体的选择。对于技术性强的工业品,一般较多选择报纸、专业杂志、产品说明书、信函等印刷媒体,可对企业产品作详细的说明介绍;对于一般的日用消费品、高档耐用消费品则宜采用广播或电视媒体,能形象逼真地介绍商品的功能、特点、外观,具有感染力和说服力。

(2)根据消费者接触媒体的习惯进行选择。对不同的广告媒体,消费者接触的习惯和偏好不同,企业应选择目标消费者经常接触的媒体,以便最有效地把信息传递给目标消费者,引导他们产生兴趣。

(3)根据媒体特性进行选择。企业在选择广告媒体时,既要考虑媒体传播的数量和质量,同时要考虑媒体费用。不同的媒体所需费用不同,在选择时,不能只看绝对费用,媒体成本因素必须结合广告效果一并考虑。在广告预算有限的情况下,同时使接触面、频率、影响力和持续性都实现最大化是不现实的,因此,要在它们之间进行权衡和选择,其中接触面和频率的关系是最重要的权衡因素。如选择接触面小而频率高的广告形式,或选择接触面大而频率低的形式。心理学家认为,新产品在同一天内广告五次比连续每天广告一次给广告受众留下的印象要深。尽管如此,在决策时还应考虑产品、消费者和竞争等因素,以免造成浪费甚至出现反作用。

(4)竞争对手的广告策略。竞争对手的广告策略,往往具有很强的针对性和对抗性。为了在市场竞争中取得竞争优势,企业在选择广告媒体时必须充分了解竞争对手的广告策略,以便有针对性地确定自身的广告策略,充分发挥自己的优势,克服劣势,达到最佳的广告效果。

三、广告设计的一般原则

广告设计是企业在广告发出前,根据广告内容的要求,预先制定的广告文字和艺术形式。广告设计内容包括文字设计和艺术设计,它包括广告标题(或广告语)、图案、色彩、画面、音响及动态形象等。在广告的实际设计过程中,要把各个方面巧妙地结合起来,把选定的广告主题生动具体、引人注目地表现出来,以取得成功。在设计广告时,应遵循的一般原则有:

1. 真实性

真实性是广告的生命,它有助于建立企业、商品的信誉,维护消费者的利益,也是广告的核心内容。因此,企业及产品广告要真实、健康,不能无中生有、以次充好、夸大其词等,以维护企业形象及消费者利益。

2. 思想性

广告不仅是一种促销活动,而且还是传播意识形态的工具。广告借助文学、音乐、美术等艺术形式,通过大众化的媒体进行传播,就必然会对人们的思想意识、生活方式及社会风气产生极大的影响。因此,广告设计在强调经济效益的同时,要注意内容的健康和思想性,要把形式美和内容美统一起来,抛弃低级趣味和不健康的东西,追求思想性和艺术性,以利于精神文明的建设。

3. 创新性

新颖和独特性对于广告有特殊意义。广告的活力在于创新,因此广告设计的构思必须富有创造性。从内容到形式,从语言到图像、色彩等均要显示个性,广告才能生动活泼,富有鼓动性和吸引力。

4. 简洁性

产品广告不是说明书,它受播放时间和刊登篇幅的限制,不允许作太多解说。另外,如果内容庞杂,会喧宾夺主,冲淡印象,降低广告效果。因此,广告的文字、图画及其他部分要把选定的主题协调和谐地用最通俗和最鲜明的方式表达出来,力争简洁醒目,易懂易记。

5. 针对性

广告的目的之一是刺激消费需求,因此设计时必须针对顾客的心理特征,所考虑的问题和存在的各种疑虑,作合乎科学的、理性的介绍、证实和说明,以增强说服力。

除了以上几点,还要特别注意广告内容要符合国家的政策、法令,如不得违反国家的广告法、不得有歧视性语言、不得有政治性错误,等等。

四、广告效果的测定

广告的有效计划与控制,主要基于广告效果的测定。所谓广告效果,通常指广告信息通过广告媒体传播后所产生的社会影响和效应。这种影响主要包括两个方面,即沟通效应和促销效应。测定这两种广告效果有助于企业更有效地制定广告策略,降低广告费用,提高广告效益。

1. 广告沟通效果的测定

广告沟通效果测定主要是用于测定消费者对广告信息的注意、兴趣、记忆等心理反应的程度,一般有以下两个方面的内容:

(1)对广告注意度的测定。它是借助有关指标了解视听者的认知程度,测定其注意力。常用的指标有:粗知百分比,即记得视听过此广告的视听者百分比;熟知百分比,即记得该广告一半以上内容的视听者百分比;联想百分比,即能准确辨认该产品及其广告主的视听者百分比。常用的方法是通过表格调查,也可采用仪器装置进行测定。

(2)对广告记忆率的测定。记忆率的测定可通过间接调查方式,也可采用直接询问方式来了解消费者对企业名称、商品名称、商标、特性、购买地点等广告内容的记忆程度。

2. 销售效果的测定

广告的促销效果的大小,以广告传播后商品销售量的增减为衡量标准,因此销售效果是把广告费用与销售额的增加作比较。

销售额的增加受多种因素的影响,广告只是促销的诸因素之一,因此此法衡量广告效果不一定准确,只是作为研究广告效果的参考。在确定销售额增加率时,必须考虑扣除的因素有:商品的质量、价格和数量;服务质量;社会购买力的变化;经济形势的变化等因素。

◆子任务四　营业推广策略

营业推广又称特种推销,是指人员推销、广告和公关宣传以外的,能迅速刺激需求、鼓励购买的各种促销形式。营业推广是对广告和人员推销的一种辅助,人员推销和广告是持续的、常规的促销活动,而营业推广则是不经常、无规则的促销活动。典型的营业推广一般用于暂时的和额外的促销工作,是为了促使购买者立即购买和使用。

一、营业推广的方式与特点

营业推广是刺激和鼓励成交的手段。它包括对用户的营业推广和对中间商的营业推广。对中间商营业推广是生产厂家针对中间商所采用的促销手段,目的在于取得中间商的合作与支持,使其有效地出售产品。对用户的营业推广是针对最终用户,这种形式通常为生产厂家或中间商所采用。同人员推销、广告及公共关系相比,营业推广具有以下几个显著特点:

(1)针对性强,方式灵活多样。营业推广直接对用户或中间商,通过激励条件调动有关人员的积极性,可以立即促成交易行为;营业推广方式多种多样,企业能够根据产品特性、用户心理及市场状况灵活运用,从而具有强烈的吸引力,并引起广泛的关注,迅速地收到促销效果。

(2)非正规性和非经常性。营业推广是促销组合中其他促销方式的补充措施,任何企业都不能仅靠营业推广生存,它只具有暂时而特殊的促销作用,因此是非正规性和非经常性的促销活动。

(3)攻势过强,易引起客户反感。营业推广活动总是伴随着各种优惠条件和强大的宣传攻势,这虽然有利于企业尽快地销售产品,获得短期经济效益,但攻势过强,容易使客户产生逆反心理,误认为企业急于推销的产品在质量、价格等方面存在问题,从而有损失产品或企业形象。因此,企业进行营业推广时要注意选择恰当的方式与时机,尽量避免对同一产品频繁使用同一策略。

二、营业推广的重要性

1.营业推广有利于企业在短期内获得理想的推广成果

营业推广是在一个预定的时间内为消费者提供特殊的优惠条件,如赠送样品、折价赠券、降价销售等,刺激顾客、激发中间商的销售积极性以促进短期购买行为的各项促销措施,因而较为直接,有利于潜在需求转化为现实购买,见效迅速,能够在短期内扩大销售,获得理想的推广成果。

2.有利于树立企业形象,使之在竞争中处于优势地位

企业采取各种营业推广措施进行让利销售,在满足消费需求的同时能迅速提高企业知名度,协调企业与消费者和社会公众的关系,赢得信任和好评,从而树立企业良好形象。另外,营业推广能增加企业产品的吸引力。因此,营业推广对企业在短期内开拓市场、争取消费者和提高市场竞争力均有重要作用。

3.营业推广有利于企业与中间商之间建立稳固的业务关系

企业为了取得中间商的合作与支持,常常采用价格折扣、经销津贴、协助营销等营业推广

形式,激发中间商拓展市场的积极性,巩固了双方友好的贸易合作关系。

4.有利于企业制订有效的营销计划,开拓市场

营业推广不仅是一种促销措施,也是一种有效的营销策略。企业根据营业推广所获得的信息,有针对性地制订营销计划,把短期目标和长远计划综合起来考虑,有效地协调企业内部与外部的关系,从而不断地开拓市场。

三、营业推广方案的制订

企业在确定营业推广目标,选择适当的推广方式后,要制订具体的推广方案,其内容主要包括以下几个方面:

(1)推广规模。企业在制订营业推广方案时,首先要决定推广的规模。规模的大小必须结合目标市场的实际情况,并根据推广收入与促销费用之间的效应关系来确定。

(2)推广对象。营业推广的推广对象,可以是目标市场中的全部,也可以是其中一部分,企业应该决定刺激哪些人才能最有效地扩大销售。一般来说,应选择现实的或可能的长期用户作为推广对象。

(3)推广途径。要选定最有效的营业推广方式来实现推广目标。由于每一种促销方式对中间商或用户的影响程度不同,费用大小也不同,必须选择既能节约推广费用,又能收到预期效果的营业推广方式。

(4)推广期限。营业推广的时间要适当,不应过短或过长。过短,会造成有希望的买主未能及时接受营业推广的好处;过长,将会产生对某种产品的不良印象,激发不起购买的积极性,导致推广费用高而效益小。

(5)营业推广预算。这是制订推广方案应考虑的重要因素。预算目的是比较推广的成本与效益。推广费用一般包括管理费用(如印刷费、邮费及宣传费用等)和刺激费用(如赠奖费用、折扣费用等)。企业应根据财力、物力、人力的条件以及产品销售特点和市场动态特点来编制营业推广预算。确定推广预算有两种方法:一是先确定营业推广的方式,然后再预算其总费用;二是在一定时期的促销总预算中拨出一定比例用于营业推广。后一种方法较为常用。

四、营业推广的实施与评价

企业应为每一种营业推广方式确定具体实施计划。如条件许可,在实施前应进行测试,以明确所选定方案是否恰当。在具体实施过程中,应把握两个时间因素:一是实施方案之前所需的准备时间;二是从正式推广开始至结束为止的时间。国内外营业推广经验表明,从正式推广开始到大约95%的产品经推广售毕的时间为最佳期限。

评价推广效果是营业推广管理的重要内容。准确的评级有利于企业总结经验教训,为今后的营业推广决策提供依据。常用的营业推广评价方法有两种:一种是阶段比较法,即把推广前、中、后的销售额和市场占有率进行比较,从中分析营业推广产生的效果,这是最普遍采用的一种方法;二是跟踪调查法,即在推广结束后,了解有多少参与者能知道此次营业推广,其看法如何,有多少参与者受益,以及此次推广对参与者今后购买的影响程度等。

◆子任务五　公共关系策略

公共关系是一个社会组织运用各种传播手段协调和改善自身的人事环境和舆论气氛的过程。这是一种现代管理的科学手段。

一、公共关系的构成要素

从公共关系的定义中我们可以看出，公共关系的实际运作过程是通过社会组织、公众及传播这三者之间的相互作用来实现的，而这三者也就是公共关系的构成要素。

1.公共关系的主体——社会组织

公共关系的主体，是指公共关系活动的发起者和承担者，即社会组织（在市场营销中主要指企业）。每个社会组织都是环境的产物，它为自身的生存与发展必须设法去寻找和建立与环境的和谐。

2.公共关系的客体——公众

公共关系的客体，是指公关活动的对象，即社会组织内外部的有关公众。公众是与社会组织直接或间接相关的个人、群体和组织，公众对该社会组织目标的实现具有实际的或潜在的制约力或影响力。而且一个组织所面对的公众是复杂、多样的，不同的公众有不同的权益要求，而同类公众又有不同的个性要求。所以，对组织来说，要因时、因地、因人而异地灵活开展公关活动。

3.公共关系的媒介——传播

传播是连接公共关系主客体的中介，是桥梁。而信息反馈的介入使公关过程具有双向性，只有双方都参与了沟通的过程才称得上是完整的公关过程。

二、公共关系的功能

1.凝聚功能

公共关系的宗旨就是"内求团结，外求发展"。公共关系的凝聚功能是对组织内部而言的，组织可通过公共关系这一管理手段，使员工对企业有归属感，对产品有责任感，对自己有自豪感，充分调动员工的潜能即对生产和管理的积极性。

2.监测功能

公共关系的监测功能，是指组织通过对信息的采集、处理和反馈，来对公共关系状态作出监测和预测。它是企业控制其正常运行、防止偏差的一种机能，这种监测功能包括对企业营销部门工作的监测。

3.调节功能

公关人员的重任之一就是协调企业的各种内外关系，尤其就企业外部来说，要积极争取公众对企业的理解、信任和谅解。一旦矛盾与纠纷出现，就要设法控制局面，消除不良后果，尽力降低对企业造成的危害。

4.应变功能

公共关系部门不可能始终准确地预测所有情况的发生，因而，当一个意外事件发生致使组织形象受损时，公关部门就要尽力弥补，挽回和捍卫组织形象。

三、公共关系管理的基本流程

1.设定公共关系目标

公共关系决策的第一项任务是设定明确的公共关系目标。这些目标又被转换成明确的目的，从而能在公共关系管理的评估工作中成为评价的标准。

2.选择公共关系的信息与工具

宣传人员接着要确定其产品是否有任何重大的新闻可供报道。假设有一所不太著名的大学想要增进社会大众对它的了解,宣传人员应从各个方面来寻求宣传故事。

3. 执行公共关系方案

从事公共关系活动必须非常细心和谨慎,必须设法让新闻故事刊登在媒体上。重大新闻很容易被刊登出来,但是,大多数的故事并非都那么有分量,也就不一定被忙碌的编辑所采用。公关专职人员的主要资产之一是他们与媒体编辑之间所建立的私人关系,公关专职人员应将媒体编辑视为一个市场,并满足其需求。

4. 评估公共关系活动的成果

通常,评估公共关系成果所使用的方法有目标管理法、个人观察法、舆论调查法、内部外部监察法、新闻调查法等。

▌▌▌ 案例

雅芳:一个促销策略的改造

雅芳公司成立于 1886 年,通过直销,雅芳回避了在百货商店,以及后来在折扣药店和超级市场中它的竞争者为竞争货架空间和注意力所进行的战斗。直销也为顾客提供方便,而且,从朋友处获得个人的美容方面的建议也是有帮助的。雅芳的计划进行得很好。

然而随着经济的发展,环境也发生了变化。第一,更多妇女发觉她们需要外出工作,结果,当雅芳女士按门铃时,往往无人应门。第二,许多雅芳女士决定她们需要多余部分时间的工作。雅芳经历了在某些位置上销售人员的年流动率超过 200%。第三,由于销售人员的流动,许多雅芳顾客想见到一个推销人员却无法找到。第四,更多的竞争者如安卫、玛利凯化妆品及特帕器皿,都在竞争对全日或部分时间直销工作有兴趣的人。第五,美国人口日益增长的流动性意味着顾客和销售人员都在流动,这样使销售人员难以建立忠诚稳定的顾客基础。

为了处理这些问题,雅芳产品公司推选了詹姆斯·普雷斯顿先生为其董事长兼总裁。首先,他重新集中注意力在公司的核心业务——销售化妆品、香水和肥皂等物。然后他将雅芳在保健和退休住房方面的业务卖掉,结束了多种经营的策略。其次,他将雅芳的产品大幅度降价,有的达 75%。最后,他试行一种新的报酬方案,使得销售代表根据他们招聘来的新代表的销售额赚取高达 21% 红利,然而这种降价和市场扩充降低了毛利并增加了成本。

为了扩大利润空间,普雷斯顿下一步又将其注意力转向雅芳的促销策略。由 1988 年开始,雅芳削减了广告费用,部分是为了降低成本。在 1989 年它将 2200 万美元的广告预算降到 1100 万美元,然后在 1990 年再次减为 460 万美元。普雷斯顿决定雅芳需要恢复原来的广告预算,由减小奖金水平及其他促销活动来弥补。

普雷斯顿相信雅芳的顾客想买雅芳的产品,但由于销售人员的流动,他们不知道如何找到一个销售人员或订购产品。在革新促销策略的第二步是发展一个目录尝试直接销售。在雅芳的新方案中,销售人员提供已经搬离或不再是积极的购物者的名字。公司计划邮寄 100 万份目录,收件人能直接从雅芳或其销售人员订货。雅芳直接将订货寄给顾客而不让销售人员送货。同时,雅芳开始一项印刷的广告宣传,以"雅芳——本城镇最时髦的商店"的口号为特点来支持目录方案。广告为顾客提供免费的电话号码,他们用此号码从目录上订货。当人们打电话进来时,雅芳将他们指派给最近的雅芳代表,后者可以从任何顾客直接向雅芳订货中收取佣金。在第三阶段的促销策略的改革,雅芳计划在 1993 年发动一系列的电视广告,那是自 1988 年就不曾做的事。新的电视广告鼓励妇女利用免费电话购买雅芳产品。雅芳以新的印刷的媒体宣传来支持这个广告。

在以广告、推销和促销三项为基础的前提下,雅芳继续它的主要公共关系方案——企业妇女奖。雅芳曾主办网球和赛跑等活动。雅芳寻求那些克服悲剧、偏见和个人的障碍而能在企业获得成功的妇女名单。每年雅芳在纽约市由 1200 名企业家、商人、雅芳职工和媒体代表参加的午餐盛会中为 5 名优胜者颁奖。

总结与回顾

1. 产品是指能提供给市场,用于满足人们某种欲望和需要的任何事物,包括实物、服务、场所、组织、思想、注意或计策等。产品生命周期是指产品从投放市场到最终被淘汰的全过程。它一般经历四个发展阶段:导入期、成长期、成熟期和衰退期。其划分一般以产品销售量和利润额的变化为依据。

2. 产品组合策略是企业根据自己的目标和市场的需要,对产品组合的宽度、长度、深度和关联度进行最佳组合的决策。产品组合策略通常可以分为扩展策略、缩减策略、产品延伸策略和产品线现代化策略四种。

3. 企业的定价行为受到企业内外因素的影响。产品定价的目标主要有利润导向、销量导向定价、竞争导向、产品质量导向、生存导向和分销渠道导向六种类型。

4. 产品定价策略包括市场撇脂定价策略、市场渗透定价策略和满意定价策略三种类型。价格调整手段包括折扣定价和心理定价策略两大类。

5. 所谓分销渠道,是指某种商品和劳务从生产者向消费者转移过程中,取得这种商品和劳务的所有权或帮助所有权转移的所有企业和个人。在通常情况下,根据中介机构数量的多寡,可以将分销分为密集性分销、选择性分销、独家分销三种形式。中间商主要包括批发商、代理商和零售商三种。

6. 实体分销,又称物流,是指通过有效地安排商品的仓储、管理和转移,使商品在需要的时间到达需要的地点的经营活动。物流的任务,包括原料及最终产品从起点到最终使用点或消费点的实体移动的规划与执行,并在取得一定利润的前提下,满足顾客的需求。

7. 促销又叫销售促进或销售推广,是指通过人员或非人员的方法将企业的产品或服务信息进行传播,帮助消费者认识商品或服务带给购买者的利益,从而达到引起消费者的兴趣,激发其购买欲望,促使其采取购买行为的活动的总称。

8. 促销组合是把人员推销、广告、营业推广和公共关系四种促销方式有机结合起来,综合运用。

复习思考

1. 简述产品整体概念中的三大层次。

2. 简述产品的生命周期理论。

3. 企业的定价目标有哪些?

4. 影响企业产品定价的因素有哪些?

5. 简述各类中间商的经营特点。

6. 简述渠道选择的基本原则。

7. 简述广告设计的一般原则。

✒ 实训练习

【实训项目】

企业营销产品促销策略

【实训目标】

(1)培养学生进行产品促销市场调查能力。

(2)培养学生促销组合策略的策划能力。

(3)进一步了解促销策略对营销销售的促进作用。

【实施过程】

(1)将全班学生分为 4～6 个学习小组,以小组为单位组织引导学生讨论学习。

(2)组织引导学生调查一家企业的产品促销组合策略及活动,或搜集企业产品促销的相关销售资料。

(3)组织引导学生进行讨论,运用所学知识对企业产品促销策略进行分析。

(4)根据讨论结果写一份企业产品促销策略应用的分析报告。

【实训考核】

(1)小组成员的协作性(10%)。

(2)产品促销组合策划的能力(30%)。

(3)搜集、使用网络信息的能力(20%)。

(4)项目工作成果完成的合理性、逻辑性、创新性(30%)。

(5)小组成员讨论、发言的参与性(10%)。

项目九　国际市场营销

知识目标

1. 熟悉国际市场的形成与发展
2. 掌握国际市场营销与国内市场营销的联系与区别
3. 熟悉国际市场营销环境因素
4. 掌握国际市场营销的进入方式和营销组合策略

技能目标

1. 能够初步具备一定的国际营销环境及政策研究分析的能力
2. 能够初步运用市场营销理论解决国际营销业务问题的能力
3. 能够初步具备运用国际营销组合策略的能力
4. 能够初步具备个人推销、公共关系的素质和能力

任务一　国际市场营销及环境

任务情景

上海纺织业跨国经营步入新阶段

大胆走出去,开拓新天地,上海纺织业跨国经营进入迈大步、迈稳步的发展新阶段,经过多方考察和详尽的可行性分析,上海纺织控股(集团)公司决定,扩大对中美洲的投资,在成功运作服装厂的基础上再建印刷厂、西裤厂、线厂,这将是上海纺织控股迄今为止最大的境外投资项目。

总部设在上海的华源集团更是雄心勃勃,一个独立投资 6.49 亿元、拥有 10 万纱锭规模的大型棉纺厂正在墨西哥兴建。上海纺织"走出去"目的性明确。近期目标是:借助投资国无配额限制的优势扩大出口,通过产业梯度转移增强产品竞争力,并带动国内纺机、零配件、面料等相关产品出口;远期目标是:为更高水平的全球化竞争奠定市场基础。目前,上海纺织在海外的投资面已经遍布俄罗斯、南非、毛里求斯、尼泊尔、柬埔寨等十几个国家,兴办企业近 20 家。

眼光一变,跨国经营的"触角"范围更加广阔,产品市场半径调出了所在国的小圈圈。上海新光内衣染织厂和第十印染厂合作投资的南非恒新服装有限公司,已经把产品成功打入美国、加拿大,目前,"恒新"年产服装 150 万件,是南非所有中国企业中生产规模最大、订单最充足的企业。塔吉克斯坦的利斯大纺织有限公司,是华源集团跨国建立的第一家纺织厂,已经与欧洲五个国家的 20 多家企业建立了供求关系。

立足拓宽国际市场的目标,上海纺织企业开始有意识地延伸产业链,以提升跨国经营的竞

争实力。华源集团两年前在尼泊尔办了一家尼亚美印染厂,生产的各种染色布深受非洲和欧美市场欢迎。在此基础上,集团投资763万美元向前道延伸,扩建了1.3万锭的纺纱厂和拥有320台织机的织布厂,形成了从纺纱、织布到印染的"一条龙"作业,使生产成本大大降低,产品质量得到有效控制。

如今,"走出去"的企业层次也更为丰富。不单是国有大集团、大企业,一些志在长远发展的中小企业也开始计划"走出去"。

任务分析

没有国际贸易也就没有国际市场营销。国际市场营销是企业将产品或服务由一个国家或地区销售给本国以外或者本地区以外消费者的营销活动。

企业在从事国际市场营销之前,应当明确其进行国际市场营销的目标和政策,必须决定它进入这些国外市场的战略。

◆子任务一 国际市场营销概述

20世纪70年代,随着跨国公司的蓬勃发展,国际市场营销工作很快引起了人们的高度重视,国际市场营销理论也随之迅速发展。没有国际贸易也就没有国际市场营销。国际市场营销是企业将产品或服务由一个国家或地区销售给本国以外或者本地区以外消费者的营销活动。

一、国际市场营销的形成和发展

国际市场营销的形成和发展大体经历了以下几个阶段:

(1)单纯立足于国内市场营销阶段。在这一阶段,企业面向国内市场,经营方针、价格制定、销售渠道、促销活动等,都依旧是以国内市场需求为导向,仅有少量产品由国内批发商、进出口商或国外贸易公司负责销往国外市场。此时,企业还未形成开拓国外市场的战略和计划。

(2)偶尔向国外拓展阶段。在这一阶段,企业仍旧是以国内营销为主,偶尔也采取一定的营销手段,将产品打入国际市场。这一情况通常只是在国内市场不景气、产品不平衡的情况下,有目的地拓展国外市场,而企业的经营体制、生产布局和产品结构基本不变。

(3)国外市场营销的形成阶段。随着生产的发展,企业为了获得更大的利润,开始制订长期的国际市场营销计划,并强化自身的营销功能,将产品大批地投入国际市场。此时,企业除采取直销、经销以及利用国内外中间商以外,可能还会在世界各地设立分销机构,并逐步增加涉外经营的投资项目,以扩大产品的市场份额。

(4)国际化经营阶段。为了适应国外市场拓展的需要,在这一阶段中的企业通常需要相应地转换经营机制,实行国际化经营,即面向全球的市场经营机制,开展全方位的国际市场业务,建立跨国公司机构,此时,企业拥有了长期的海外发展战略,经营完全面向全球。

二、国际市场营销与国内市场营销的联系与区别

在管理流程上,国际市场营销与国内市场营销具有一定的相似性。两者都离不开对环境的分析以及对目标市场选择;也都需要适时地作出市场决策,完成商品和服务的交换,实现货物从生产者到消费者的转移。此外,营销的目的也都是为了获得更多的经济利益。

从范围上看,国际市场营销与国内市场营销相比,有超越国界、异国性、多国性的特点;此

外,由于各方面的原因,国际市场营销比国内市场营销的复杂性更高,所采用的手段也显得更为多样,特别是在贸易保护主义又有所抬头的今天,排除花样繁多的贸易障碍已成为各国政府各市场营销企业必不可少的工作。具体来讲,国际市场营销与国内市场营销具有以下几个方面的区别:

(1)国际市场营销的困难更大。由于各方面因素的存在,国际市场营销的困难大于国内市场营销。如语言不通,法律、风俗习惯不同,贸易障碍多,市场调查不易,了解贸易对手资信情况困难,交易技术困难多,交易接洽不便等。

(2)营销环境复杂。从环境因素上看,国际市场营销比国内市场营销要复杂得多。这主要表现在货币与度量等方面各国不同,商业习惯复杂,海关制度及其贸易法规不同,国际汇兑、运输困难,保险及索赔技术不易把握。

(3)营销风险水平不同。从经营风险水平上看,国际市场营销比国内市场营销的风险要大得多。在国际市场上可能产生的风险很多,比较常见的有信用风险、汇兑风险、运输风险、价格风险、政治风险和商业风险等。

(4)手段更为多样。国际市场营销的手段要明显多于国内市场营销。在国际市场上,市场营销的手段除最初的 4P 营销组合外,还有政治力量、公共关系以及其他超经济手段等。市场营销的参与者与国内市场营销也有明显不同,除常规参加者外,立法人员、政府代理人、政党、有关团体以及一般公众,也被卷入市场营销活动之中。这样,国际市场营销行为准则与关系的微妙是国内市场营销所无法相比的。

◆子任务二　国际市场营销环境分析

国际营销的特点之一是国际营销面临着与国内营销完全不同的不可控因素,这些因素主要是经济、文化、政治法律及技术等各方面的因素。这些不可控因素在不同的国家表现出不同的特点。

一、国际营销的社会文化环境

在市场营销中,文化因素是影响人们购买行为和购买欲望的最重要的因素,从事国际市场营销的企业必须对此给予充分的重视。对国际营销文化环境因素的分析主要从以下几个方面进行:

1.物质生活水平

物质生活水平不同,人们对产品的爱好也就不同。因此,企业应针对不同的物质生活水平形成的差异需求采取不同的营销策略。如 20 世纪 70 年代末日本企业在对中国的消费者情况进行了解后,更改了自己的电视机的相关配置,成功地将电视机打入中国市场,而许多欧洲国家则坐失良机。

2.教育水平

教育水平是指一个国家或地区的公民接受文化教育的程度。居民接受教育的程度直接影响营销信息的传播和居民的消费方式。如在教育水平较低的国家里,不宜采用报刊、杂志和其他文字宣传等方式进行宣传。企业在制定产品营销策略时,还应注意产品的复杂性、技术性能,以适应当地的文化水平。

3.语言文字

由于世界各地语言种类繁多,国与国之间,甚至是地区之间在进行交往时往往都会遇到语言障碍。英语是世界上最主要的商业用语,尽管如此,只掌握它还是远远不够的。一个国家或地区使用的文字和语言与国际市场营销有很大的关系。美国通用汽车公司曾准备向拉美的波多黎各推销一种叫"NOVO"牌的汽车。然而,波多黎各说的是西班牙语,而"NOVO"在西班牙语里是"跑不动"的意思。幸亏公司发现及时,否则美国通用汽车的营销行为将对其产品销售产生一定的不良后果。

4.风俗习惯

每一个国家和民族都有自己的风俗习惯,企业的产品必须适应它的风俗习惯才能顺利销售。例如,我国的乌龙茶在日本很畅销,被誉为"美容茶""苗条茶",但如果把有减肥功能的乌龙茶销往以肥为美的汤加共和国则适得其反。

5.价值观念

价值观念是一个社会对于美丑善恶最为本质的评价标准。价值观念在很大程度上,决定了一个社会和群体的消费习惯。因此,企业在进行国际市场营销时,离不开对目标国的价值观念的考察。

6.宗教信仰

宗教信仰和人们的生活息息相关。宗教信仰对于人们的经济活动的影响主要体现在以下三个方面:

(1)宗教节日。世界上的宗教节日很多。信奉伊斯兰教的国家的重要节日是开斋节;信奉基督教国家的盛大节日是圣诞节。在西方,大多数国家的圣诞节前夕是消费高峰期。因此,宗教节日在很大程度上影响着一个国家和地区的消费周期。

(2)宗教与消费。不同的宗教有不同的价值观和行为准则,从而导致不同的需求和消费模式。企业在国际市场营销前就必须对此加以了解。

(3)宗教组织。宗教组织对国际市场营销的主要影响表现在以下两个方面:①宗教组织本身就是各个宗教内最大的团体购买者;②宗教组织的各种习惯和规定直接影响着宗教教徒的购买行为。

总之,社会文化是影响人们行为和欲望的最重要的因素,企业要想在国际市场营销中满足顾客的需求就必须对目标国家的社会文化进行分析。

二、国际营销的经济环境

市场营销活动是一种经济活动,自然要受到各种经济因素的影响和制约。企业在进行国际市场营销时必须对目标国的经济环境进行分析和了解,以便制订出正确的国际营销方案。经济环境主要包括市场规模、经济发展水平等几个方面。

1.市场规模

现代营销学认为,构成市场的三大要素是人口、购买力和购买愿望。人口的变迁对国际市场营销影响很大。一个市场包括多少人口及人口的增长和分布情况是从事国际市场营销的企业首先应了解的问题。

(1)人口。

①人口总量。人口是构成市场的首要因素。人口越多,市场也就越大;反之亦然。在分析国外目标市场时,人口的多寡是企业首先要考虑的问题,因为各国人口数量差异极大,对商品和劳务的需求形成很大的差异。

②人口增长率。从事国际市场营销的企业不仅要了解国外市场的人口总数,还要了解人

口增长趋势。人口增长快的地区,其对产品的需求增长也快,特别是对生活必需品的要求。

③人口分布状况。人口分布状况主要是指人口在地理、城乡上的分布及其流动的趋势。从地理位置看,人们居住在不同的地区,由于气候、湿度等自然条件的差异,引起对消费需求的差异。各国的人口分布,特别是版图大的国家的人口分布,与企业的营销方法,尤其是与销售渠道策略有密切的关系。

④人口的年龄结构与性别。人口的年龄结构与性别与企业的营销活动也存在着密切的关系。因此,在市场营销中以年龄及性别来作为市场细分标准的做法极为流行。

(2)收入。

①人均收入。人均收入是衡量一国顾客购买能力的常用指标。人均收入反映了一国经济发达程度以及在教育、医疗等方面取得的进步。一般来说,人均收入高的国家其人均购买力也高,并且对高档商品需求较多。人均收入低的国家人们的购买能力也低,对低档商品的需求较多。因此,企业在向不同的国家销售商品时就应注意其间的区别。

②国民生产总值。国民生产总值是一个国家在一定时期国民经济各部门所创造的商品和劳务的价值总和。一般来说,国民生产总值增长速度快,说明该国经济发展速度也快,对工业品的需求增长也快。因此,企业在衡量进出口市场潜量时,既要了解人均收入情况,又要了解国民生产总值情况。

③个人收入。研究消费者的个人收入要注意区别消费者的名义收入与实际收入、个人可支配收入与个人可任意支配收入。相对来说,消费者的实际收入和个人可任意支配收入对从事国际市场营销的企业意义更大一些。其中,个人可任意支配的收入是消费者可以任意投向的收入,因此是消费者需求变化最重要的因素。

④消费者支出结构。消费者支出结构即为消费者的各项支出占总支出的比重。消费者的支出结构主要取决于消费者的收入水平。消费者支出结构状况通常用恩格尔系数来表述。恩格尔系数是指家庭食品支出占总支出的比重。恩格尔系数对研究一国经济发展的程度,预测需求变化趋势具有重要的参考价值。

2.经济发展水平

世界各国经济发展水平存在很大差异,一国所处的发展阶段不同,其工业化程度和生产力水平就不相同,消费者对产品的需求也不相同,从而就会影响企业的市场营销活动。各国的经济按其发展水平大致可以分为四类,即原始农业型、原料输出型、工业发展型和工业发达型。相比而言,发达国家经济技术优势明显,对新技术的开发投入较多,开发出来的多为高新技术产品,而发展中国家劳动力资源占有优势,开发较多的是劳动密集型产品。因此,企业应针对不同类型的国家呈现出的不同特点,采取不同的营销策略。

三、国际市场营销的政治和法律环境

企业要想成功地在国际市场上进行营销活动,除了解各国的文化及经济因素外,还必须了解各国的政治和法律环境。政治环境是指影响企业国际营销活动的各种政治因素。法律环境是指一国政府通过法律体现出来的对外来产品和投资的态度。

1.政治环境

(1)政治的稳定性。政局的稳定与政策的连续性是增强投资者信心和信任感的重要因素。各国的政治环境都在变化,但有的变化平缓,有的变化突然。东道国政权的频繁更迭及动乱、内战、政变等不安全因素往往会使从事国际市场营销的企业望而止步。

(2)政府的作用与行为目标。各国政府出于各自不同的政治目的或自身的利益,对国际贸易和外国企业进入本国市场既有鼓励的政策,也有限制的措施。有些国家对国际贸易及外商投资感兴趣,愿意提供鼓励经济往来的宽松环境;有些国家则相反,对外贸和外资作出种种限制性规定。其中的原因可能是保护本国的民族工业或出于政治敌视,也可能是意识形态的差异。政府对国际贸易和外国企业的态度不同,会给国际企业的营销活动带来不同的影响。

(3)政治干预。政治干预是指政府采取各种措施,迫使外国企业改变其经营方式、经营政策的行为。政治干预的形式主要有没收、征用、国有化、本国化、外汇管制、贸易管制、价格管制以及对劳动力的限制等。目前在国际市场上采用没收、征用、国有化、本土化等过激措施的国家很少,绝大部分国家都采用各种各样的贸易壁垒来对其进口商品采取直接或间接限制。从事国际市场营销的企业应了解和掌握各国的政治干预政策,以便运用自己的"公关"和"权力"成功地进行市场营销活动。

2. 法律环境

国家经济立法的目的有的是为了保护竞争或保护消费者的利益;有的是为了防止环境污染、保护社会的长远利益。各种法律法规的制定对国际市场营销中的产品设计、价格制定、分销渠道的选择及促销方式的选用都会产生直接的影响。因此企业只有了解和懂得本国和有关国家的法律法规,才能做好国际市场营销工作。

四、国际市场营销的技术环境

各国各地区科技发展水平有高有低,差距很大。各国科技发展还各有侧重和特点。从事国际市场营销的企业,应当重视发扬本国科技的特长,争取竞争优势。国际企业管理者在了解各国科技发展情况时,需密切注意国际市场营销中技术环境的发展变化,以便及时采取对策。因为在现实生活中,每一种新技术都可能给企业造成新的市场机会,或产生新的行业,也可能给企业带来威胁,甚至会使其遭到淘汰。因此,每一个行业都应密切注意科技的发展趋势,随时准备应变。尤其是在当代,西方发达国家已进入以知识、科技为主的后工业化时代,科技因素对人类生活的影响越来越广泛、深入,特别是以网络电子商务为代表的新经济正在改变着世界经济格局,给传统的行业带来了巨大的挑战。面对新的市场形势,如何提高企业的应变能力和创新能力,使企业能够对市场需求作出快速反应,开发出适销对路的产品是摆在各企业面前的严肃课题。

任务二 国际市场营销的进入及组合策略

任务情景

日本佳能进军国际市场

佳能公司是日本一家以生产照相机为主的公司。自20世纪初以来,著名的德国莱卡相机一直是世界照相机行业中的佼佼者。到了六七十年代日本相机工业崛起,使莱卡黯然失色,其中尤以日本佳能的系列产品最为引人注目。

当时国际上最流行的是瑞典6英寸×6英寸单反相机以及德国莱卡公司的产品,佳能公司在两者的基础上取长补短,生产出了性能更优的照相机。经营日益兴旺以后,他们开始把眼光从国内投向更广阔的国际市场。他们认为,美国是世界市场的盟主,能在美国建立桥头堡,下一步便可风行世界了。因此,他们首先选择了美国市场作为其进入世界的第一个目标市场。佳能公司老板亲自带上一批自认为很满意的照相机前往美国推销,然而第一次推销活动却完全失败了。因为第二次世界大战以后的最初几年,日本抄袭与模仿别人的产品已引起公愤,在人们的印象中,"日本制造"成了低级、廉价、劣质的代名词。

但是,佳能公司并未因此罢休,它先与美国一家富有销售经验的"贝尔—霍埃尔公司"建立合作关系,以"贝氏佳能"的商标,在美国市场上销售照相机。尽管最初销售业绩并不理想,甚至亏损,但他们仍努力在美国市场上立足,为的是了解和熟悉美国市场环境。同时,他们集中了最优秀的技术开发人员,决心要开发出具有独创性的新技术。终于他们确定了技术突破的关键:将光学技术与电子技术相结合,实现照相机的电子化。佳能推出了首创的带有"电眼"的自动电子曝光相机。这种产品正好迎合了追求新奇、方便的美国消费者的口味,一投放市场,立刻引起了极大轰动,在美国市场供不应求。随着佳能产品在美国市场的影响逐渐扩大,佳能公司趁机增加销售网点,在美国取得了法人资格,并结束了与贝尔公司的合作,正式以"佳能"的品牌在美国市场上开展活动,经营规模越做越大。

利用美国市场的成功,佳能公司开始在国际市场上拓展。在瑞士的日内瓦取得了法人资格,并从这里出发,向欧洲各国扩展,在许多欧洲国家建立了分销店,步步为营,大胆逼近,一步步渗透到德国"莱卡"公司的周围,将莱卡公司打得措手不及。佳能公司乘胜追击,又进入到非洲和中东市场。面对佳能公司咄咄逼人的进攻,美国施乐公司和德国莱卡公司岂肯善罢甘休。施乐公司在复印机市场上全力反击,更新制定了以佳能为主要竞争对手的市场战略,他们推出新型复印机,多种型号的复印机平均降价27%。德国莱卡公司则在照相机市场上对佳能公司展开反击,为夺回失地,他们重新成立研究开发组织,扩大阵容,推出新产品并在美国、英国、德国、瑞士和法国等重要市场与诸多大流通商签订了产品销售合同。

面对施乐、莱卡公司的合纵反击,以及随着日元升值、劳动力成本提高等因素导致的产品出口难度加大,佳能公司决定进一步调整经营战略,进入海外生产阶段。他们去美国、德国直接投资,在施乐、莱卡的"家乡"设厂生产,与施乐、莱卡开展正面竞争。勇士佳能公司还采用了与高技术企业建立战略联盟的策略,借用高技术企业的力量,开发尖锐产品,以求在新技术上处于领先地位,摆脱竞争对手的纠缠。他们先后与美国柯达公司、得克萨斯公司签订了合作开发尖锐技术产品的协议。在1975年到1984年的10年间,佳能公司的利润增长了近20倍。

任务分析

企业要从事国际市场营销,首先必须考虑这样的问题:是将国内市场上销售的产品直接销往国外市场,还是根据进口国实际情况将国内产品在某些方面加以变动后再销往国际市场,或者是根据国外市场的需求开发新的产品。这涉及产品营销组合的标准化与当地化问题。

◆子任务一 国际市场营销的进入方式

企业在从事国际市场营销之前,应当明确其进行国际市场营销的目标和政策,必须决定它进入这些国外市场的战略。营销学家按商品外销是否利于出口中间商及生产地点是否在出口国两个依据把国家销售渠道分为间接出口、直接出口和国外生产三大类。

一、间接出口

间接出口是指企业可以通过国内的贸易公司或有关部门出口产品。间接出口的形式主要有：

1. 专业进出口公司

专业进出口公司是专门从事进出口业务的贸易企业。利用专业进出口公司进行出口是企业进入国际市场的重要手段之一。与生产企业相比，一般情况下，专业外贸公司都拥有大量专门的外经贸、外语及法律方面的人才，并且拥有较为畅通的信息网络，比较熟悉和了解外国的法律法规及贸易习惯和做法，同时在国际市场上也具有一定的声誉和知名度。因此，专业进出口公司比一般生产企业更能适应间接出口业务的需要。

2. 国际贸易公司

国际贸易公司是指既从事国际贸易又从事国内贸易，同时还经营生产和金融业务的综合公司。日本的综合商社就是此类公司的典型代表。它兼营进出口贸易，从事管理咨询及参与生产制造等，是一个经营范围广、经营形式多样化的国际公司。

3. 出口管理公司

出口管理公司是专门为中小企业从事出口业务代理的公司。对于在国际市场上销量较小的企业，该公司是比较重要的中间代理商。这种出口管理公司在西方国家较多。利用出口管理公司的好处是，公司可以用较少的投入进入国际市场营销，同时节省人员和管理力量的投入。主要的不利之处是，由于出口管理公司收取的只是少量的出口销售代理费或佣金，公司很难建立企业的深层销售网络，因此，依赖出口管理公司出口的企业产品的竞争优势比拥有自己的销售队伍的制造商要差。

4. 互补出口营销

互补出口营销又称"合作出口"，指两家生产企业在出口方面的合作。有些大企业在国际市场上拥有系统的营销措施，或在不同的国家设立营销分支机构，为了拓宽产品线和充分利用其营销渠道，它们有时会承接其他公司的国际分销业务。互补出口营销在西方国家已成为越来越重要的一种间接出口形式。

5. 企业驻本国采购处

国际上有些大型的批发商、零售商及国际贸易公司往往在其他国家设有采购处。企业可以将自己的产品直接卖给这些采购处，这样可以节省大量的业务费用。

二、直接出口

直接出口是指企业不通过国内的中间机构而把产品直接卖给国外的顾客或最终用户。如果企业的外销数额已达到相当高的水平，或外销市场正在快速增长之中，就可以考虑采用直接出口的方式。采用直接出口，企业必须花费一定的资金或人力从事出口管理工作。直接出口的形式主要有：

1. 直接卖给最终用户

这种方式也即企业通过建立自己的出口外销部门，直接将产品销售给国外最终用户，而不通过国外的经销商、代理商等中介。这种方式是直接出口中最直接的一种方式。这种形式适用于价格极高或技术极强的产品，如飞机、轮船和高技术机械设备等产品。此外，如果最终用户是国外官方、地方当局或其他官方机构，用邮寄方式出售等也采用这种方式。

2. 通过国外进口商、批发商和零售商

制造商将产品卖给国外进口商，进口商再转卖给批发商、零售商及工业用户。有些批发商和零售商也直接进口。如，大型零售连锁商店经常直接进口并批发到自己在各地的分店。不

少大型批发商或零售商在世界各地都有自己的采购办事处。

3.利用国外的分销商和经销商

分销商和经销商都是指在特定国家或地区获得独家销售权的中间商人。分销商和经销商与供应商保持长期、稳定和密切的业务联系。通过他们,制造商可以对产品的价格、促销、存货、服务和其他分销、经销职能获得一定的控制,尤其是经营有利可图的产品时,分销商和经销商基本上都能满足制造商的要求。

4.利用国外的代理商

代理商的任务就是促使出口方与进口人达成销售合同。代理商与经销商不同,代理商不实际掌握货物的所有权,与供货方只是委托代理关系;而经销商和分销商则掌握货物的所有权,与供货方是买卖关系。因此,代理商的利润来自代理佣金,而经销商和分销商的利润来自买卖差价。国外代理商依其职能不同可分为三种类型,即佣金代理商、存货代理商以及提供零部件和服务设施的代理商。

5.设立驻外办事处

设立驻外办事处实际是企业的活动向国外的延伸。这类机构的主要职能是搜集市场情报、推销产品、负责产品实体分配、提供服务、维修保养、销售零部件等。设立驻外办事处,可以更直接地接触市场、掌握需求动态、提高服务水平,并且办事处可以集中力量经营本企业产品,有利于产品的销售。但设立国外办事处的费用较高,如果企业在某国的市场上销售量不是很大或者市场潜力有限,一般不宜设立办事处。

6.建立国外营销子公司

国外营销子公司的职能和优缺点同驻外办事处相似。所不同的是:子公司在法律上和纳税方面都有其独立性,是作为一个独立的当地公司建立的。这说明企业已经更深地介入了国际市场营销活动。

三、国外生产

不管是何种形式的国外生产,都属于资本输出而不是商品输出。据一些经济学者和营销学者对主要工业发达国家经济发展的研究,间接出口、直接出口和国外生产是国际销售渠道由低级到高级发展的三个阶段。国外生产是指具有某种产品生产能力的企业把生产转移到他国领土上,就地生产,就地销售,就地出口。国外生产是最高级的一种渠道。目前,国外生产已成为企业进入国际市场的一种非常重要的渠道。国外生产的形式很多,应用最广泛的主要有以下几种方式:

1.组装业务

组装业务的通常做法是:在国内生产出某种产品的全部或大部分零部件,运到国外组装,将成品就地销售或再行出口。国外组装业务的主要优点是:运费低、关税低、成本低,而且由于能给目标市场国提供一定的就业机会,因此易为进口国政府接受。

2.合同制造

合同制造的通常做法是:与国外的生产厂家签订合同,规定对方按照本企业的要求生产某种产品,然后由本企业负责产品的营销。如果本企业的优势在于手工艺和营销而不在于制造,那么,采用这种方式进入国际市场比较合适。

3.许可贸易

许可贸易是指企业与国外另一家企业签订许可协议,授权国外企业使用本企业的专利权、商标权、版权或从事某产品生产的专有技术等，同时收取一定的许可费用。许可贸易是企业进入国际市场的一种简单而迅速的方式。根据许可贸易的内容，许可贸易有三种基本的类型，即专利许可、商标许可和专有技术许可；根据使用技术的地域范围和使用权的大小划分为普通许可、排他许可、独占许可、分许可和交叉许可等。

4. 国外联营企业

国外联营企业即由外国企业和当地投资商共同投资，在当地兴办企业，双方都对企业拥有所有权和经营权。这个联营企业可以由企业购买当地公司的股份，或当地公司购买企业在这个国家的分公司的股份来兴办，也可能是双方合资创办的企业。与许可贸易、合同制造等介入国际市场程度较低的方式相比，联营企业的优点是：利润可能更高一些；对生产和经营的控制程度也更高一些；取得当地市场信息和营销经验更多、更快一些。国外联营企业也有缺点：合资双方可能在投资、生产、市场营销及利润的再使用等方面发生争执。由于双方市场营销观念存在差异，也会导致双方在制定企业的各种战略决策时发生分歧。因此，在协议中应对可能出现的争议问题作出明确的规定。

5. 国外独资企业

国外独资企业是企业进行国外生产的最高阶段，意味着企业在国外市场上单独控制着一个企业的生产和销售。可有两种方法建立国外独资企业，一是在市场上收购一个现成企业；二是在当地投资建厂。国外独资企业的主要优点有：投资方掌握了经营的主动权，管理灵活，自主性强，盈利大等。其主要缺点是：投资多，风险大；不易受到当地政府的支持；由于没有当地合作者的协助，应变能力较差。

总之，企业在选择进入国际市场的方式时，必须全面考虑各种进入方式的利弊，进行综合的权衡，从而选择最好的进入方式，真正实现企业的国际化经营。

◆子任务二 国际市场营销组合策略

一、营销组合的标准化

所谓营销组合的标准化是指企业在向他国市场销售产品时使用与国内市场相同或相近的市场营销组合。它是把全球看做一个大市场，实行全球性市场营销，通过品牌或公司标志的全球识别，树立统一的全球性企业形象和品牌形象。如，可口可乐、摩托罗拉、IBM 等。标准化营销组合的优点有：

(1)可以节约生产成本，为企业带来规模经济效益。采用相同或相近的市场营销组合，意味着企业在产品的设计、宣传的策划等方面无须花费另外的人力和物力，因此可以节约生产成本，从而降低了费用的支出。

(2)标准化的营销组合可以利用统一的宣传活动，使顾客对企业的产品有一个统一的认识，为企业节省大量的宣传广告费用。

营销组合的标准化也有一些缺点，主要表现在，它不能适应国外顾客多样化的需求。由于世界市场千差万别，各地的政治经济环境、社会文化环境、技术法律环境等不尽相同，标准化的营销组合很难适应千变万化的市场需求。

二、营销组合的当地化

所谓营销组合的当地化是指针对不同的市场需求生产并销售不同的产品，采用不同的定价、促销等策略,最大限度地满足不同市场消费者的需求。企业在开展国际营销活动时,必须使产品、广告以及企业的其他商业行为,与当地政治、经济、文化、法律等相适应。尤其是企业必须意识到可能导致误解的文化差异,要使自己的产品、服务及一切营销活动为当地消费者所接受。一般说来,服装、鞋帽、食品等较适合采用当地化战略。

三、国际市场营销组合的决策

1. 产品决策

（1）产品设计策略。

美国的国际营销学教授基甘将产品设计与信息传递策略结合起来考虑,在此基础上提出了五种策略设想。

①直接延伸策略。该策略是指在国际市场上销售与国内市场相同的产品,并且采用与国内市场相同的宣传方式,也就是采用标准化的营销组合策略。这种做法的优点是:可以节省生产成本和广告宣传费用;可以使产品在国际市场上树立统一的形象;易于为国外客户所接受,可以扩大产品的销售量。这一策略适用于两类企业:一类是偶尔从事出口业务而无长远国际营销计划的企业;另一类是实施全球营销的大型公司,如可口可乐、百事可乐等。美国的可口可乐公司曾长期采用该种策略,用一种产品、一种口味,同样的广告词——"真正可乐"将产品销往全世界,获得了巨大的成功。然而,由于各国消费者需求上的差异,这种做法并非所有产品都可仿效。一般比较适合于照相机、家用电子产品、机电产品和食品等。当然,在采用直接延伸策略时,如果对国外市场了解不透,也会给企业带来不可估量的损失。如美国某公司曾向英国推销一种浓缩罐头,因罐头的味道不适合英国人的口味,加之在广告宣传中没有强调"浓缩"二字,致使该公司在一年的时间内损失了数百万美元。

②产品延伸、宣传适应策略。该策略是指将在国内销售的产品直接延伸到国外市场上销售,但在产品的宣传策略上,根据当地的特点进行调整。这样做的优点是生产同样的产品,可以降低成本。如美国某公司,将本国国内用于花园或草坪的动力设备,不改变产品而改变宣传方式,即作为农具宣传销往不发达国家,受到了不发达国家的普遍欢迎。

③产品适应、宣传延伸策略。即针对目标市场的具体情况,将产品的包装、外观、色彩以及品牌加以变化,但产品的品质以及宣传手段都保持不变。有些产品,在国内外市场上,用途基本相同,但使用条件不同,只需略加改变,便能适应国外市场的需要。如欧美市场的消费者一般习惯于周末集中采购,他们一般购买大包装的产品,以供一周使用,因此,产品在进入这些国家的市场时,可采取与国内相同或相近的宣传方式和内容,而对产品的包装进行适当的改变,以适应消费者的需要。

④产品与宣传双向双重适应策略。即针对目标市场的特殊需要,将产品和宣传进行相应的调整,从而使得产品和宣传都能很好地适应目标市场的需求,这种策略对企业的要求较高,也要求企业有更多的投入。如在我国自行车主要作为交通工具或运输工具,而英美等发达国家多作为运动器材。我国的自行车在销往西欧、北美等国时要做双重改变。一是在式样上改为跑车;二是在宣传上要从体育运动器材和锻炼身体角度进行介绍。

⑤完全新产品策略。专门为国外生产新产品,广告宣传方式相应改变。这种策略要花费巨大的成本,因此,风险较大,但如能获得当地消费者的认可,企业也会获得大量的利润。

上述五种策略成功的关键在于针对出口市场的条件以及购买者的爱好和选择标准,合理选择产品和其他营销组合策略。

(2)包装、品牌、保证与服务策略。

①包装策略。进入国际市场的产品在包装方面也有两种可供企业选择的策略：一是标准化，即销往各国市场的同一产品使用同样的包装；二是多样化，即同一产品销往不同的国家和市场采用不同的产品包装。具体地说，在国际营销中，包装策略主要有双重用途的包装策略、附赠品的包装策略、类似包装策略、配套包装策略等。

②品牌策略。企业从事国际市场营销，品牌策略是其营销活动不可缺少的组成部分。在品牌策略中，名牌战略是许多企业国际营销的制胜法宝。各类产品的领先品牌都因名牌战略的成功而获得丰厚的利润。

③保证与服务策略。企业在制定保证与服务策略时应从多方面进行考虑。主要有：服务水平策略、服务方式策略及服务组合策略等。服务水平策略即服务的质量。良好的声誉对企业来说是最重要的无形资产。因此，企业应用优质的服务来吸引顾客。服务方式策略指企业在提供服务时，是否收取相应的服务费。选择的服务方式不同，对消费者的购买肯定会产生不同的影响，因此，企业必须慎重行事。服务组合策略是指企业能够向顾客提供的各种配套服务。配套服务越齐全，企业对消费者的吸引力就越大，企业在市场上的竞争能力就越强。

2. 价格政策

在国际市场营销活动中，由于价格竞争与非价格竞争的复杂性和多变性，使企业在制定国际市场营销的产品价格时十分困难。这里主要讨论国际市场营销中制定产品价格的特殊性。

(1)国际市场产品价格构成。

由于产品进入国际市场远比在国内市场上销售复杂，因而同一产品的价格构成两者有较大差距。一般来说，国际产品价格较国内产品价格增加了以下几项内容：

①关税。进出口商品的关税及其各种附加税是国际产品价格的重要构成部分。关税税率高，则产品价格必然也高；反之亦然。

②运费和保险费。出口需把本国的产品运到国外，因而导致了运费成本的增加，包括运输费用、保险费用、各种装卸费、特种包装费等。

③国际中间商成本。国际市场营销中的产品，出口方很难直接卖到实际用户手中，一般均需经过一个或数个中间商（因不同的国家或地区而异），这样就必然提高产品到消费者手中的价格。由于没有统一的中间商加成标准，使得出口商无法控制其产品在国际市场上的最终售价。

④汇率变动。国际贸易合同中的计价货币是可以自由选择的。企业应能较为正确地预测汇率变动的趋势，以防因货币选择不当使企业遭到不应有的损失。

(2)正确选择计价货币。

国际市场营销活动中使用多种计价货币。国际贸易的每笔交易周期较长，外币汇率波动较大，正确选择计价货币是国际市场营销的重要定价策略。

(3)统一定价和差别定价。

当企业将产品销往国际市场时，一种产品的价格是在世界各地保持一致（统一价格）还是针对各地的不同情况制定不同的价格（差别价格）是许多大型国际营销企业常常会遇到的一个问题。世界各跨国公司的营销实践证明，采用差别价格策略比采用统一价格较为稳妥。一般认为，企业究竟应采用统一价格，还是采用差别价格，主要取决于下列因素：

①竞争条件。如果该跨国公司在各国市场上的竞争地位一样，则可采用统一价格策略。

如,波音公司出售的喷气式飞机在世界各地的售价基本相同。如果竞争地位不一样,则应采取差别价格。

②产品普及过程。如果某一产品在世界各国市场上处于生命周期的同一阶段,则可制定统一价格策略。

③分销渠道的结构和效率。产品分销渠道的结构和效率不同,从而造成分销成本不同,影响统一价格的实施。如某国的市场分销环节多,渠道的效率低,就会使分销的成本增加,为保持相同的利润,企业必须提高产品的售价。

④国外消费者的需求强度、购买力及生活习惯。消费者对产品需求的强度不同,购买力相差悬殊,生活习惯及爱好也不尽相同,势必影响到统一价格的实施。

⑤法律、税收水平。世界各地的法律、税收不同,往往也会影响到统一价格的实施。

⑥企业的目标。企业在各国的经营目标不同,则往往会制定出不同的产品价格。如,某企业想长期占领某一市场则必然采取低价格渗透策略;如果企业想在某一市场上尽快收回成本,则会采用高价撇脂策略。

⑦产品特性。如果产品的技术先进,且具有某些专利成分,易于与其他产品相区别,则可采用差别价格;如果只是一般大众化的产品,则企业可采用统一价格。

(4)公司总部定价与子公司定价。

很多跨国公司还面临着这样一个问题:应由公司总部统一制定在世界各地的价格,还是应由设在各国的子公司独立制定当地市场价格? 这应视营销环境的不同灵活掌握。或由公司总部统一定价;或由子公司单独定价;或由公司总部与子公司协商定价。由于世界各国的生产、市场和竞争等条件各有差别,所以由公司总部为各子公司统一定价的情况还不多见。因为不少跨国公司都把定价权放到各国的子公司,母公司只确定一个价格浮动范围。

(5)国际转移定价。

当今的国际贸易中有很大一部分是跨国公司内部的交易。国际转移定价是指跨国公司在母公司与各国的子公司之间,或各国的子公司与子公司之间转移产品和服务时采用的国际定价方法。许多跨国公司都把国际转移价格作为国际市场营销的重要定价策略,实际上都把国际转移价格定得高于或低于正常的国际市场价格,以实现其利润的最大化。

3.分销决策

选择和建立分销渠道是国际市场营销中极其重要的也是十分困难的一个环节。分销渠道的形成受特定环境的影响,由于各国环境差异很大,各自的产品分销渠道也相差甚远。因此,企业在选择国际市场销售渠道时应针对不同的市场特点选择不同的渠道战略。

(1)窄渠道策略。

它是在国际市场上给予客户在一定期限内独家销售特定产品或服务权力的渠道战略。这一战略包括独家包销和独家代理两种形式。独家包销和独家代理的主要区别是前者双方是一种买卖关系,而后者双方是一种委托代理关系。窄渠道有利于鼓励中间商开拓国际市场,调动中间商经营商品的积极性,但独家经销容易使中间商垄断市场。

(2)宽渠道策略。

这一战略的特点是:从事国际市场营销的企业选用尽可能多的中间商,使中间商之间形成竞争,从而有利于产品进入国际市场。但因为使用的中间商较多,中间商一般不愿意承担广告费用,如产品销路欠佳,中间商就会减少对本企业产品的购买,甚至不再经销本企业的产品。

（3）长渠道策略。

由于国际政治、经济、社会文化和地理等因素的影响，国际分销渠道远比国内分销渠道复杂，也比国内分销渠道长。这一战略的优点是产品能进入更广阔的市场地理空间和不同层次的消费者群，但由于渠道较长，最终的售价可能较高，从而削弱了产品的竞争能力。

（4）短渠道策略。

资金实力雄厚的中间商可以建立自己的直销网络，让利给消费者，从而降低产品的最终售价，增强产品的竞争力。为占领世界市场从事国际营销的企业，一定要树立整体渠道观念，即企业进行国际营销时，不仅要考虑国家间渠道，而且还要考虑产品销售目标国的国内分销渠道的状况，即产品到达目标国消费者手里的全过程，包括目标销售国的结构、环节、加成率、渠道成员的状况、推销方法、目标顾客的特点及该产品的市场容量、本企业产品的市场份额及竞争对手的状况，只有这样才能有利于产品长期稳定地出口，占领海外市场。

4. 促销决策

（1）广告战略。

①广告公司的选择。鉴于国际市场与国内市场在很多方面存在差异，从事国际营销的企业有必要委托广告公司代理广告业务。在国际广告中可供选择的广告公司有企业内部的广告公司、本国国内的广告公司、本国代理国际广告的广告公司及国际性或全球性的广告公司等。在选择代理广告公司时，企业一般应根据自身的规模、组织结构、营销目标及营销策略选择相应的广告公司，同时还要考虑广告代理商的实力、广告费用、市场覆盖面等因素。

②广告信息的选择。企业在做国际广告时所面临的一个主要选择，就是广告信息的标准化及当地化问题。所谓标准化广告信息是指把同样的广告信息和宣传主题传递给各国市场。其优点是：可节省广告费用，保持公司和产品形象在国际上的一致性。所谓当地化广告信息是指同一产品在不同国家和地区传递不同的广告信息，突出各国市场的差异性。采用当地化广告信息战略的企业认为，不同国家和地区在政治制度、法律体系、地理条件、经济发展状况和社会文化等方面存在着巨大的差异，广告信息要适应这些不同的环境因素。这一战略的特点是广告成本高，针对性强，广告促销效果较强。近年来，随着广播、电视和报纸杂志的国际化，国际间交往的日益扩大以及世界经济国家化的不断发展，越来越多的广告信息趋于标准化。

③广告媒体的选择。目前世界各国广告媒体形式多样，主要有报纸、杂志、广播、电视及户外广告等，并且随着国际互联网的发展和网络营销的兴起，网络广告也风起云涌。各种广告媒体均有不同的特点和不同的效果，从事国际市场营销的企业应根据产品的性质和各国市场的特殊性，选择不同的广告媒体传递产品信息。

④广告效果的评估。企业应对广告效果进行持续的评估。主要评估信息传递效果和销售效果。根据评估效果重新进行广告决策。

（2）人员推销战略。

国际市场营销人员推销特别受到目标市场国家的社会、文化和语言等因素的制约。人员推销战略的实质就是国外人员推销的管理，主要内容包括推销人员的招聘、培训、激励等。

①推销人员来源战略。选择推销人员是人员推销最基础的一步。推销人员的素质直接关系到推销工作的成败。由于国际推销环境远比国内环境复杂，因此，推销人员除需具备国内推销人员的全部条件外，还应具备从事国际市场营销的经验。如，应精通当地语言，适应异国文化；有一定的调研能力和销售技能；有果断决策的能力及尽职尽责等。

②推销人员培训战略。无论是从本国派出的还是在当地招聘的推销人员,都应经过一定的培训。对本国派出的推销人员应重点进行语言、商务礼仪、当地的政治经济法律环境知识、生活习惯和商业习俗等方面的培训;对当地招聘的推销人员,重点培训本企业产品知识,使其掌握有关的专业信息和必要的市场营销技能知识。各跨国公司开拓市场成功的经验表明,培训效益十分明显。

③推销人员激励战略。这是促销管理的重要环节,其复杂程度远甚于国内。这是因为不同的国家有着不同的文化背景,同样的激励措施在不同的国家可能会产生不同的后果。常用的激励方法有固定薪金加奖励、佣金制和薪金与佣金混合制等。

(3)营业推广战略。

许多国际企业的成功实践表明,营业推广在国际营销中也是一种行之有效的促销方式。它具有形式多样、针对性强、连续性强及见效快等特点。国际企业的营业推广策略就是关于国际企业如何选择适当的促销手法和手段,创造高效工作的过程。企业在国际市场上从事营业推广工作应注意以下问题:

①注意各国的法律限制。许多国家对营业推广方式在当地市场上加以限制,企业应认真检查各种营业推广方式是否违反了当地的法律、法规。如,有的国家规定,企业在当地市场进行营业推广活动,须先征得政府有关部门的同意;有的限制营业推广活动的规模;有的对营业推广的形式加以限制;等等。

②注意了解在各国行之有效的形式。营业推广的形式多种多样,但由于各国的传统、法律规定和收入水平不同,不同的营业推广形式在不同的国家其效果是不一样的。研究表明:在巴西,最有效的营业推广形式是附送样品;在法国,最有效的形式是降价、贸易折扣和免费样品;在瑞典,最有效的形式是合作广告等。

③考察目标市场状况。主要了解经销商的合作态度、目标市场的竞争状况及市场促销动态等。

(4)公共关系战略。

公共关系是指企业为搞好与公众的关系而采取的策略和技术。公共关系工作的重点不是直接推销产品,而是树立良好的品牌和企业形象,是企业长期促销战略措施。在国际市场营销中,公共关系促销战略的地位越来越高。现代跨国企业为了进入目标市场国家,特别是一些较为封闭的市场,应采用各种公关战略为其产品进入市场打开销路。这就要求企业善于与所在国政府官员、当地名人、工会、社团等各界人士打交道,为企业在东道国树立良好的形象打下基础。

总结与回顾

1.国际市场营销是企业将产品或服务由一个国家或地区销售给本国以外或者本地区以外消费者的营销活动。国际市场营销的形成和发展大体经历了单纯立足于国内市场营销阶段、偶尔向国外拓展阶段、国外市场营销的形成阶段和国际化经营阶段四个发展阶段。国际营销的特点之一是国际营销面临着与国内营销完全不同的不可控因素,这些因素主要是经济、文化、政治法律及技术等各方面的因素。这些不可控因素在不同的国家表现出不同的特点。

2.营销组合的标准化是指企业在向他国市场销售产品时使用与国内市场相同或相近的市场营销组合。

复习思考

1. 简述国际市场营销发展的四个阶段。

2. 简述国际市场营销和国内市场营销的区别。

3. 国际市场营销的进入方式有哪几种？

实训练习

【实训项目】

国际市场营销环境分析

【实训目标】

(1) 培养学生国际营销环境分析的能力。

(2) 进一步理解国际市场营销与国内市场营销的联系与区别。

【实施过程】

(1) 将全班学生分为 4~6 个学习小组，以小组为单位组织引导学生讨论学习。

(2) 组织引导学生收集一家跨国经营企业的国际市场营销决策信息。

(3) 运用所学知识对企业的国际市场营销策略进行分析，并提出改进意见。

(4) 根据讨论结果写一份国际市场营销环境分析报告。

【实训考核】

(1) 小组成员的协作性(20%)。

(2) 分析总结的能力(20%)。

(3) 搜集、使用网络信息的能力(20%)。

(4) 项目工作成果完成的合理性、逻辑性、创新性(30%)。

(5) 小组成员讨论、发言的参与性(10%)。

参考文献

[1]菲利普·科特勒,凯文·莱恩·凯勒.营销管理(第14版)[M].王永贵,等,译.北京:中国人民大学出版社,2012.

[2]陈水芬,孔伟成.市场营销的理论与实践[M].杭州:浙江大学出版社,2002.

[3]池丽华,朱文敏.市场营销学[M].上海:立信会计出版社,2011.

[4]甘碧群.市场营销学[M].3版.武汉:武汉大学出版社,2002.

[5]冯国珍.管理学[M].2版.上海:复旦大学出版社,2014.

[6]张一弛.销售就是做渠道[M].北京:中国商业出版社,2013.

[7]李昊轩.一本书读懂销售心理学[M].北京:中国商业出版社,2012.

[8]朱利安·丹特.渠道分销[M].杨博,译.上海:立信会计出版社,2014.

[9]寇荣,刘彦琴.如何进行分销渠道管理[M].北京:北京大学出版社,2004.

[10]何伟祥.商务谈判[M].杭州:浙江大学出版社,2004.

[11]王海云,等.商务谈判[M].北京:北京航空航天大学出版社,2003.

[12]刘园.国际商务谈判[M].北京:对外经济贸易大学出版社,1999.

[13]张华容.商务谈判理论与实务[M].长沙:湖南人民出版社,2000.

图书在版编目(CIP)数据

商务谈判与营销/刘良甫主编.—西安:西安交
通大学出版社,2016.1
ISBN 978 - 7 - 5605 - 8264 - 1

Ⅰ.①商… Ⅱ.①刘… Ⅲ.①商务谈判-高等职
业教育-教材②市场营销学-高等职业教育-教材
Ⅳ.①F715.4②F713.50

中国版本图书馆 CIP 数据核字(2016)第 029144 号

书　　名	商务谈判与营销	
主　　编	刘良甫	
责任编辑	史菲菲	

出版发行	西安交通大学出版社
	(西安市兴庆南路 10 号　邮政编码 710049)
网　　址	http://www.xjtupress.com
电　　话	(029)82668357　82667874(发行中心)
	(029)82668315(总编办)
传　　真	(029)82668280
印　　刷	陕西丰源印务有限公司

开　　本	787mm×1092mm　1/16　　**印张** 14.875　　**字数** 357 千字
版次印次	2016 年 2 月第 1 版　　2016 年 2 月第 1 次印刷
书　　号	ISBN 978 - 7 - 5605 - 8264 - 1/F・585
定　　价	29.80 元